当代澳大利亚
基于信息技术的学习设计研究

张树德⊙著

苏州大学出版社
Soochow University Press

图书在版编目(CIP)数据

当代澳大利亚基于信息技术的学习设计研究 / 张树德著. —苏州：苏州大学出版社,2018. 8
ISBN 978-7-5672-2555-8

Ⅰ. ①当… Ⅱ. ①张… Ⅲ. ①信息技术—应用—课堂教学—研究—澳大利亚 Ⅳ. ①G434

中国版本图书馆 CIP 数据核字(2018)第 179243 号

书　　名：当代澳大利亚基于信息技术的学习设计研究

著　　者：张树德
责任编辑：杨　华
装帧设计：刘　俊

出 版 人：盛惠良
出版发行：苏州大学出版社(Soochow University Press)
社　　址：苏州市十梓街 1 号　**邮编**：215006
网　　址：www. sudapress. com
印　　装：虎彩印艺股份有限公司
邮购热线：0512-67480030　**销售热线**：0512-67481020
网店地址：https://szdxcbs. tmall. com/ (天猫旗舰店)

开　　本：890mm×1240mm　1/32　**印张**：9. 375　**字数**：270 千
版　　次：2018 年 8 月第 1 版
印　　次：2018 年 8 月第 1 次印刷
书　　号：ISBN 978-7-5672-2555-8
定　　价：39. 00 元

序
Preface

这本专著是张树德教授“当代课程改革成功机制研究”系列成果之三。2008 年，张教授出版该系列成果之一，即专著《当代课程改革成功机制研究：澳大利亚经验和启示》，从宏观层面解读和分析了澳大利亚课程改革的成功要素。2012 年，张教授出版了该系列成果之二，即专著《当代澳大利亚有效课堂教学行为变革研究》，从微观层面描述与分析了澳大利亚课堂教学改革的先进理念和成功经验。现在，张教授出版该系列成果之三，即专著《当代澳大利亚基于信息技术的学习设计研究》，从快速发展的信息技术、知识经济及未来工作场所变化的视角，探讨了新时期开展学习设计的意义、策略和途径。

21 世纪是注重设计的时代。不难发现，自 20 世纪 90 年代以来，教学设计的研究重心或基点已经发生了战略性转移：从关注教学设计转移到学习设计；从强调教学设计与学习心理学的彼此映衬转移到学习设计与脑科学等的互为支撑；从注重融合教学于培训场景的教学大纲制定转移到关注实作场景与日常生活中非教学的意义性干预；等等。

21 世纪以来，随着信息技术对教育影响的日趋深入，基于信息技术的学习设计已经成为世界各国的研究热点。《当代澳大利亚基于信息技术的学习设计研究》顺应了这个研究热点，丰富了该领域的研究成果，不仅是一本具有启示价值和普遍指导意义的专著，而且有助于深化我国的素质教育和基础课程改革。该专著凸显了如下特点：

✓ 作者选择澳大利亚作为研究对象，从理论和实践两个层面广泛探讨了该国实施基于信息技术的学习设计的必要机制。

✓ 作者提出了基于信息技术的学习设计的三个维度，即通识教育设计维度、课程设计维度和教学设计维度，具有较大的可操作性。

✓ 作者针对我国基础教育课程改革的现状，提出了一系列有见地的建议，例如，加强学习设计的理论素养培养，促进基于信息技术的教师专业发展，聚焦学习者学习风格的混合式学习设计，等等。

✓ 该书思路清晰，框架严谨，观点明确，内容丰富，材料翔实，可读性较强。

我乐意向广大读者推荐这本专著。

华东师范大学教育学部
教授、博士、博士生导师
王斌华
2018 年 2 月 18 日

目 录

Contents

第一章

导 言

一、研究的缘起

本书是拙作《当代澳大利亚有效课堂教学行为变革研究》的研究续集。

正如《当代澳大利亚有效课堂教学行为变革研究》所提出的，从20世纪90年代至今，澳大利亚课程改革的路径是宏观推进到微观实施的过程。① 在这个过程中，尤其是从21世纪初至今的10多年里，社会与技术发生了显著的变化。

早在2008年，澳大利亚的《赫巴特宣言》(1999)的升级版《墨尔本宣言》(2008)就认定了过去20年全球环境出现的五大发展变化。澳大利亚认为，在过去20年里，以下五大变化改变了人们交往的方式。

第一，全球一体化及全球性移动的速度在过去10年里出现了快速上升的趋势。这为澳大利亚人呈现了新的令人兴奋的机会，同时凸显了培养未来多样性及全球视野公民的必要性。换言之，未来澳大利亚公民不但必须具有鉴赏的眼光，尊重文化及宗教的多样性，善于沟通交流，而且必须具有全球性意识。

---

① 张树德. (2012). 当代澳大利亚有效课堂教学行为变革研究. 苏州：苏州大学出版社：1.

第二,印度、中国及亚洲其他国家(地区)正在快速发展,它们对世界的影响力与日俱增。为此,澳大利亚人要想成为"亚洲通(Asia literate)",就必须与亚洲构建强有力的关系。

第三,全球化与技术变革对澳大利亚的教育和技能发展提出了更高的要求。同时,现有的提供给澳大利亚年轻人的工作特性比以前任何时候都变化得更快。目前,技能性的工作是主要的就业增长点,拥有大学或职业教育及培训学历证书的人比早期的中学毕业生在就业市场上可以拿到更高、更好的薪酬。为使澳大利亚年轻人有健康、创造性及回报的未来,并且要让这样的未来机会达到最大化,必须鼓励年轻人不仅要完成中学阶段的学业,而且要继续培训或深造。

第四,诸如气候变化这样复杂的环境性、社会性及经济性压力,其紧张程度已经超越了单个国家(地区)可以承受的程度,拓展到了国际层面。这样的压力提出了史无前例的挑战,要求世界各国(地区)以新的方式共同合作加以应对。为迎接这些挑战,澳大利亚人不但要能够理解并运用科学的概念和原则,而且要能运用创新性方法提供解决问题的途径。

第五,信息通信技术的快速、持续性进步与发展正在改变人们的生活。例如,人们分享、运用信息及对信息的加工方式就因信息通信技术的发展而发生改变。正因为如此,澳大利亚年轻人需要在信息通信技术方面得到高度的技能性培养。尽管中小学生已经在学习过程中运用了这些技术,但在未来的十年里,中小学生仍然需要极大地提高运用信息通信技术的有效性。①

面对新形势,澳大利亚在微观推进课程改革的过程中,还存在不少亟待解决的问题。以下是当下澳大利亚存在的四大挑战。

---

① Ministerial Council on Education, Employment, Training and Youth Affairs. (2008). *Melbourne Declaration on Educational Goals for Young Australians*. http://www.curriculum.edu.au/verve/_resources/National_Declaration_on_the_Educational_Goals_for_Young_Australians.pdf.

挑战一，澳大利亚已经发展了一个强烈针对经济合作组织(Organisation for Economic Cooperation and Development，OECD)其他国家的高质量、世界级的学校教育系统。在2006年经合组织国际学生评估项目之15岁国际教育结果基准中，澳大利亚学生在三个教育领域测试中均名列前10名。在未来10年里，澳大利亚应该将本国年轻人的学习结果提高到世界首屈一指的水平。

挑战二，在追求公平和卓越两个方面，澳大利亚的学校教育需要在多个方面进行改进。第一，澳大利亚在提高澳大利亚土著人的学习结果方面已经落后，因此，解决澳大利亚土著人的学习水平问题必须成为未来10年的重点领域。第二，对比世界上成绩表现最高的学校系统，出身于低社会经济背景的澳大利亚学生往往比上不足、比下有余，即与高学习成绩者相比，他们低于平均水平；与低学习成绩者相比，他们则高于平均水平。第三，澳大利亚12年级学生或同等学力学生的毕业率不高，还有提升的空间。

挑战三，识读能力和算术及关键科目的知识仍然是澳大利亚年轻人学校教育的基石。学校教育还应支持在诸如社会交往、跨学科思维及数字媒体运用等领域的能力发展，因为这些领域对21世纪所有职业来说都必然涉及。除了知识和技能外，学校提供给年轻人的观念还应该包括民主、平等与公平，以及诸如诚信、适应力及尊重他人等个人价值观与特性。

挑战四，澳大利亚教育部不但要努力实现与天主教、学校独立部门及政府各个层面之间最大可能的合作，而且在教育澳大利亚年轻人的过程中，要努力让所有利益相关人员实现新水平的参与。

实际上，在学校环境下，包括信息技术发展在内的这些变化在更广泛的社会里已经影响了年轻人的生活。这表现在以下三个方面。第一，在学校环境中，消费文化爆炸现象尤其明显。在学校里，学生带到学校与同伴分享的是数量繁多、种类多样的玩具或生活消费品。第二，当今的时代既是一个媒体饱和的时代，又是一个担心受到文化环境影响的时代。在媒体饱和环境下，学生受到了广泛领域的影响。在这样的文化环境影响下，人们担心“企业教育者（corporate pedagogues）已经通过许多方式成为后现代社会最成功的教师”①。第三，虽然学生的兴趣已经出现多样化，他们已经对当下问题有了一定的意识，但学生在对媒体信息的建构方式及用途上还没有跟上时代变化，还没有形成批判性意识。

当今学生生活世界的一大特点是选择。新技术手段已经为新的社会关系打开了各种可能性。新的社会关系并非固定于某个地方；同时，通过新的社会关系，归属感并不一定就与学生所生活的社区相连。他们行为榜样的选择，不仅有来自其生活中的个体，而且有来自公共文化人物的媒体。学生形成的多种流体身份（multiple fluid identifies）往往建立在他们受到的日益增长的广泛环境的影响基础之上。② 他们生活的明显特点是多样化与变革，社会日益呈现给他们的是大量的关于个人关联与生活方式的选择。

但这些出现在学生生活中的社会性及技术性的变化，对在澳大利亚学校占主导地位的时代性政治还没有产生影响。一方面，为努力保持澳大利亚的全球性竞争力，澳大利亚学校已经更加强调学习领域中的内容知识，并以此来强调回归基础，重新强调识读能力与算术，但澳大利亚学校做得还不够；另一方面，某些指标（如性别、社会经济背景）下的学生出现不尽如人意的成绩表现，澳大利亚已经为此引入了标准

---

① Kenway, J. & Bullen, E. (2005). Globalizing the young in the age of desire: Some educational policy issues. Apple, M. W., Kenway, J., Singh, M. (Eds.). *Globalizing Education: Policies, Pedagogies and Politics.* New York: Peter Lang: 36.

② Yon, D. A. (2000). *Elusive Culture: Schooling, Race, and Identity in Global Times.* Albany: State University of New York Press.

化测试以评估学生的成绩，但澳大利亚使用的是颇受争议的教育标准。①②③罗伊（Rowe，K. J.）概述了当前澳大利亚教育中流行的政治形态："教育治理一致采用企业管理模式，教育环境上普遍流行'结果驱动的'经济理性主义；通过这样的治理与环境模式，它们运行的是与绩效相关的政策行为，操作的是评估性监控，广泛推行的是行为表现指标、质量保障体系及学校有效性。然而，在当下，在学校教育重要性达成共识这个问题上，围绕学校有效性与教师质量的经济及工业性议题却十分敏感。须知，学校教育既是微观与宏观经济改革的关键组成部分，也在满足现代工作场所不断变化的需求中发挥重要作用。"④

在这样的政治环境下，学者们对正在出现变化的社会、文化及技术形态对当代工作场所产生影响的研究并不多。尤其是，工业时代学校进行了不可避免的变革，以便为正在发生变化的工作场所及新形式的社区参与而培养学生，对这方面的研究并不多。为此，卡兰兹和科普（Kalantzis，M. & Cope，B.）主张，"正在涌现的'知识经济'要求（澳大利亚实施）根本性的新学习方法"⑤。

确实，在过去的 10 多年里，虽然澳大利亚学生的生活世界一直发生变化，但学校没有跟上快速的技术与社会-文化变化的步伐，也由此

① Ainley, J., Frigo, T., Marks, G. N., et al. (2004). *The Measurement of Language Background, Culture and Ethnicity for the Reporting of Nationally Comparable Outcomes of Schooling*. Melbourne: Curriculum Corporation.

② Skilbeck, M. & Connell, H. (2004). *Teachers for the Future—The Changing Nature of Society and Related Issues for the Teaching Workforce*. Melbourne: Curriculum Corporation.

③ Watson, L. (2005). *Quality Teaching and School Leadership*. Canberra: Teaching Australia.

④ Rowe, K. J. (2003). *The Importance of Teacher Quality as a Key Determinant of Students' Experiences and Outcomes of Schooling*. Camberwell, Victoria: ACER Press: 2.

⑤ Kalantzis, M., Cope, B. & The Learning by Design Project Group (2005). *Learning by Design*. Melbourne: Victorian Schools Innovation Commission: 3.

出现了不少值得关注的问题。肯威和布伦(Kenway,J. & Bullen,E.)认为,由于信息技术的快速发展,在当下的学校教育中,不少学生变成了"5D"型学生,即"他们对学校教育的态度是不满意、不参与、不支持、不敬畏、不捣乱"①。显然,尽管教师们实际上意识到学生不积极参与提高学术成绩的行为的消极影响,但学校还没有实施合适的变革以迎接形势发展的需要。一方面,许多教师已经体验到因掉队于社会及技术的变革而引起的某种不舒服的感觉;另一方面,教师也已体验到失约于社会与技术的变革提供的承诺而引起的不满意感。要知道,相比当代其他工作场所,学校一开始推出新技术手段的节奏并不快,而且工作组织的新可能性经常处于待开发状态。更重要的是,有关这些变革趋势对教学方式启示的讨论经常放在如上所述的教育标准与教师质量的辩论中加以考虑。

人们经常认为教师对课堂教学中所选用的内容与教学方法具有相当大的力量。可具有讽刺意味的是,在大多数组织通过协商管理以反对通过命令管理来体验信息化过程的今天,在大多数组织正在体验科层组织结构上的更高程度流动性及角色行为表现更为灵活的今天,教师一直体验着行政对其专业工作更大程度的管理。②同时,运用标准化测试、系统性课程指南、教师业绩评估,以及在一些地区执行的基于薪酬与学校拨款的业绩计划,既给教师造成了很大的压力,迫使他们缩小教育重点,也打击了教师的积极性,导致他们不愿探索适应学生特定需

---

① Kenway,J. & Bullen,E. (2005). Globalizing the young in the age of desire: Some educational policy issues. Apple, M. W., Kenway, J., Singh, M. (Eds.). *Globalizing Education: Policies, Pedagogies and Politics*. New York: Peter Lang: 3.

② Featherstone, M. (2004). *Consumer Culture and Postmodernism*. London: Sage Publications: 45.

要的新的教育改革行动。①②

然而,尽管澳大利亚已经实施了10多年的回归基础(Back to the Basics)政策,但政治家、雇主及更广泛的社会似乎仍然对澳大利亚教育系统的质量不满意。在他们看来,澳大利亚教育似乎仍然不尽人意:教育与企业本可以实现更多的共同目标,而非只有一方能实现目标。例如,教育与企业都面临有任务的未来及/或被递减的未来。持续的学术性收获的压力及企业提高生产率的压力,都可能受到递减率的影响。

尽管如此,教师并非感到他们让学生失败了,但就像其他任何人一样,他们也一直在应对着自己身边快速发展的社会及技术变化,并积极考虑如何通过工作来应对这些变化。他们有时会质疑回归基础政策的智慧,但实际上,他们已经实施了所要求的变革行动。他们经常感到不满意的是,这些变革行动并没有满足学生的需要;由于感到不满意,他们认为,仍然需要实施更多的行动来满足学生的需要,满足未来雇主的需要。"在转型过程中,这些教师不是消极地接受这些主流复杂系统;相反,他们则是策略性地抵触主流并将主流重新进行解读,从而创造其他社会惯例、关系及意义。"③

不管如何,课程改革的主战场在课堂。在当前教学方式从教师中心向学生中心范式转换和重构的过程中,正如澳大利亚学者卡兰兹和科普所说,由于学习者正日益浸泡于数字和全球化生活方式中,因此要探索一种基于数字技术的新教学方式,以变革当今的学习环境并创造未来学习。这样的学习环境既在满足社会期望过程中与正在变化的世

---

① Cummins, J. (2001). Empowering minority students: A framework for introduction. *Harvard Educational Review*, 71(4):649-657.

② Vickers, M. & Singh, M. (2005). Educational pedagogies, policies and politics: Some things students, parents and teachers need to know. *Australian Journal of Education*, 49(3):12-31.

③ Monahan, T. (2005). *Globalization, Technological Change and Public Education*. New York: Routledge: 4.

界更加相关,也更有效率地管理教育资源。为此,要进行包括学习设计在内的教学变革研究。教学变革研究要建立在重视多样化、积极认知方式的教学和哲学学习的基础上,它涉及多样性与学习者为变革其教学多样化的认知,并且这样的认知要内化于心、外化于行。学习设计的构建让教师在教学过程中反思自己的选择,记录自己的学习计划,设计课程,分享有效实践,撰写学习共同体目标。这些手段同样让学生建构、分享、合作,并充分展示、发表自己的学习成果,而且在承担教育职责的人员之间,产生更大、更透明的权责。①

二、研究的意义

从教学设计领域看,有学者早就预言:"事实上,(20 世纪) 90 年代以来教学设计领域已经发生了从关注教学到关注学习的研究基点的战略性转移,从教学设计研究与学习心理学的互动联系拓展至教学设计与有关学习科学的跨学科研究的互动联系,从关注教学与培训场景中的教学大纲的制定到广泛关注实作场景与日常生活中非教学的干预等意义深刻的变化。"②

具体而言,研究基于信息技术的学习设计变革具有如下现实意义。

第一,服务于高质量的教学需要。

对教育工作者而言,其最平常不过的话语是,驱动高质量的教和学不是因为技术的进步,然而,他们不应仅仅为了高质量的教和学而采用最新的技术,他们应该评价新技术进步是如何影响当下教育价值概念附加值的。也就是说,不管教育工作者承认与否,技术之服务于教育的

---

① Kalantzis, M. & Cope, B. (2004a). Designs for learning. *E-Learning*, 1(1): 38-93.

② (美)罗伯特·D. 坦妮森,(德)弗兰兹·肖特,(德)诺伯特·M. 西尔,(荷)山尼·戴克斯拉特. (2005). 教学设计的国际观:理论、研究、模型(第 1 册). 任友群,裴新宁,主译. 北京:教育科学出版社:24.

利益就在那里。换言之,如同其他手段一样,技术仅仅是技术而已。教育工作者必须利用技术来服务教育目的。由此,有关技术对教育的影响,一种观点认为,在构成良好教育的要素中,技术似乎是独立的要素,更多的是属于更宽泛的社会影响而已。另一种观点则认为,技术进步对社会的影响已经从根本上改变了人与人之间及人与更宽泛世界之间的联系。技术进步对社会影响程度之深,以至于当今的学生——用阿什拉夫(Ashraf,W.)的话说,属于浏览谷歌、优兔一代 ——不再属于传统教育系统加以教学设计的对象人群了。①

第二,高质量教学环境的需要。

教学环境的重构能够实现学生学习效果的最大化。②唐斯(Downes,S.)认为,再夸张的词语也无法完全描述自因特网产生以来所出现的突破性技术进步。实际上,技术的突破性发展就是日益普及的宽带和传输速度的提高。宽带的日益普及,导致共享文本、图片及视频已经成为当下一种主流的行为活动。无线技术已经允许人们进行更多的移动因特网链接,计算机的加工能力已经从兆字节发展到千兆字节。不断发展的储存信息容量,更加可靠的软件系统,个性的、用户友好型的数字技术正变成我们日常生活的一部分。③ 因特网可能对教育产生下列影响:①计算机设备由于其便携式特点,以及广泛、可得的数字呈现工具(手段),将使教育真正变得个性化及可移动性。②电子设备不仅具有书写功能,而且还可以进行照相,刻录视频,方便使用且强大的照相机视频编辑软件,以及通过宽带网链接并使用海量的图书馆

① Ashraf, W. (2008). Teaching the Google-eyed YouTube generation. Address at the University of Technology, Teaching Forum, Sydney, November 27, 2008.

② Chickering, A. W. & Gamson, Z. F. (1991). *Applying the Seven Principles for Good Practice Undergraduate Education.* San Francisco: Jossey-Bass.

③ Downes, S. (2008). The future of online learning: Ten years on. http://halfanhour.blogspot.com/2008/11future-of-online-learning-ten-years – on_16.html.

内容库。③任何包含平面的环境都可以成为教学环境。①

第三,进一步促进教师专业发展。

特南特等人(Tennant,M.,et al.)认为,未来网络学习发展的趋势主要体现在以下四个方面:①年纪更大的学生(尤其是超过25岁的学生)成为网络学习的早期主力;②网络学习对教育的影响是全方位的;③教育机构之间的竞争进一步加剧,因为在线传输解决了传统课堂在服务学生过程中因面对面形式而产生的固有的人为界限;④在教学传递过程中,为满足日益增长的对信息及通信技术的需要,教师将要承担更多的责任。②

总之,信息技术对教育的潜在影响一直随时随地释放着,因此,学生可以依据自己选择的时机和地点进行学习。数字信息技术教育早期的形式为传递远程教育,后来出现了补充性形式,即通过电子邮件来进行交流。可以预期的是,如今,通过诸如"我的空间(MySpace)"和"脸谱(Facebook)"之类的博客和社交网站,人们沟通交流的能力会得以增长,人们通过互联网获得信息和资源的能力会得以增长,人们通过逐渐获得的呈现软件来创建内容的能力会增长。同样,人们完成以上所有任务的容量会增长,某种程度上而言,人们会通过移动的、个性化的及全球范围的方式来完成。

尽管数字信息技术对学习的潜在影响巨大,但值得人们注意的是,至今为止,包括澳大利亚在内的许多世界教育机构大体上没有出现任何大的变革,而且面对面课堂教学的关键特征已经融入在线学习。它们把这看作是基于"网络课程工具+触屏黑板"的课堂,或称为"第二人生(Second Life)"的虚拟课堂。要达到这样的环境,人们要将传统课堂转化为某种数字环境。然而,受约束性、占空间的数字技术对教育而

---

① Miniwatts Marketing Group.(2008).World Internet users and population stats. http://www.internetworldstats.com/stats.htm.

② Tennant,M.,McMullen,C. & Kaczynski,D.(2010).*Research in Higher Education:A Critical Approach*. New York:Routledge:129-142.

言是相当大的革命了,数字技术的革命必然需要人们广泛变革教师技能综合素养要求,需要不断变革教师工作环境,并需要不断变革师生交流的方式。

因此,就研究意义而言,正如教学设计取向研究专家罗兰德(Rowland,G.)在深刻反思教学设计实践中存在问题所明确提出的:我们需要构建一种不同于传统教学设计观的、将教学设计过程视作预定过程、侧重理性、注重归纳、重视最优化的全新的教学设计观。实际上,设计就是为创造某种具有实际效用的新事物而进行的探索。它包括对不良情境的探索,对一个或多个问题的发现、详细说明与解决,对导致有效变化途径的详细说明,等等。显然,这样的教学设计观突出创造性,注重理性与直觉的平衡,强调归纳与演绎的统一,重视对话在设计过程中的重要作用。①

可见,开展基于信息技术的学习设计研究具有重要的现实意义和借鉴作用。

三、概念诠释

学习:学习即变革,是变革学习者新颖而不熟悉场所的旅程。换言之,学习是嵌入日常生活中或是通过设计的学习,学习的形式和程度由学习发生的条件决定。因此,基于信息技术的学习是一种全新的、以提高多样性水平、个体能动性及知识复杂性为特点的、适应社会与工作环境需要的学习。

设计:设计是为创造某种具有实际效用的新事物而进行的探究。它包括对不良情境的探索,对一个或多个问题的发现、详细说明与解决,对导致有效变化途径的详细说明,等等。从内容来看,它既描述内部结构或形态学,也描述结构的行为。从结构来看,设计就是人们在表

---

① Rowland, G. (1993). Designs and instructional design. *ETR & D*, 41(1): 79 - 91.

征意义过程中所施为的某种东西。表征意义过程体现在两个方面：一是个体自己的意义建构过程，如阅读、倾听或观看；二是个体自己通过交际过程（如写作）对外界的意义建构过程，如写作、说话或画图。

因此，就学习而言，设计包括以下三个特征：①设计的目的性：设计由构想来实现某种目的。②设计过程的影响因素：主要有设计者的洞察力、设计者对设计对象的理解、设计中的社会性交互作用。③设计过程的本质：设计问题就是精确解释不良问题；设计过程是动态的、非确定性的；设计的本质特点是探索与创造；设计的一项根本任务是将需要的信息转变为详细说明的信息；在全面解决某个设计问题的动态过程中，关注从中派生的解决问题周期，注意采取系统观点所提供的可能产生的决策框架；将设计过程视为学习过程，即建构知识的周期、体验快速学习新东西的过程；注意在设计过程中保持技术与创造性、理性与直觉之间的平衡；设计应成为有能力同时控制理性与创造性，并根据需要及时改变战略与策略的自我组织系统，设计者应成为自己行动的反思者；关注不同于"计划"的"情境设计"概念，把设计看作是由一系列周期性的、更多依赖机遇并面对精确解释不良问题的创造性过程。

学习设计：从本质上看，学习设计即一种优化、对话、概念框架、行动。换言之，学习设计即教育机构或教师为实现所希望的预期结果而施行的有目的的优化性的概念与行动计划。一般而言，学习设计涉及三大基本原则：提供多种途径的呈现（即学习的内容），提供多种途径的行动与表达（即学习的方式），提供多种途径的参与（学习的原因）。据此，基于信息技术的学习设计原则包含三个方面：一是提供语言设计的准入，二是建立设计过程反思，三是聚焦社会未来设计。在教育变革过程中，学习设计也涵盖三个维度：通识教育设计、课程设计及教学设计。

四、研究的路径和方法

（一）研究的分析路径

本研究有三条大的分析路径。第一条分析路径反映的是当代澳大利亚开展基于信息技术的学习设计的必要性、原因，主要回答“什么是基于信息技术的学习设计的关键性要素”这一问题。第二条分析路径是考察基于信息技术的学习设计的三个维度（通识教育设计、课程设计及教学设计）的原则与策略，主要回答“在这三个维度内澳大利亚的途径是什么”的问题。第三条分析路径探索当代澳大利亚基于信息技术的学习设计的特点，以及对中国如何进一步深化基础教育课程改革的启示，主要回答“为什么说开展基于信息技术的学习设计是中国进一步推进素质教育和基础教育课程改革的必然选择之一”这一问题。这三条分析路径形成了逻辑链条。

1. 第一条分析路径

这条路径对当代澳大利亚基于信息技术的学习设计的必要性及原因进行分析。通过社会-文化环境变化、知识经济的影响及脑科学最新研究发展这三个分析视角，我们认为，当代澳大利亚目前所进行的基于信息技术的学习设计变革，其实就是澳大利亚对20世纪90年代以来所进行的课程改革的进一步深化，是基于其第一阶段课程改革所存在的实际问题的延续性改革。

这条路径还要构建当代澳大利亚基于信息技术的学习设计的理论框架。通过大量的文献分析，本部分首先考察学习设计的概念，接着考察学习设计的原则、本质特性、范畴，最后析出基于信息技术的学习设计的三个维度。我们认为，通识教育设计、课程设计及教学设计这三大要素不但具有理论上的支撑性与实践上的可操作性，而且还是一种有意义的模式。

2. 第二条分析路径

这条分析路径主要结合澳大利亚的经验，从通识教育设计、课程设计及教学设计三个维度对当代澳大利亚基于信息技术的学习设计的策略与途径进行考察。这条分析路径实际上是理解路径,通过对当代澳大利亚的策略与行动的分析与诠释,可以形成有效课堂教学变革的意义性过程。

3. 第三条分析路径

这条分析路径主要探索当下澳大利亚基于信息技术的学习设计的特点,以及对中国可能的启示作用。

(二) 研究方法

本研究涉及的具体研究方法主要有解释学方法、案例法、比较法、文献分析法、访谈法。

● 解释学方法:本研究运用解释学的基本方法,对基于信息技术的学习设计的关键主题进行阐释,对具有代表性的通识教育设计、课程设计及教学设计进行诠释,理解它们在信息技术环境下的生成性意义。

● 案例法:本研究展示大量的文本实例,作为分析和说明的依据。这些实例主要体现在澳大利亚中央地区及以昆士兰州为主的学习设计变革行动中。

● 比较法:本研究运用比较的方法,对当代澳大利亚基于信息技术的学习设计中的通识教育设计、课程设计及教学设计的策略进行比较和分析。

● 文献分析法:本研究是一个跨学科的综合性的理论研究,涉及的文献资料覆盖信息技术学、哲学、政治学、领导学、社会学、课程学等方面的知识。具体而言,它包括信息通信学理论、解释学理论、现象学理论、管理学理论、社会学理论、课程论,本研究对上述文献进行了查阅分析和整理。

● 访谈法:自澳大利亚电子杂志《课程领导》(半月刊)于 2004 年创刊至 2017 年 5 月停刊以来,笔者一直与该刊物的项目经理保持联系。《课程领导》杂志由澳大利亚教育、就业与培训部通过"教育服务澳大利亚(Education Service Australia)"管理。因此,在研究过程中,笔者与该杂志的主编苏利文(Sulliven,T.)及其他相关的澳大利亚学者进行口头或书面访谈,也与华东师范大学的中国基础教育课程专家兼澳大利亚教育研究专家王斌华教授就本研究的部分框架进行交流。此外,笔者还走访了一些基础教育课程改革的实验学校,向学校的部分人员调查基础教育课程改革的一些具体情况。

五、研究的基本框架

本研究旨在分析当代澳大利亚基于信息技术的学习设计的原因、理论基础,理解基于信息技术的学习设计的三大支撑性要素,具体分析当代澳大利亚基于信息技术的学习设计的通识教育设计维度、课程设计维度及教学设计维度,概括澳大利亚基于信息技术的学习设计的特点,阐明澳大利亚基于信息技术的学习设计对中国进一步推进基础教育课程改革的启示。全书共三部分八章内容,基本框架如下。

第一部分:当代澳大利亚基于信息技术的学习设计的背景。主要分析21世纪初以来澳大利亚基于信息技术的学习设计的原因,评价基于信息技术的学习设计的理论基础及概念框架。本部分有三章。

第一章:导言。主要分析21世纪初以来澳大利亚基于信息技术的学习设计的背景和动力。

第二章:当代澳大利亚基于信息技术的学习设计的缘由。主要从社会-文化环境变化、知识经济的影响及脑科学的研究发展三个层面分析当代澳大利亚基于信息技术的学习设计的原则和要求。

第三章:当代澳大利亚基于信息技术的学习设计的理论综述。主要梳理当代澳大利亚基于信息技术的学习设计的原则、本质特性、范畴,并进而析出基于信息技术的学习设计的三个维度(通识教育设计维度、课程设计维度及教学设计维度)是一种实践上更具操作性的模式。

第二部分:研究与发现。主要结合澳大利亚中央地区及昆士兰地区,分析并阐述当代澳大利亚基于信息的学习设计的通识教育设计、课程设计及教学设计的原则和方法,加深理解基于信息技术的学习设计的策略性。本部分有三章。

第四章:当代澳大利亚基于信息技术学习设计中的通识教育设计。理解并阐述作为一种教学环境的通识教育设计的理论研究基础、重点变革领域及具体的变革行动措施。

第五章:当代澳大利亚基于信息技术学习设计中的课程设计。理解并阐述作为一种教学环境的课程设计的理论研究基础、重点变革领域及具体的变革行动措施。

第六章:当代澳大利亚基于信息技术学习设计的教学设计。理解并阐述作为一种教学环境的教学设计的理论研究基础、重点变革领域及具体的变革行动措施。

第三部分:当代澳大利亚基于信息技术学习设计的特点和启示。从关注信息的技术性安排、强调更高质量的专业性教师及聚焦个性化的学生学习三个方面分析当代澳大利亚基于信息技术的学习设计的显著特点,阐明其对中国进一步开展有效课堂教学行为变革并提升学习效果的启示。本部分有两章。

第七章:当代澳大利亚基于信息技术的学习设计的特点。基于第二部分的理论和实践的阐述,分析澳大利亚基于信息技术的学习设计存在关注信息的技术性安排、强调更高质量的专业性教师及聚焦个性化的学生学习这三大特点。

第八章:当代澳大利亚基于信息技术的学习设计对中国的启示。正因为澳大利亚基于信息技术的学习设计存在关注信息的技术性安排、强调更高质量的专业性教师及聚焦个性化的学生学习这三大特点,因此,结合我国当下进一步加强教师教育的实际,它给我们的启示是:要加强学习设计理论素养的培养,要促进基于信息技术的教师专业发展,要聚焦基于学习者学习风格的混合式学习设计。

第二章

当代澳大利亚基于信息技术学习设计的缘由

一、社会-文化环境变化的影响

伴随信息通信技术快速发展而来的是社会-文化的变化。社会-文化的变化既影响归属性系统，也影响人们在工作场所的互动及在社会-文化环境下相互联系的方式。

（一）社会-文化环境的变化导致学习者归属系统发生变化

澳大利亚墨尔本大学教育研究院的比安科（Bianco，J. L.）认为，因信息技术发展而引发的社会-文化变化实际上是全球化日益加深的一个组成部分。比安科提出，全球化过程加速驱动了三种主要力量的发展："第一种力量，即几乎通用性的市场管制现象；第二种力量，即国际金融市场的先进集成；第三种力量，即关键性瞬时通信促进力。"①

其中，第三种全球化驱动力，即瞬时通信形成的标志是通过跨越广袤远程距离的快速信息流动；瞬时通信促进力的形成已经为发展企业与社会的网络（无论是现实的还是虚拟的环境）打开了新的机会；同时，它还为发展和维持社会关系打开了成长机会。须知，基于信息通信的社会关系并不是绑定于某个固定地方；换言之，在这样的社会关系

① Bianco，J. L.（2000）. Multiliteracies and multilingualism. Cope，B. & Kalantzis，M.（Eds.）. *Multiliteracies：Literacy Learning and the Design of Social Futures*. South Yarra：Macmillan：93.

中，归属感不一定非得与人们所生活的社区发生联系。相反，归属感更多的是与移民社群发生联系。冯（Yon，D. A.）把移民社群界定为“有助于人们考虑通过跨国网络及身份标识而打造的文化及文化过程的一种理论性概念”①。这些类型的跨国网络与身份标识正变得越来越明显，因为，“随着大量的差异化的人口史无前例般在世界各地转移，多元文化变成了一种全球化现象”②。可见，在当代社会-文化环境下，人们拥有的联系与网络正日益超越了边界，甚至出现在虚拟网络世界里，因此，移民社群这样的概念不再仅适用于移民成员与难民社区，而是可以适用于大量的个体，因为这些大量的个体既拥有跨国界的社会及工作关系，还拥有基于不同目的的、服务于不同群体的多重身份。

因此，当前的工作场所与学校在内的社会-文化环境可以认为是一些日益发展的个体多样化的场所。参与者不可能根据这样的场所被界定为传统的人口差异标志者（如种族、年龄或性别）。③ 于是，个体不再是仅拥有一个固定身份，而是拥有多重流体身份；同时，个体的多重流体身份往往随着个体经验的丰富与选择机会的增加而发生改变，并得以发展。冯认为，个体身份的建构往往围绕以下方面进行：①国家、社会/共同体、民族、种族、宗教、性别、性向、年龄；②基于公共文化及其移动性的代表性做法为前提的身份；③附属于时尚及新颖构思的生活方式（例如，向往边休闲边工作的生活方式，向往世俗的和异国情调相结合的生活方式）；④根据位置与位移（place and displacement）、社区与扩散意识（community and a sense of dispersal）、根与路径（roots as well as

---

① Yon，D. A.（2000）. *Elusive Culture：Schooling，Race，and Identity in Global Times*. Albany：State Univesity of New York Press：18.

② Bianco，J. L.（2000）. Multilteracies and multilingualism. Cope，B. & Kalantzis，M.（Eds.）. *Multiliteracies：Literacy Learning and the Design of Social Futures*. South Yarra：Macmillan：93.

③ Kalantzis，M.，Cope，B. & The Learning by Design Project Group.（2005）. *Learning by Design*. Melbourne：Victorian Schools Innovation Commission.

routes)而确定的身份。①

同时,归属感不再通过拥有物理空间或场所的身份来创造。相反,一种象征意义的归属感通过多样化的个体的互动而加以创造,因为个体创造了一种从中可以工作、学习与娱乐的文化空间。在这个空间里,个体的归属感往往通过共享的兴趣、目标、语言及知识而加以创造。

例如,对不少在当下工作场所工作中的人们来说,由于企业不断构建跨国团队从事涉及高水平的创造力、创新及问题解决等复杂的项目,"去工作(going to work)"的概念及物理工作场所的观念也已经发生了急速的变化。对这些团队中的员工而言,工作场所不再是某种物理空间,而是某种虚拟的空间。在这种虚拟的空间场所里,他们与国际上的同事协作进行这些合作项目。这些虚拟的工作场所通常在时间和空间观念上具有更大的灵活性。例如,员工们有时会利用通信技术在家庭场所工作,有时会利用通信技术安排不同的时间以适应跨国及不同地区团队人员工作的需要。② 即使在现行的物理工作场所里,通信技术也已经改变了工作场所的环境,改变了工作场所中人们之间的关系。

开展项目为本的工作即是其中的一类工作。在这种类型的工作中,员工们并不固定于某个物理空间内,而是通过全球性环境下进行运作。全球性环境中的项目工作跨域了传统的国界、组织与学科的界限。由于用户目标的核心是项目工作活动,因此,若要完成项目就要围绕这些目标形成流体性伙伴关系。当有了新项目时,项目团队小组将进行适当改变以满足新用户的不同需要。科利迈伦(Kolehmainen,S.)描述了这些信息系统(information systems,IS)专家项目团队的一些关键特征:根据每个(项目)委员会的需求情况,项目小组通常包括来自不同能力领域及不同企业单位的专家。项目工作既表明专家组成员在职能

---

① Yon,D. A. (2000). *Elusive Culture:Schooling,Race,and Identity in Global Times*. Albany:State University of New York Press.

② Heiskanen,T. & Hearn,J. (2004). *Information Society and the Workplace:Spaces,Boundaries and Agency*. London:Routledge.

上是互相依赖的，也要求所有的信息系统（IS）专家进行正式与非正式的互动及互相学习，还要求服务供应商与用户之间实施互动。信息系统（IS）专家要为实现目标而共享专业知识及分担责任。①

对这些项目团队来说，要围绕项目目标而创造归属感。这种归属感不固定于某个物理工作场所，甚至工作团队成员也不固定。在这种语境下，物理空间的本质特性就不如为项目团队而创造的社会空间重要。这种社会空间既需要具体团队成员的努力与支持，也需要团队小组合力形成一个整体，并集体发力。② 这种协作环境的结构是围绕着明确表达的目标与预期而构建起来的，其中，基于达成目标的共同责任创建了个人对团队目标的投入。正如科利迈伦所勾勒的那样，这些团队同样出现互动性及学习互鉴性（interactivity and mutual learning）的特点，互动性及学习互鉴性特点使团队得以构建来自不同学科的专业知识共享的概念与专家语言。项目团队运作所需要的社交空间有助于有效行使职能及达成目标，也可以应用于当代课堂教学语境中。在追求市场目标过程中，设计这些工作场所的社交空间旨在援助学习、创新、创造及解决问题。③ 然而，正如华纳（Warner, D.）所主张的，学校不但应该发展学生的创新、创造及问题解决能力，而且还应该向学生传授在日益复杂的知识环境下必须具备的终身学习的概念。④ 因此，可以认为，当前学习应该具有明晰性、互动性及语言概念的共享性的特点。

---

① Kolehmainen, S. (2004). The dynamics of control and commitment in IT firms. Heiskanen, T. & Hearn, J. (Eds.). *Information Society and the Workplace: Spaces, Boundaries and Agency*. London: Routledge: 90.

② Monalisa, M., Daim, T., Mirani, F., et al. (2008). Managing global design teams. *Research-Technology Management*, 51(4): 48 – 59.

③ Kolehmainen, S. (2004). The dynamics of control and commitment in IT firms. Heiskanen, T. & Hearn, J. (Eds.). *Information Society and the Workplace: Spaces, Boundaries and Agency*. London: Routledge.

④ Warner, D. (2006). *Schooling for the Knowledge Era*. Camberwell, Victoria: ACER Press.

与科利迈伦关于项目团队描述相似，蒙娜丽莎等人（Monalisa，M.，et al.）在勾勒虚拟团队的特征时既突出强调了创造援助多样化视角的重要性，也鼓励培养个体的创新与问题解决能力。① 在这种空间下，个体利用自己的专业知识与网络关系来满足团队目标；因此，个人与工作之间存在密切的联系。在对个体的专业知识加以欣赏的同时，虚拟团队成员共享共同的目的、业绩目标及方法途径。此外，在有效的虚拟团队内存在着强有力的信任感与相互绩效感。当员工承担复杂任务时，信任感和相互绩效感可以使他们有效管理危机。对他们来说，这些虚拟团队的一个主要优势是能利用全球性员工专业知识的能力，极大地满足项目的需要，并充分利用不同市场的局部知识。

可以认为，当前这些项目或虚拟团队即是源自新知识环境的产物。一方面，通信技术的进步使知识流成为可能；另一方面，当前知识环境的显著特点则是知识流的强化与复杂性。知识环境的另一个特点是日益增加的知识共享与分配，因为人们合作共事并为他人的创意资本提供了基础。从多个方面来看，知识环境就是一种合作性知识环境。正如本布利斯（Burbules，N. C.）所说，当人们通过集体或个人努力变换了空间（spaces）时，空间就变成了场所，就有了位（places）。② 本布利斯把“a place（场所）”这个术语界定为“某种社会性或主观性上的有意义空间（A place is a socially or subjectively meaningful space）”③。对吉（Gee，J. P.）而言，这些有意义的空间一定属于亲和的空间（affinity spaces），人们从中共享利益，并且可以互动。这些位空间包括读书俱乐部、影迷俱乐部、游戏俱乐部及影视欣赏俱乐部。在这些位空间里，“人们发生关系主要因为他们有共同的利益、目标或实践惯例，并非主

---

① Monalisa，M.，Daim，T.，Mirani，F.，et al.（2008）. Managing global design teams. *Research-Technology Management*，51（4）：48 – 59.

② Burbules，N. C.（2004）. Rethinking the virtual. *E-Learning*，1（2）：162 – 183.

③ Burbules，N. C.（2004）. Rethinking the virtual. *E-Learning*，1（2）：174.

要因为他们的种族、性别、年龄、残疾或社会等级”①。课堂也与工作场所及虚拟空间建构了各种关系。尽管吉认为“归属”的概念在各种关系方面存在问题，但他所界定的亲和的空间显然属于社会空间；在这样的社会空间里，个体身份的各个方面以有意义的方式投入他人中。可以认为，在这些空间里，互动的个体拥有了一种象征性归属感；因为在一种亲和的空间里，如果人们与该空间的其他使用者共享某种共同的利益，那么他们接下来就会共享目标、实践行动、知识及语言。

（二）社会-文化环境变化导致教育与就业之间关系产生变化

随着通信技术的快速发展，当代工作场所的知识环境已经发生了激烈变化。这些新技术已经为全球员工之间进行更大程度合作打开了空间，而为了完成联合项目，这些新技术给不同的用户市场带来了员工的专业知识与文化知识。在这个过程中，员工同样也为跨学科合作创造了新的机会，因为这些来自不同领域的专业人员走在一起，一起从事复杂问题解决的工作。这些新知识工作者在按时、按预算完成既定项目目标的同时，不管时间是如何的转瞬即逝，他们都共享某种象征性归属感。在从事项目工作过程中，他们共享目的与目标，建构可以利用的共享语言及知识库，以便解决与之相关的复杂问题。在基于知识的组织中，成功的标志是来自员工的创新与创造力。同样，通过多样化合作团队，在创造创新、创造知识成果及解决复杂问题的过程中，年轻人在这些复杂而激烈的知识环境中的操作能力将决定他们未来在基于知识行业竞争性市场中的成功。

为此，对学校教育而言，在这样变化着的社会-文化语境下，重要的是要考虑教育与就业之间的关系。不少学者认为，从早期工业社会时代开始，学校就不仅反映了时代性的社会-文化环境，而且反映了工作场所中富有成效的关系。马修斯（Matthews，M. R.）早就提出，“学校教

---

① Gee，J. P.（2004）. *Situated Language and Learning—A Critique of Traditional Schooling*. New York：Routledge：85.

育的结构预示着学生要从中发现自己的富有成效的关系”①。在卡兰兹和科普有关新学习的论著中，他们将早期工业、发达工业及知识社会工作场所的特征与这些时期中学校教育的特征一同加以描述，他们的目的在于展现工作场所的特征与各个时期学校特征的密切关联性。②此外，还有不少学者表达了要关注当代语境下教育与就业之间的关系：我们目睹发达的资本主义内渐进且无节制的合并教育生产过程。教育的作用已经减弱到沦为经济界别的分组；教育被如此设计，其目的在于通过金融资本的极简主义的技术支持，创造在快速移动的图像、表达及生活方式中的电子民主式的网民。③

尽管教育与就业之间有时存在问题，但人们对教育存有普遍认同的社会预期，即学校在为工作世界培养学生的过程中发挥着作用。有的研究者认为，提供发展学生能力的高质量课程与有效参加新的全球经济竞争是有必然联系的。从教育政策的视角看，巴尔(Ball, S. T.)对这种关系进行了描述：“第一个方面涉及将教育的功能重申为一种‘公共利益’；第二个方面则强调教育要服从市场的规约及企业的方法与价值观的影响，并将教育重新界定一种‘竞争性的私人利益’。”④然而，撇开教育政策视角不谈，教育的职责是与国家或个人的经济利益相联系的。正如卡兰兹和科普所说，工作场所与社会-文化环境之间同样存在联系。实际上，就是通过这样的联系，工作场所与社会-文化环境得以运行。因此，决定新学习能实现培养学生积极担负当下的工作场所及新的社会空间的社会契约(责任)，关键之处在于界定新的工作场所

---

① Matthews, M. R. (1980). *The Marxist Theory of Schooling*. Brighton: Harveste Press.

② Kalantzis, M., Cope, B. & The Learning by Design Project Group. (2005). *Learning by Design*. Melbourne: Victorian Schools Innovation Commission.

③ Apple, M. W. (2001). *Educating the “Right” Way—Markets, Standards, God, and the Inequality*. New York: Routledge.

④ Ball, S. J. (1998). Big policies/Small world: An introduction to international perspectives in educationn policy. *Comparative Education*, 34(2): 119 – 130.

及知识社会的社会-文化环境的特点，并以此保证学校中的学习合适地满足上述预期。①

二、知识经济的影响

（一）知识经济的实质

费瑟斯通（Featherstone，M.）认为，知识经济可以被描述为一种为发展与维持消费者市场，通过运用信息通信技术来投入连续性的创新与创造以生产象征性商品与服务过程的经济。② 卡斯特尔（Castells，M.）对知识经济的界定是：（它）是一种经济；通过这种经济，企业、地区及国家的生产力及竞争性资源比过去更多依赖于知识、信息及它们的处理技术（其中包括管理技术及技术管理）。③

知识经济也是一个不断发展的概念。两位诺贝尔经济学获得者卢卡斯（Lucas，R.）和罗默（Romer，P.）对现代化教育环境下的知识经济概念框架进行了拓展。他们提出了内生增长模式（endogenous growth models）。一方面，内生增长模式已经成为现代经济发展理论，研究及理解在现代经济中经济过程能够运转多长时期的主流性理论；另一方面，内生增长模式为经济发展过程中的人力资本构成与教育外部性和关键作用提供了分析性证据。内生增长把家庭产出包括在最终结果中，由此在更宽泛的发展目标及人类福利上形成非市场私人效应及教育的社会效益。

随着经济学中的革命性发展及教育经济学的发展，不少学者也对现代化环境下的知识经济的教育作用进行了阐述。特别是自 20 世纪

---

① Kalantzis，M.，Cope，B. & The Learning by Design Project Group.（2005）. *Learning by Design*. Melbourne：Victorian Schools Innovation Commission.

② Featherstone，M.（2004）. *Consumer Culture and Postmodernism*. London：Sage Publications.

③ Castells，M.（1997）. An introduction to the information age. *City*，7：6 – 16.

60 年代以来,不管是艾尔弗雷德·马歇尔(Alfred Marshall)关于教育的关键作用的陈述,还是由诸如牛顿、达尔文及贝多芬等领军人物所创造的新知识(实证性研究),这些不但构成了教育经济学的基础,而且也对知识经济教育作用的研究产生了巨大的启示作用。例如,他们的这些理论对加里·S. 贝克尔(Gary S. Becker)和 T. W. 舒尔茨(T. W. Schultz)这两位诺贝尔经济学获得者的成就起了很大的促进作用。加里·S. 贝克尔和 T. W. 舒尔茨都提出,包括在职培训在内的教育应该成为创造人力资本的关键途径。为使人们更广泛的学习益处得以具体化,贝克尔对家庭产出最终结果中的核心要素——人力时间与人力资本的分配进行了分析。

基于贝克尔的研究结果,卢卡斯将其观点诠释为内生成长观。他的成长观点既包括研发,也包括熊彼特(Joseph Alois Schumpeter)经济学的创新。卢卡斯认为,研发与创新并非外源性的"天赐之物";相反,它们是个体内生决定的,因为研发和创新乃是一个庞大的受过教育的阶层的毕生追求,该阶层提出观念、激扬观念、沟通思想、解决问题,最后形成新知识。在这过程中,教育自始至终起到核心作用,因为教育对现代资本主义经济的观念创造、革新及可持续发展有着关键的影响。①

虽然从知识经济概念发展框架来看,知识经济的概念也是不明确的,但是,知识经济概念框架的理论发展本身是其对教育影响的逻辑证明。如果说理论发展对教育发展有启示作用(对教育发展的前因后果有引领作用),那么,理论发展对教育发展影响的实证性的一致性研究则导致人们提出科学性诠释。如果没有这两点的话,那么就没有知识经济成长的科学基础,更没有人们从事旨在促进发展的教育事业的科学基础。

---

① McMahon, W. (1998). The economics of knowledge. *New Learning: A Charter for Change in Education*. College of Education, University of Illinois at Urbana-Champaign. http://education. illinois. edu/newlearning/knowledge-society. html.

凯莉(Kelly,K.)认为,知识经济的“这些特性创造了一种新型市场与社会,而且是植根于无处不在的电子网络中的市场与社会”①。为此,新西兰经济发展部总结了知识经济时代人们富有成效地行使职能时需要的能力:“认识原因与主体要比认识内容重要得多(Know-why and know-who matters more than know-what)。从用途上看,可以区分多种不同的知识。认识内容,或关于事实的知识,如今正逐步减少相关性。认识原因即认识自然界、社会及人类。认识主体既指认识世界性的社会关系,也指认识谁、认知什么内容及谁可以主动做什么事情。涉及革新,有时认知关键主体要比认知科学原则重要得多。在灵活、动态的经济中,认识地点与认识时机正变得日益重要。”②

新环境,新特征。面对新环境,新的知识社会的特征标志是:世界对非技能型劳动的需求出现衰减现象,同时还不断提高了对知识管理系统的经济重要性的认识。知识管理系统包括产品设计的应用、服务质量、声誉、商标、运营系统、产品或服务美学、客户忠诚度、知识产权、技术运用、人力资源管理,以及基于组织角度的企业掌握、综合、保护及应用知识的能力。换言之,尽管新的知识社会曾经有信息社会、后福特主义生产或后工业经济等不同的称呼,但实际上,那样的称呼是误导的,因为澳大利亚仍然需要并重视已经制造出来的产品。知识目前已史无前例地与产品的制造及产品的运用结合了。③

不管如何,知识经济与变革相关。例如,据 2005 年 2 月 5 日互联网调查,网上出现了近百万次的搜索,且大多数搜索属于有多种链接的知识经济及与全球社会中的变革相关,尤其与全球化、信息/知识强度

---

① Kelly,K. (1998). *New Rules for the New Economy:10 Radical Strategies for a Connected World*. New York:Penguin:2.

② http://www. med. govt. nz/pbt/infotech/knowledge_economy-04. html.

③ Kalantzis,M. & Cope,B. (2001a). New learning: A charter for Australian education. Canberra: Australian Council of Deans of Education.

相关。① 据此,世界银行集团(The World Bank Group)认为,从本质特性上看,知识经济的特点应包括如下六个方面:①服务、信息及劳动力移动增加;②需要从信息中获得地方价值观,且这种需要经常以超越预期行为表现的创造性方法获得;③需要通过多学科及分布性团队方式工作;④需要利用信息技术进行知识管理、共享(成果)及创造(成果);⑤需要升级与变革贯穿人生的技能;⑥需要在社会同质群体中实施自主性、反思性、联合性及职能性的行动。②

(二)知识经济对学校教育变革的影响

世界银行集团认为,基于当下的社会背景,中小学、大学、专业发展及团体(公司)学习需要变革。该集团将传统的学习与知识经济的学习进行了区分:①从作为知识来源的教师与课本转向教师,即教师作为寻找与诠释真实世界信息的指导者;②从传递-接受型学习者的学习转向通过主动做事并尽可能参与真实世界中的学习;③从基于用预先确定正确与否的问题来回答的评价,转向基于通过记录各种形式的行为表现来体现能力的发展评价,并且能力发展评价要有将个人的任务工作与他人的任务工作整合起来的内容。高等教育、专业发展教育及团体学习正逐渐出现这样的转变。尽管信息通信技术是必要的工具或手段,但它们必须适应人们在知识经济中的工作与学习方式,这样的信息通信技术才是有效的。当前,不少所谓的网络学习,表面上是通过计算机系统来选择学习目标以进行知识传递,实际上,就知识经济的能力发展而言,它们是反成效的。

就澳大利亚而言,当下在知识经济中,尤其是随着回归基础行动的深入推进,学校教育的读写能力方面的培养目标已经发生了变化:学校教育需要从培养学生的识读能力(literacy)目标变革为基于信息技术

---

① As an example see http://www.skyrme.com/insights/21gke.htm.

② The World Bank Group. (2003). Lifelong learning in the global knowledge economy. http://www.worldbank.org/education/lifelong_learning/lifelong_learning_GKE.asps.

的多元识读能力(multiliteracies)培养目标。多元识读能力包含不同的社交语言及多模态形式的交际。根据比安科对当下交际形态的描述，这种读写环境展现了复杂性:语言涉及当代交际的多模态环境;当模式、语码及文化意义相互作用时,语言将言语意义建构与多元文化语境结合起来,其中,言语意义的建构要与手势、图像、空间及快速变革的基于计算机文化的写作与阅读机制(如语音教学中的口语化写作与书面化的口语教学、复杂的读写实践)相结合。①

因此,在学习设计过程中,来自不同学科的知识及不同的文化传统要进行分配,同时,为了新的目的与新的受众,知识要加以转型。创造力(创意)与创新是知识经济的重要特征,有助于促进象征性产品的成长。例如,学校要对课程进行反思,不再把艺术(Arts)当作边缘性课程,要将文学艺术类课程与学校的主业,即识读能力与算术的教学进行紧密联结。同时,在丰富而复杂的交际环境下,当人们发展新的、创造性的方式以表达自己的观点时,艺术与读写素养课自然就安排在一起。因此,"识读能力教育必须培养(学生)必需的态度和能力,以便掌握与运用不断发展变化的语言与未来的技术"②。

具体而言,知识经济对学校教育变革提出了如下新要求。

1. 知识经济对构建新知识管理平台提出了要求

为适应知识经济所需要的学习,关键之处是需要建构个人知识管理技能及便于组织的知识管理平台,或者说需要构建便于支持知识型工作者的专业团体的知识管理平台。

在澳大利亚,基于信息技术新工作场所的特点是流动性与项目团队的变化性,而且这样的工作场所一般通过新的管理系统运行。正如

---

① Bianco, J. L. (2000). Multiliteracies and multilingualism. Cope, B. & Kalantzis, M. (Eds.). *Multiliteracies: Literacy Learning and the Design of Social Futures*. South Yarra: Macmillan: 93 – 94.

② Anstey, M. (2002). "It's not all black and white": Postmodern picture books and new literacies. *Journal of Adolescent annd Adult Literacy*, 45(6): 446.

工作场所通信与文化中心的一份不定期出版的文件所勾勒的:当代工作场所不再按照传统的权威系统来运作,而是根据涵盖组织的使命表述与愿景的员工身份系统来运作。员工的目标与创生动机及生产力的组织目标相联结。工作场所文化得以创建的条件是:员工吃透组织的愿景与使命,承担企业文化,成为企业人。① 实际上,文化已经成为一种强有力的新管理手段,即将新组织维系在一起的一种黏合剂;文化这种黏合剂取代了将传统工作场所维系在一起的高度结构化系统与秩序的黏合剂。文化,从根本上来说,就是通过建立归属系统而赢得员工的信任与承诺。②

这种新建立的归属系统的管理方法通常有三:一是企业根据自身的声望及可以提供给员工的状态关联概率情况实施管理,从而达到不同程度的成功。

二是企业可以通过文化匹配系统加以运作。通过文化匹配系统,员工自选成为某个企业的成员,同时认同某个企业的价值观念、规范及实践惯例。③ 企业为未来员工提供现实工作的描述,员工以此描述作为决定加盟企业的依据。通过这种文化匹配,员工做出了他们归属于某个特定企业的决定。在这个系统内,只要员工共享企业的目标,同时只要组织需要他们的专业知识,那么员工就一直维持与该企业的雇佣关系。即使当员工随后寻求变革和更好的机会,那也会使他们更大程度地投入个人职业生涯,而非转向员工流动性较大的特定组织。实际

---

① Cope, B., Solomon, N., Prince, D. & Kalantzis, M. (1997). Meeting the communication demands of the restructured workplace: Applying the national framework of English language, literacy and numeracy competence. Haymarket, NSW: The Center for Workplace Communication and Culture.

② Kalantzis, M., Cope, B. & The Learning by Design Project Group. (2005). *Learning by Design*. Melbourne: Victorian Schools Innovation Commission: 18.

③ Alvesson, M. (2001). Knowledge work: Ambiguity, image and identity. *Human Relations*, 54(7): 863 – 886.

上，当员工努力维持自己在不断变化的知识环境中的适应性时，也同样促进了一种终身学习的企业文化。

这两种管理方法的关键特征之一是员工的归属感，即使归属感属于非稳定状态。这两种管理方法的另一个关键特征是明确性。明确性一方面指企业的整体愿景，另一方面指企业的目标与预期。从企业的视角看，为维系员工的忠诚，企业存在为员工创建归属感的强烈愿望，因为，就基于知识的企业而言，它最大的资产往往就是员工。艾尔维森(Alvesson，M.)说过，为了提高员工对企业忠诚的可能性，管理高层应努力强化与企业成员身份相关的社会认同。企业希望员工充分认同其组织。①

三是认同企业。认同企业的过程同样构成工作环境中管理控制机制。在工作环境中，员工预期基于自己的知识与判断在最小的直接分层上监督做事。利用明确表述的目标和预期作为管理策略，这有可能适用于课堂中。一旦学生理解学习目标与行为表现衡量措施，则学习目标的绩效责任会广泛地转移到学生身上。在工作场所中，尤其在高能力员工的知识密集型组织内，情况往往如此。在知识密集型组织内，高能力员工涉及处理复杂知识与问题解决的任务。在这些环境下，在创造性解决项目团队问题的过程中，员工们通常积极而自主地处理。项目组(团队)中的员工将其智力资本贡献给集体。如果人们认为，学生学会用复杂知识进行问题解决，并创造出创新、创造性知识成果是可行的话，那么学校就要给学生机会，让他们成为学习过程中的积极参与者。

在这些知识密集型组织内，控制、监管、评估及反馈的观念值得商榷。例如，超越客户目标的追求、有形的知识产品的专家知识及其对企业生产力的影响，都被艾尔维森认为难以评价。因此，在维持雇佣关系过程中，通过员工投射的社会关系与形象正变得日益重要：在非常极端

---

① Alvesson, M. (2000). Social identity and the problem of loyalty in knowledge-intensive companies. *Journal of Management Studies*, 37(8):1108.

的人员密集型组织里，可以说，知识密集型企业的系统、结构、技术及产品的重要性远没有员工的作为那么明显；特别是在系统、结构、技术及产品对顾客、伙伴的作用等方面，情况尤其如此。市场营销与生产非常容易受到员工身份情况的影响。①

在最小的直接分层监督与员工投入价值不等的环境下，强烈的个人专业身份感与评估个人对项目目标的贡献一样重要。从课堂中学生的角度看，如果在学习中赋予他们更大的能动性与实现目标更大的绩效责任，那么他们需要善于评估他们的成绩表现。

弗里登贝格等人（Frydenberg，E.，et al.）在关于学生投入的研究中发现，当学生在学习中拥有了更多的能动性时，他们对学习会更投入；换言之，当学习允许部分自主与控制时，要对学习进行设计，以便让他们参与做出有关工作规划、工作实施、工作报告及工作评估。②认识员工或学生对合作性努力做出的贡献，这既对他们的工作满意感来说是重要的，也可以提高他们对工作的责任（尽管不一定非得对企业或学校负责任）。重要的是，员工需要向其雇主与客户（用户）展现其能力及专业知识，以便维持其对企业的重要性，因为在没有其他绩效措施的情况下，客户满意度通常可用来作为成功的一个标志。对学生来说，这可以解读为：对自己能力更自信，本身就可创造一种能力。这种来源于学习过程中、对预期的更好理解与更大力量的自信，可以使学生某种形式的不投入，即与低水平的自信相关的习得性无助，达到最小化。

在这些新的合作性环境中，尽管员工对自己的工作有更大的能动性，但员工在完成项目目标及有效行使项目团队方面也有更大的绩效责任。随着对员工行为与产出直接控制的放宽，企业更加强调内化的

---

① Alvesson，M.（2001）. Knowledge work：Ambiguity，image and identity. *Human Relations*，54（7）：878.

② Frydenberg，E.，Ainley，M. & Russell，V. J.（2005）. Schooling issues—student motivation and engagement. http//dest. gov. au/schools/publications/digest.

社会控制。这可以认为是由费瑟斯通所描述的信息化过程的组成部分:伴随信息化过程的出现,企业一方面放松了对行为规范和准则的严格控制,另一方面也需要个体相互之间展现更大程度的尊重与体谅,同时还显示个体间认同并欣赏对方观点的能力。①

企业积极促进了专业实践规范观念的发展,鼓励员工认同企业整套的专业特定规范与价值观念,因此,它不但促进了项目团队的有效运作,也提升了员工的生产力。同样,在学校环境中,如果学生要对自己的学习及自己与他人的互动承担更大的责任,以取代更多行为管理惩罚,那么这些类型的行为规范就显得很重要。套用艾尔维森的术语,这些内化的规范与价值观念影响着员工的身份认同;从员工的角度看,这些内化的规范与价值观念充当着一种控制机制,其途径是人们如何为自己采用一种保护方式,如何保护合适的优先发展重点等。② 实际上,员工内化的专业标准的作用就是一种对行为与工作伦理的共识性控制,这样的标准导致了员工情愿加班,主动投入实现企业的目标中。尽管学校不一定要寻求为学生工作更长的时间,但人们认为,学校更大程度地投入实现学习目标还是非常需要的。

2. 知识经济对构建多样化援助性组织结构提出了要求

根据工作场所的体验,人们可以看出,在成人的工作世界中,如果没有构建援助性工作及学习互鉴的话,那么合作与知识共享就不会发生。正如合作在这些工作场所环境下是被高度希望的一样,援助当代课堂中的学习同样是有价值的。在这些新的工作场所及在当代理想的课堂中,多样化的观念已经从质疑转向可希望性:当下,即使是最智慧的企业也正逐渐认识,多样化可以成为一种竞争性力量的源泉。企业不再仅仅监控单位中少数代表——那是过去多样化计划的标准目标;

① Featherstone, M. (2004). *Consumer Culture and Postmodernism*. London: Sage Publications:45.

② Alvesson, M. (2001). Knowledge work: Ambiguity, image and identity. *Human Relations*, 54(7):878.

相反，企业正在实施整体性策略。这样的策略就是先寻求更好地理解企业背景、风格、对待问题看法的员工，接着促使员工为了企业的利益而转型。①

支撑工作场所向多样化转型的一种动力是日益加强的用户市场的全球化及多样化特性。理解用户之间的差异点，既可方便企业识别现有产品的潜在新市场，也可方便为了某个特定细分市场开发新产品。差异点的识别可以为企业提供重要的竞争优势。任何市场的成功都依赖于对文化环境的深度理解。在拓展国际市场时，情况尤其如此。在全球企业中，企业为争取更多的用户而相互竞争，通过使用商标来说服用户认可不同的生活方式。爱德华兹和乌歇（Edwards, R. & Usher, R.）认为："用户市场是一个场所，其中差异性的显著特点是区别而非统一性。"②将多样化的价值反思到当代工作场所，那么学生的多样化也应该用到课堂教学中，以此来丰富所有学生的学习，以及进一步提升个体与学习的联系水平。学生之间的差异也应该加以运用，以便深化与拓宽对问题的理解，并打开学生探究的新领域。

在当代工作场所，人们对员工的预期是希望他们在项目团队内外建构网络，奉献自己的专门知识，并在创造新知识过程中向同事们学习，集思广益形成理念。员工们的专业及个人社交网络提高了组织的知识基础，提供了多样化知识库，方便了创新方法与创造性途径的培养。③ 同时，人们还预期员工投入个人学习中，以便维持自己在组织中的价值。尽管具体的专业知识得到赞赏，但投入重点仍然涉及合作。

---

① Park, A. (2008). Making diversity a business advantage. *Harvard Management Update*, 13(4): 325.

② Edwards, R. & Usher, R. (2000). *Globalisation and Pedagogy: Space, Place and Identity*. London: Routledge: 27.

③ Woiceshyn, J. & Falkenberg, L. (2008). Value creation in knowledge-based firms: Aligning problems and resources. *Academy of Management Perspectives*, 22(2): 92.

个体对团队成功奉献其能力、个体在团队中突出的专业知识能力是其职业生涯晋升的关键。艾尔维森提出:“在基于知识的企业内,社会关系与个人知识有时甚至比市场交易及高质量/基于价格的竞争还要重要得多(如果不是一样重要的话)。”①这就表明,培养学生的学校同样需要强调发展学生诸如沟通、合作等的相关社会技能,同样需要援助学生管理自己的学习。

伴随管理方面变化涌现的这种工作形态,既导致需要构建不同的工作场所机构,从而促进员工之间新形式的互动,同时也需要员工们拥有不同的社会资产。库西宁(Kuusinen,R.)认为:“知识管理的一个关键任务是将个体累积的具体知识建构引导到共享的知识加工过程中。”②在知识日益变得共享与分担的新环境下,员工必须熟悉更具流动性的知识概念。在基于知识的组织里,知识更具开放性,由基于多种目的及计划(项目)的诸多个体与利益群体加以分配。为共享集思广益而来的理解而构建的各种援助性组织机构,促进了工作场所中教与学的相互关系,有利于来自不同群体的专家们在解决复杂问题过程中形成更大程度的协作,因为他们共享专业知识,并有效地借鉴对方为推进联合项目所必需的关键的认识体会。这同样导致了不同角色及团队更大程度的流动性,因为专家可以在不同的团队间流动,他们既可以在自己的知识共同体内流动,也可以在自己的知识共同体外流动,并依赖自己的能力为各种计划(项目)贡献自己的知识。这些工作关系反映到学校环境中,就需要学校开放课堂,要让社区成员及校外专家更大程度地参与课堂教学;同时,学校也要允许不同的班级与教师之间有更大程度的互动。为此,随着专业知识来源于一系列内部与外部专家,学生

① Alvesson, M. (2001). Knowledge work: Ambiguity, image and identity. *Human Relations*, 54(7): 875.

② Kuusinen, R. (2004). Empty spaces without knowledge and management. Heiskanen, T. & Hearn, J. (Eds.). *Information Society and the Workplace: Spaces, Boundaries and Agency*. London: Routledge: 69.

与教师的角色也会变得更具流动性。

这些流动性角色的作用在多学科团队中显得特别重要。在多学科团队里，专业知识来自不同的领域，也是成功完成计划（项目）所必需的。流动性角色作用的重要性体现如下：项目内，作为解决复杂问题的知识工作的特点是不断变化的委员会、任务、工作共同体及不断变化的物理空间；知识工作不太可能发生于实施直接管理控制的传统的等级组织内，知识工作通常要求创造一定的组织空间，这样的组织空间支持的是自主而共享的知识创造与学习，强化的是员工的组织性责任。①

库西宁认为，知识很少被视为固定实体；相反，知识更多的是为了联合项目的益处而加以利用的共享商品。固定实体既因为存在专家的权威而显现重要性，又通过建立起来的知识社区而独享。但在这样的知识观语境下，层级制组织结构往往是达不到预期目标的。② 当处理复杂性知识时，员工和学生一样希望能够得心应手地分担处理不全面的认识体会及新思路。库西宁认为，在高度官僚的（bureaucratic）组织内，从过去喜爱更权威知识的员工教育经验看，情况并不总是如此，因为这些更固定、权威的知识的概念往往是与协同努力相抵触的。协同努力的益处是，成功的群体讨论往往产生更具有多样性而非具体知识建构的知识实体。在个体认知共享知识的同时，他们还进行具体选择、诠释及润饰共享知识。最终，他们的目的是将经过加工的共享知识整合成自己的内部知识储量，然后通过自己的概念表达出来，再综合形成

① Kolehmainen, S. (2004). The dynamics of control and commitment in IT firms. Heiskanen, T. & Hearn, J. (Eds.). *Information Society and the Workplace: Spaces, Boundaries and Agency*. London: Routledge: 83.

② Kuusinen, R. (2004). Empty spaces without knowledge and management. Heiskanen, T. & Hearn, J. (Eds.). *Information Society and the Workplace: Spaces, Boundaries and Agency*. London: Routledge: 69.

自己的理解，并据之而重新评估自己的活动。①

这就是说，创新、创造力及有效的问题解决能力往往会在非专制的社会空间下蓬勃成长。可以认为传统的学校环境是高度官僚及专制的，因此，为创建促进创新、创造力及问题解决能力的学校，可能有必要探究课堂乃至更广泛的学校-社区（共同体）中的管理性关系。诺伯尔和兰克希尔（Knobel，M. & Lankshear，C.）认为，相比传统的认识论强调“真理（truth）”与“可证实性信念（justified belief）”，在数字（in digital）认识论中，关注要素则往往为：①强调对如何得到并建构注意力的了解；②强调如何制定新颖的“行动部署”；③强调如何在只有极少或几乎没有现成的规则与程序的环境下进行成功的创新；④强调如何创造性地打破规矩或创造新规范。②

对学习与评估过程中学生能动性的重视，可以鼓励学生进行更多的冒险行动，在探索新知中回顾及反思，从而此促进更大程度的创新与创造力。

3．知识经济需要形成一种终身学习的环境

知识经济需要形成一种终身学习的环境以维持竞争性。研究表明，在知识经济社会里，对员工的重视程度主要根据其专门的知识与经验。随着技术手段的变化，这种知识的价值处于不断变化的状态，员工们需要不断地建构自己的专业知识以维持就业。

由于知识的流动性，紧接着出现了标志和符号的不断增值及多模态形式交际的运用，这些运用旨在强调生活方式的差异性，并强化身份与社会关系的概念。在运用过程中，象征性专家有效地分配不同文化传统的产品，以创造新的消费产品。

---

① Kuusinen，R.（2004）. Empty spaces without knowledge and management. Heiskanen，T. & Hearn，J.（Eds.）. *Information Society and the Workplace*：*Spaces*，*Boundaries and Agency*. London：Routledge：69.

② Knobel，M. & Lankshear，C.（2006）. Discussing new literacies. *Language Arts*，84（1）：90 – 115.

文化经纪人就是象征性专家的一个事例。费瑟斯通的研究就描述了对文化专家及经纪人需求日增的情况。他认为，文化专家及经纪人"……等同于艺术家及知识分子；但在消除垄断性艺术和知识产品领域的条件下，在推广并使更广泛的受众接触这样产品的同时，他们具有明显的维持这些领域的商誉与文化资本的矛盾性利益"①。费瑟斯通将那些从事设计、广告及媒体领域工作的人员列入这种新兴的文化专家及经纪人群体内。实际上，这些专家的任务是负责发展个体的选择，途径是通过为个体提供知识与技能来探索新的社会与文化的可能性（机会）及消费品。于是就导致了学科知识价值的转型，即来自艺术领域的象征性专家成为新经济中的关键作用者。其中，设计成了在将知识传递给多样化受众过程中的关键要素，创意（creativity）是这种行动的自动结果——这种创造力既产生自资源的新整合过程中，也源自信息的设计与创作过程中对现行资源的不可避免的变革。为此，每一种标识创造的过程，即创造力成为常态与平常的过程。同样，创新（innovation）——从某种意义上来说即生产"新的东西（the new）"——也是标识创造的自动结果，因为所有的标识都是新的，在创造某种具体信息过程中所有的资源整合也都可能是新的。②

4. 知识经济需要学校反思学习环境

一是学习环境需要在知识环境下进行改变，需要培养学习者技能，从而在一种更具流动性的知识形态下工作。对项目员工而言，合作往往是必需的；为成功完成项目，团队需要集思广益。吉（Gee, J. P.）认为，知识运用与创造的本质特性既来自亲和的空间，也可以适用于当前的项目团队：更多地对知识密集型专业进行专业化，减少对非知识密集型专业的专业化，共享的知识要加宽、加厚。通过这种方式培养的人具

---

① Featherstone, M. (2004). *Consumer Culture and Postmodernism*. London: Sage Publications: 19.

② Kress, G. (2003). *Literacy in the New Media Age*. London: Routledge: 169 - 170.

有以下特点：一方面，每个人都拥有大量的共享知识；另一方面，每个人又都展现自己的特色。①

二是要珍惜拥有专业化的专门知识个体，也要鼓励个体与他人共享知识，并以此来进一步深化作为一个整体的群体的知识。由于个体的角色不断地在教师与学习者之间变动，因此，在空间中的角色具有流动性。同样，在当代工作场所中，知识环境的不断强化与复杂使不少当代企业将其偏爱的运营模式与目标实现结合起来。企业认为，任何一个员工不可能拥有完成复杂项目所必需的专门知识。这些流动性关系也有益于当代学校环境，因为在学校环境下，学生和教师都可以分享各自的专门知识。例如，在当前快速变化的新技术的合作过程中，有时学生可能比教师拥有更多的专门知识。在知识分享深入人心并成为常态的环境下，在学习过程中，当不同的个体承担教师角色时，其他所有个体成员的知识可以与整个群体中快速传播的新知识与技能加以衔接与利用。

三是合作的重要性更加凸显。艾尔维森认为，合作在知识为本的机构中的重要性可以通过企业对知识本质的认识来加以理解。在企业中，知识是一种重要的资源，并通过企业的人事部门提供给企业；企业则积极地开展竞争以吸引并留住专家型人才。② 对此，布肯（Buchen，I. H.）认为，学校也可以被看作知识的场所，在学校这样的知识场所中，学生与教师运用并创造知识，因为“培养受欢迎的文化，发展智力组织，不仅吸引与保持着最优秀及最美好的，而且也享有下一代创新的竞争优势”③。创新、创造力及有效问题解决的潜力得以提高的途径是通过这些专家型

---

① Gee, J. P. (2004). *Situated Language and Learning—A Critique of Traditional Schooling*. New York: Routledge: 85.

② Alvesson, M. (2000). Social identity and the problem of loyalty in knowledge-intensive companies. *Journal of Management Studies*, 37(8): 1108.

③ Buchen, I. H. (2006). *Futures Thinking, Learning, and Leading: Applying Multiple Intelligences to Success and Innovation*. Lanham, MD: Rowman & Littlefield Publishing Group: x.

员工的集体努力，或在学校里通过学生的集体努力而成。

同时，在追求企业目标过程中，当企业招募专家型人员时，它们既要了解相关专家的专业知识背景，也要了解这些专家的专业网络及人脉情况。在学校环境下，这可以认为是学生们将生活多样性随身带到了课堂上。然而，为充分受益于这样有价值的资源，企业与教师需要合适地设置援助性结构以促进合作。例如，如果谷歌不是招募了大批能人并让他们自己做设计的话，假如企业没有建立显性价值观的话，那么企业就不会是问题解决上的成功者。企业的显性价值观包括共享知识、积极培育网络资源、援助管理及技术系统。①

（三）知识经济对澳大利亚教育的影响

就当前存在的因资源不足而导致学生学习结果并不令人满意的问题，一般而言，相比其他投入，增加对教育资源的投入可以产生更大的乘数效应。然而，当下变革日益激烈，投入旧有（传统）的教育方式已不是最合适的推动教育发展的方式了。

第一，为了教授各种新的知识，澳大利亚需要将所有青少年培养成下列人员：①参与型研究人员或行动型研究人员，即训练青少年学会分析环境，参与并解决问题，开展创造性思维，进行革新，采取经过充分思考的冒险。学生成为这样的人员，那意味着在教学过程中还要增加认知自反性，即知识递归性内容。②引领变革的革新型领导者，而非成为“未来冲突（future shock）”的领导者。革新型领导者能够主动应对可持续性挑战、技术变革、经济可行性、多样性及全球化。③好公民，在出现职责转移的环境下有能力自主、合作性地工作，随着职责转移环境的改变，个体必须强化自己的价值观存在。④多样性的、富有创造性的学习者，途径是得到分析和利用各种个体的体验、不同的观点、沟通方式及应对挑战的方法。⑤具有创造力的革新型能力建构者，途径是得到援助及经过充分考虑的冒险行为，提供激发创造精神的空间。

---

① Woiceshyn, J. & Falkenberg, L. (2008). Value creation in knowledge-based firms: Aligning problems and resources. *Academy of Management Perspectives*, 22(2): 92.

第二，国家要对主要的教育机构进行改革，其中包括：学校实施7天一周制，每天上课7—11节，教学小组实行更灵活的规模，提供更灵活的学习空间，停止将学生教授至中等（二流程度）即可的浪费现象。主要变革措施是：①模糊制度上的界限；②打破教育机构教学安排的平衡，以便使学习者成为知识的积极发现者、记录者、报告者及公布者；③富有成效地运用学习者差异；④拓宽学生表达自己知识的呈现模式；⑤培养概念化的能力，发展复杂性模式识别与图式化形式；⑥将个体自己的思想与社会思想联系起来，社会思想涵盖不同个体的认知及集体的智慧；⑦构建合作性知识文化。

第三，必须将传统（legacy）的教学观念转变为“学习设计”，以便把握反思性的、智力文化工作精神，而非目前教师的现代过去时的工具性作用，因为传统的教学概念是根据狭窄且限定的标准和可测试的结果而定义的。教师要意识到自己是参与型设计者及行动研究者，而非标准—教科书—测试渠道的中转者。此外，教师还要走出课堂，走出校园的篱笆，参与地方建设，研究并回答社区环境中时代的重大问题。学校可以成为社区的知识中心，即成为充满活力的知识探究及实际解决问题的发展场所。

第四，学校必须适应由信息通信技术带来的无所不在的学习环境。然而，目前存在的一个突出现象是，在不少地区，大多数课堂还没有和信息时代进行有效融合，学生甚至还无法使用数字内容，也没有网上任务空间。有时即使学生可以使用数字内容信息，但课程内容及学生的任务实践往往是简单的、传统的，既没有多少创造性，也没有多少新意。之所以说是简单和没有多少新意，是因为课程内容的传递在顺序上是因循守旧的，在课程上是标准化的，在任务项目评价上采用的是分离式的，大多没有创造性。许多网络学习没有使用多少新技术意义上的革新。因此，学生的学习结果令人感到失望。然而，同样是这些技术，却正在课堂外的学习与沟通中产生显著及变革性影响。①

三、脑科学最新研究进展的影响

布兰斯福德等人(Bransford, J. D. ,et al.)认为,20 世纪早期,教育关注的是技能的习得,即简单的阅读、写作及算术。实际上,那样的教育并非教育系统训练人们在科学和数学中进行思考、批判性阅读、表达明晰而有说服力思想、解决复杂问题的一般规则。到了 20 世纪末,为了使人们能成功、有效地应对当代生活中的各种复杂性际遇,各个方面的高素养几乎成了人人所需,人人必须要习得。例如,工作场所需要的技能更加苛刻,因为它需要组织和员工不断变革以应对竞争性工作场所的压力;同样,民主过程中深思熟虑的参与也已经变得日益复杂,因为人们关注的焦点已经从关注本地问题转向关注国家及全球热点问题了。②

20 世纪 70 年代以来,脑科学的革命性研究给教育带来了巨大的影响。研究者认为,脑科学的最新科学研究成果为全面理解学习理论提供了依据,这些研究成果包括:①知识的记忆及结构,②问题解决及问题推理,③早期学习理论的基础,④管理包括元认知在内的学习的监控过程,⑤学习者文化及共同体中涌现符合思维的方法。为此,他们认为,脑科学对教育研究的启示是:一种新的学习理论正在显现,且其关注重点是各种不同的课程设计、教学设计及评价设计;新的学习理论与当下学校教育中的课程、教学及评价大不一样。同样重要的是,新学习理论发展的是跨学科探究及新的、科学性协同。因为,从基础研究到教育实践,跨学科探究与科学性协同都已经开始使学习路径变得更具显

---

① Kalantzis, M. & Cope, B. (2001a). New learning: A charter for Australian education. Canberra: Australian Council of Deans of Education.

② Bransford, J. D., Brown, A. L. & Cocking, R. R. (2000). *How People Learn: Brain, Mind, Experience and School*. Washington, D. C.: National Academy Press: 3 – 23.

性及操作性，尽管这样的路径还不是那么容易实施。须知，20 世纪 90 年代以前，一方面，教育工作者极少关注认知科学的研究；另一方面，研究人员的早期认知科学领域研究也远离课堂。相比之下，当下的认知研究人员已经开始更多地关注教育，他们与教师合作，检测并不断修正其认知理论在课堂教学中的运用；通过将理论运用到课堂中，他们才能了解不同的教学环境及课堂师生互动是如何赋予其理论和启示的。

研究者提出，实际上，从儿童到成年，学习在各种正规与非正规的环境中都在持续发生着。因此，为寻求对学习的神经过程与基本原则的科学理解，研究人员尝试从认知、语言和社会三大维度来考察在各种正规和非正规环境中发生的学习。也正是在此原则指导下，他们从神经生物学、认知科学、发生学、社会-文化学等不同学科出发，采用多种研究方法，通过学科交叉考察有关人类学习的关键问题，探求人是如何学习的基本原理。他们通过对隐性知识的学习、非正式的学习及正式的学习这三者的共同关注，推动对人类学习的认识，并以此创生了为有效新技术与学习环境设计提供指导的跨学科理论。

研究者认为，关注人的学习方式，能有助于从杂乱无章的选择中形成一些一致性的顺序。如果人们要问，最合适的教学技巧方法是什么，实际上就等同于询问最适宜的手段是什么，就好像开箱子，用锤子、螺丝刀、小刀或是钳子都可以，只是哪一个更合适而已。教学就像木匠干活一样，木匠选择用什么样的工具往往取决于手边在干什么活及用什么木料。书本和讲义可以是非常精彩而有效的传递学习信息的模式，它们可以激发学生的想象力，打磨学生的批判性能力；但同时，人们往往选择其他类型的活动来激发学生的前概念及理解水平，或通过活动来帮助自己了解利用元认知策略监控自己学习的力量。尽管实践性经验可以成为新涌现的知识基础，并提供强有力的方法，但这样的经验自身并不会形成有助于概括化的概念性理解的基础。实际上，世界上本来就没有一种万能的教学实践惯例。

反过来，如果说两者之间的分歧点在于一整套核心学习原则的区别的话，那么教学策略的选择（当然，根据学科主题、分级层面及希望达成的结果,这样的选择是各种要素联合作用的结果)就是有意义的。由此,各种可能性就不会是一套杂乱无章的竞争性选择,而变成了一组丰富的题材和机会,教师则可以从中构建教学计划。聚焦于学习的方式同样有助于教师走出一直困扰教育领域的两难困境。教育领域的两难是:学校要么强调基础,要么教授思维和问题解决技能。实际上,最新的脑科学研究表明,学校不但需要强调基础,而且需要培养学生的思维和问题解决能力。在教学过程中,当学生得以联结有意义的问题解决活动时,学生习得的组织性事实的能力和技能就会得到提升。同样,当学生得到援助去理解那些事实、技能是为何、何时及如何具有相关性时,他们习得的组织性事实的能力和技能就会得到提升。需要指出的是,如果没有强有力的事实性知识,任何教授思维能力的努力既不会促进学生的问题解决能力,也不会援助学生迁移到新的学习环境中。①

应该说,正是基于脑科学的研究成果及基于个体学习方式的独特性认识,哈佛大学教育学研究生院兼特殊应用技术中心的教育学博士罗斯(Rose,D. H.)于20世纪90年代提出了一个基于认知神经科学在内的学习科学研究教育框架,以便为发展灵活性学习环境、满足个体学习差异提供框架性指导。② 该概念认为,个体在学习中带入大量的、差异性的、不同的技能、需要和兴趣,神经科学的发展揭示了这些差异性是多样化的和独特的,因为人们的脱氧核糖核酸(DNA)和指纹也是唯一的。③ 一般而言,主要有三种起作用的脑网络,表2-1是这三种脑网络及其对学习设计的启示。

---

① Bransford, J. D., Brown, A. L. & Cocking, R. R. (2000). *How People Learn: Brain, Mind, Experience and School.* Washington, D. C.: National Academy Press.

② Orkwis, R. & McLane, K. (1998). A curriculum every student can use: Design principles for student access. ERIC/OSEP Topical Brief No. ED423654. Reston, VA: ERIC/OSEP Special Project.

③ Rose, D. H. & Meyer, A. (2002). *Teaching Every Student in the Digital Age: Universal Design for Learning.* Alexandria, VA: ASCD.

表 2-1 脑网络的主要类型及其对学习设计的启示

类型	界定	描述	对学习设计的启示
认识性网络	学习的内容/关于 what 的学习	人们如何收集事实及将人们所看、所听、所读进行分类范畴化，认出字母、词汇或作者的风格，这些即为认识性任务。	• 通过不同方式呈现信息和内容 • 运用更多的方法来提供多种途径的呈现
策略性网络	学习的方法/关于 how 的学习	规划并表演任务，人们如何组织和表达观念，撰写论文或解决数学问题，这些即为策略性任务。	• 学生可以用差异化方式来表达自己认知的内容 • 运用多种方式来提供多种途径的行动与表达
情感性网络	学习的原因/关于 why 的学习	学习者是如何投入并保持学习动机的？他们如何被提出挑战？如何感到兴奋或感兴趣？这些即情感性维度。	• 激发学习兴趣和动机 • 运用多种方式来提供多种途径的参与

如何提供多种途径的参与？一个有目的的、有动机的学习者往往采取以下方针与策略，如表 2-2 所示。

表 2-2 有目的的、有动机的学习者的方针与策略

方针	策略
提供自我管理的选择	• 促进动机最优化的预期及信念 • 促进个人处理的技能与策略 • 发展自我评估与反思
提供可持续努力与持久力的选择	• 突出目标的特点 • 使需求和资源多样化以实现挑战的最优化 • 促进合作，形成共同体 • 形成高超的反馈
提供激发兴趣的选择	• 个体选择及自主的最优化 • 相关性、价值观念及真实性的最优化 • 威胁与干扰的最小化

如何提供多种途径的呈现？一个足智多谋的、有学识的学习者往往采取以下方针与策略，如表 2-3 所示。

表 2-3　足智多谋的、有学识的学习者的方针与策略

方针	策略
提供多种选择的理解	• 激活或提供背景知识 • 突出模式、批判性特征、有价值的想法(big ideas)及关系 • 指导信息加工、可视化及可操纵性 • 传递与概括化的最大化
提供语言、数学表达及符号的选择	• 明晰词汇与符号 • 明晰句法及结构 • 支持解码文字、数学符号及符号 • 促进跨语言的理解 • 通过多媒体描述
促进感觉上的选择	• 提供多种方式的定制化信息呈现 • 提供多种选择的听觉信息 • 提供多种选择的视觉信息

如何提供多种途径的行动与表达？一个有策略的、有目标指向的学习者往往采取以下方针与策略，如表 2-4 所示。

表 2-4　有策略的、有目标指向的学习者的方针与策略

方针	策略
提供行政职能的选择	• 指导合适的目标设定 • 援助规划及策略发展 • 提升监控进步的能力
提供多种选择的表达与沟通	• 利用多媒体进行沟通 • 运用多种手段形成的结构与合成 • 用毕业水平要求援助实践与能力表现，构思流利的演说或流畅的文章
提供身体行动的选择	• 多样化的响应与导航 • 最大化地使用工具手段及援助性的技术

来源：CAST. What is UDL? http://www.cast.org/research/udl.

应该说，从他们的研究来看，习得性能力的这些关键特性绝非将人的认知及学习探索到了深度的地步。人们所了解到的指导学习的某些方面的规则并非构成管理学习各个领域的全面的规则。尽管关于学习的科学研究本身不是肤浅的，是有一定的基础的，但若要从对学习领域

全面而充分的理解来看，则他们的研究确实只是一个浅显的研究。虽然他们的研究仅仅考察了部分学习领域，即基于信息技术的、正在涌现的学习领域，但这样的研究也足以挑战传统的研究成果，因为他们的研究加强了学习科学领域内的个人和组织之间在研究及教育方面的合作关系，从理论和实践两个方面不断加深对人类学习的理解，促进人类学习能力的不断有效提升。

四、结　语

总之，自因特网产生以来，世界已出现了巨大的突破性技术进步，即日益增加的宽带。由于宽带的日益增加，共享文本、图片及视频已经成为当下一种主流的行为活动。无线技术已经允许人们进行更多的移动因特网链接，计算机的加工能力已经从兆字节发展到千兆字节。储存信息容量不断发展，软件系统变得更加可靠，个性化的、用户友好型的数字技术正变成我们日常生活的一部分。仅据 2017 年 12 月 31 日的统计，当日全世界使用因特网的人数为全世界人口的 54.4%。这么大的互联网使用人口比例意味着，在过去的 8 年里，平均每年用户人数上涨 1052%。① 有关市场调研也表明，“18 至 27 岁年龄段的消费者们每周上网 13 小时，而每周看电视才 10 小时”②。

不管承认与否，数字技术对教育有深深的潜在影响，学生可以依据自己选择的时机和地点进行学习。在早些时候，数字技术教育的转化形式为传递远程教育，后来又出现了补充性形式，即通过电子邮件来进行电子交流。此外，通过博客和社交网站，人们沟通交流的能力得以增长，人们通过互联网获得信息和资源的能力得以增长，人们通过逐渐获

① Miniwatts Marketing Group.（2017）. World Internet users and population stats. http://www.internetworldstats.com/stats.htm.

② Byron, E.（2008）. A new odd couple: Google, P&G swap workers to spur innovation. *The Wall Street Journal*, 252(120): A1 – A18.

得的软件来创建内容的能力得以增长。

此外,学者早已对数字技术对教育未来形态的影响做出了描述:①年纪更大的学生已经成为网络学习的早期主力;②网络学习对教育的影响是全方位的;③教育机构之间的竞争进一步加剧,因为在线传递解决了传统课堂在服务学生过程中因面对面形式而产生的固有的人为的界限,教育机构的服务领域现已部分变成全球市场在竞争;④可以预期,在教学传递过程中,为满足日益增长的对信息通信技术的需要,教师将要承担责任。这种受约束性、占空间的数字技术对教育而言是相当大的革命了,因为数字技术的革命必然需要教师变革技能素养要求,需要不断变革教师工作环境,并需要不断变革师生交流的方式。

因此,对教育工作者而言,他们最平常不过的话语是:驱动高质量的教和学的动力不应是技术的进步,教育工作者不应仅仅为了高质量的教和学而采用最新的技术,他们应该评价新技术进步是如何影响当下教育价值概念的附加值的。也就是说,不管人们承认与否,技术之服务于教育的利益就在那里。一方面,就技术对教育的影响而言,在良好教育的要素构成中,技术似乎是独立的要素,更多的是属于更宽泛的社会影响;另一方面,技术进步对社会的影响已经从根本上改变了人与人之间及人与更宽泛世界之间的联系。尽管技术仅仅是技术而已,但教育工作者必须利用技术来服务教育目的。也因为如此,对澳大利亚而言,开展基于信息技术的学习变革就具有重要的现实意义。

第三章

当代澳大利亚基于信息技术学习设计的理论基础

一、学习设计的概念诠释

“学习设计”概念与“设计”概念密切相关。根据《牛津高阶英汉双解词典》,“设计(design)”含有多种意义,可以指:①设计,布局,安排;②设计艺术,构思;③装饰图案,花纹;④打算,意图,目的。①

西蒙(Simon,H. A.) 认为,区别于自然科学的人工或设计科学存在四种特性:①通过人类将人工的事物加以综合;②它们模仿自然事物的外表但缺乏自然事物的真实性;③人工事物具有功能、目标及适应性的特点;④人工事物通常通过强迫性与描述性加以讨论。因此,西蒙认为:“设计是包含涉及规划在内的各种人类活动。设计科学即人类和适当性研究。”②西蒙还说:“工程师并非专属于专业性设计人员。实际上,每个人都是工程师,因为每个人都努力将现行状况改变成自己所喜欢的行动、进程而进行设计。创造物质性工艺品的智力活动与给病人开处方的智力活动、设计企业的新销售计划、为国家设计社会福利政策的智力活动没有根本上的区别。由此而建构的设计就构成了专业性训

① 牛津高阶英汉双解词典.(2009).北京,牛津:商务印书馆,牛津大学出版社:540.

② Simon,H. A.(1981).*The Sciences of the Artificial*. 2nd Edition. Cambridge, MA: MIT Press:159.

练的核心，这样的设计是区分职业与科学的主要标志。学校工程、学校建筑、运营、教育、法律、医药等都与设计过程相关。”①为此，特里普(Tripp,S. D.)认为，设计是涵盖规划在内的创造或行动实施。设计包含在一定条件下实现目标的各种技能性行为。教授、行政管理人员、政治家、医生、工程师、律师及研究人员每天都在从事设计活动。②

强调教学设计取向的罗兰德认为，设计就是为创造某种具有实际效用的新事物而进行的探究。它包括对不良情境的探索，对一个或多个问题的发现、详细说明、解决及对导致有效变化途径的详细说明等。因此，就学习而言，罗兰德提出，设计的一般特征应该包括三个方面：①设计的目的性，设计要实现某种新东西。②影响设计过程的因素，主要有设计者的洞察力、设计者对设计对象的理解、设计中的社会性交互作用。③设计过程的本质。设计问题是精确解释不良问题；设计过程是一个动态的、非确定性的过程；设计的本质特点是探索性与创造性；设计的一项根本任务就是将有关需要的信息转变成详细说明的信息；在全面解决某个设计问题的动态过程中，关注从中派生的解决问题周期，注意采取系统观点所提供的可能产生的决策框架；将设计过程视为学习过程，即建构知识的周期、体验快速学习某种尚未存在的东西的过程；注意在设计过程中保持技术与创造性、理性与直觉之间的平衡；设计应成为有能力，同时控制理性与创造性，根据需要及时变化战略与策略的自我组织系统，设计者应成为自己行动的反思者；关注不同于“计划”的情境设计概念，把设计看作是由一系列周期性的、更多依赖于机

---

① Simon,H. A. (1981). *The Sciences of the Artificial*. 2nd Edition. Cambridge, MA: MIT Press:129.

② Tripp,S. D. (1991). Two theories of design and instructional design. *Design Preferences*, 12(2):5 – 11.

遇并面对精确解释不良问题的创造性过程。①

新伦敦集团(The New London Group)认为,“设计”概念是理解多元识读能力理论的关键。作为设计者,个体是意义的接受者与创造者。而作为意义的设计者,人类则是社会未来的设计者,毕竟,“我们都是意义的模式与惯例的继承者,同时也是意义的积极设计者。此外,作为意义的设计者,我们是社会工作场所的未来、公共的未来及共同体的未来的设计者”②。

卡兰兹和科普认为,从意义上看,“设计”这个词有双重意义,它既描述内部结构或形态学,也描述结构的行为。从结构这个层面看,设计就是人们在某种表征意义过程中所施为的东西。表征意义过程体现在两个方面:一是个体自己的意义建构过程,如阅读、倾听或观看;二是个体自己通过交际过程对外界的意义建构过程,如写作、说话或画图。③

由此,他们(Cope,B. & Kalantzis,M.)进一步提出:①学习设计不是一种教学方式,它是一种教育、课程与教育方式的话语,其目标在于尽可能综合地给学习的各个方面赋予名称。②学习设计并不是预设或推荐某种正确的教学方式。相反,通过所界定的教学方式(任何教学方式或每一种教学方式)特征得以区分并得以赋予名称,学习设计指出传统课程的显著特征,实际上是帮助认定传统课程的突出特征,即它把传统课程命名为某种严重偏向于体验性学习及概念性学习的课程。传统课程的体验性学习要浸泡于新的体验性学习中,传统课程的概念性学习将概念界定和理论与学科联系在一起进行学习。此外,由于进步

---

① (美)罗伯特·D. 坦妮森,(德)弗兰兹·肖特,(德)诺伯特·M. 西尔,(荷)山尼·戴克斯拉特. (2005). 教学设计的国际观:理论、研究、模型(第1册). 任友群,裴新宁,主译. 北京:教育科学出版社.

② The New London Group. (1996). A pedagogy of multiliteracies: Designing social futures. *Harvard Educational Review*, 66(1):60-92.

③ Kalantzis, M. & Cope, B. (2004). Designs for learning. *E-Learning*, 1(1): 38-93.

主义教学方式往往非常偏爱体验，因此，学习设计语言还可以结合进步主义教学方式赋予课程名称。在一定情况下，教学方式的选择可能是完全合适的及站得住脚的。这种情况正如《可兰经》的学习和物理学科基本粒子内容的学习一样，它们一同被提及，且并无矛盾。③ 学习设计应包含一系列概念标签。这些标签可以应用于学习内容的不同部分或学习体验的各个阶段。这些概念标签通过分类学的途径加以分析、呈现。尽管这些标签通过某种特定的方式加以陈列，但它们的排列并没有严格的或本质性的顺序，它们只是为了方便说明而已。④学习设计应提供一系列实际性职能的服务。它既是一个详细描写学习过程的脚手架，也是一个让其他教师、学习者及不同共同体分享这些学习过程的脚手架。从实际意义上看，概念标签可以分割和标志为结构性标志，成为可发表性文档。学习设计开始使学习过程的各个阶段或方面变得透明化，旨在既增加结构和严密性于文档过程中，也增加结构和严密性于课程发展及传递的过程中。⑤学习设计应在学习概念的词汇表中提供各个概念标签的界定。通过概念性"人行道"，各个概念的同义词可以匹配进主要的教学方法中。例如，学习设计匹配。针对同义词，语言学习设计的概念标签已经根据布鲁姆的分类学和库伯的体验式学习理论进行一对一的匹配。随着研究的深入，这种过程还将继续。换言之，学习设计语言可以用作实施布鲁姆分类学或库伯体验式学习的一种方法，或用作由教师决定在某种特定学习环境下运用的一种教学方法。为此，人们可以严格地实施课程的传统方式（如直接教学法），同时还针对学习设计语言将这些方式加以匹配，但那种形式的匹配反映其教学方式缺乏宽泛性。⑥学习设计可以看作是一种清单。例如，某种特定组合的学习活动的重点是什么？这些重点是否足以满足学习者需要，并足以传递具体学科的内容？这些重点可以拓展吗？在变革性课程的方向中，这样的清单可以充分（但不必要）指向所拓展的学习的可能性。只要可行，变革性课程包含合适而平衡运用多样性的体验、概念、分析与应用的认知过程。①

新伦敦集团提出，在设计学生需要的学习的过程中，教师需要考虑以下三个关键的设计：①教师必须让学生学会运用所提供的设计的方法；换言之，学生不但必须学会人们在特定社会空间下的典型交际的方式（口头上、书面上及通过技术手段的交际方式），而且应该学会人们用来构建人与人之间关系的惯例。这可以包含语言及学生事先已经构建的其他的识读模式。②教师必须让学生学习设计的艺术，即将被赋予的知识与惯例变革为新解读及新方式。尽管设计可以使书面识读能力以不同的方式呈现，但设计同样可以使学生展现综合能力。学生综合能力是指他们将视觉、听觉、空间、体态及其他意义方式结合成为一个连贯性成果的能力。② 最后，通过再设计实践，在参与创造新语言表达与问题解决的过程中，学习者将新的语言表达，即问题解决，整合到正在涌现出来的新的交际实践中。再设计包含：①变革学习者之间的关系，②为了语篇与学习，通过考察、解构及协商某种新的共同立场而变革学习者的身份认同。③

可见，新伦敦集团强调的是并存的观念，即不同的语言、语篇、风格及方法的并存，它援助元认知及元语言能力的培养。新伦敦集团认为，教师在构建不同类型识读能力模态时，首要的是要帮助学生学会构建多模式意义。换言之，他们要倡导学生学会如何将不同的模式（视觉、听觉、体态、空间及语言等的模式）整合成一种连贯的设计。毕竟，多

---

① Cope, B. & Kalantzis, M. (2009). "Multiliteracies": New literacies, new learning. *Pedagogies: An International Journal*, 4(3): 164 – 195.

② Penuel, W. R. & Means, B. (2000). Designing a performance assessemnt to measure student communication skills in multimedia-supported project-based learning. The American Educational Research Association's Annual Meeting. New Orleans, Louisana.

③ The New London Group. (1996). A pedagogy of multiliteracies: Designing social futures. *Harvard Educational Review*, 66(1): 60 – 92.

模式将其他所有的模式通过非常显著的动态性关系联系在一起。①

因此，当诊断某种复杂系统、互动或问题时，个体就得到授权，运用并形成批判性框架。实际上，学习者遇到的最关键的问题被称为“棘手问题”。棘手问题描述的是类别性社会系统性问题。这样的问题主要是结构不良，信息混淆，出现许多使用冲突性价值观念的用户及决策制定者，整个系统中的分支完全混乱不清。②因此，不管学习者是否是解决数学问题、制造机器人、雕刻雕塑，还是谈判协商合同，他们都要学会如何灵活选择语篇的模式实践，这样才会使自己的选择变得更加成功。

二、学习设计的原则

（一）科普和卡兰兹基于意义的学习设计原则

澳大利亚学者科普和卡兰兹从有效课堂教学变革行为的角度提出了基于意义的学习设计的三个原则：①可得性设计（Available Designs），即被发现的表征形式。②具体设计（the Designing One Does），即人们做事的同时就建构意义，或者说，人们是如何合适地重新表征和变革可得性设计的。③再设计（the Redesigned），即通过具体的设计行为，世界和个人得到改变。③ 如表3-1所示。

---

① The New London Group. (1996). A pedagogy of multiliteracies: Designing social futures. *Harvard Educational Review*, 66(1): 60 – 92.

② Rittel, H. W. J. & Webber, M. M. (1974). Wicked problems. Cross, N., Elliott, D. & Roy, R. (Eds.). *Manmade Futures*. London: Huchinson & Co.: 272 – 280.

③ Cope, B. & Kalantzis, M. (2009). "Multiliteracies": New literacies, new learning. *Pedagogies: An International Journal*, 4(3): 164 – 195.

表 3-1 基于意义的学习设计原则

可得性设计	被发现和可发现的资源的意义：文化、环境和具体目的的模式及规约性的意义建构。
具体设计	意义的行为：在表征世界或他人世界的过程中，通过或利用可得性设计对自己或他人施加工作。
再设计	通过新形式的可得性设计，世界发生变化，意义建构者通过设计这种行为改变设计自身(意义)。

（二）罗斯-梅耶的通用性学习设计原则

罗斯和梅耶(Rose, D. H. & Meyer, A.)认为，建立在神经科学研究基础上的一般性学习设计有三大原则①，具体如下。

原则一：提供多种途径的呈现［即学习的内容(the "what" of learning)］。学习者在感觉和理解呈现给他们的信息方式方面存在差异。例如，那些存在感觉性残疾(如聋哑)、学习性残疾(如阅读障碍)及语言或文化差异等人群，可能都需要通过不同方式来接受内容。与通过阅读书面文本方式的学习者相比，通过视觉或听觉途径的学习者掌握信息的能力可能会更快、更有效。同样，当运用多种方式呈现时，就会出现学习转移，因为这会让学习者在概念间做出联结。简言之，单一的适合所有学习者的最优性呈现是不存在的，提供多种呈现选择才是关键。

原则二：提供多种途径的行动与表达［即学习的方式(the "how" of learning)］。学习者在可以操纵学习环境及表达其所认知的方式上有差异。例如，具有明显运动障碍的个体(如脑瘫)，在策略及组织能力方面存在困难的个体(如执行功能失调)，在学习方面存在障碍的个体，在接受学习任务时差异尤其明显。有些个体可能书面表达能力强于口头表达能力，或者口头表达能力强于书面表达能力。应该承认的是，行动与表达需要大量的策略、实践及组织，策略、实践及组织也是学习者可能存在差异的领域。实际上，单一的适合所有学习者的最优行动和表达是不存在的，提供多种行动与表达选择才是关键。

---

① Rose, D. H. & Meyer, A. (2002). *Teaching Every Student in the Digital Age: Universal Design for Learning*. Alexandria, VA: ASCD.

原则三：提供多种原因的投入[学习的原因(the "why" of learning)]。呈现某个关键学习要素后，学习者在其可以投入学习或得以鼓励学习的原因上存在明显差异。除了一系列呈现于这些指导方针的要素外，还有许多可以影响个体差异的来源，例如神经学、文化、个人相关性、主体性、背景知识等。有的学习者因自发性和新奇感而高度投入；有的学习者则因为某些因素而不愿投入，甚至害怕，他们更喜欢严格的周期性安排。有的学习者喜欢独立工作，而有的学习者则喜欢与同伴合作工作。实际上，单一的适合所有学习者语境的最优投入是不存在的，提供多种投入才是关键。

（三）新伦敦集团的学习设计原则

研究教学和经济变化与学校中学生多元识读能力发展之间关系的新伦敦集团认为，技术改变了学习的过程与结果，基于信息技术发展的学习设计原则有三：一是提供语言设计准入，二是建立设计过程反思，三是聚焦社会未来设计。①

1. 提供语言设计准入

熟练掌握语言设计的两种教学模式，即情境性实践与公开教学，这一条原则解决了年轻人获得设计准入的问题。也就是说，他们为此获得了设计工具、工具与实践的结合及导入设计者共同体实践的准入行手段。支持提供语言设计准入的课程计划有三个特征是：其一，项目和行为表现；其二，多媒体设计；其三，全方位专门知识。通过参与持续进行的项目、行为表现及艺术创作，学生从中运用和实践基本的设计技能，年轻人有机会参与赋予他们进入工作场所的有意义的活动。此外，项目和行为表现援助发展了学生的自我表达、探究学习及学会如何展现可能与常规不同的观念。

在帮助年轻人构建多模态设计过程中，计算机技术是特别有力的工具(手段)，因此，计算机技术也是援助年轻人发展的强有力的潜在手段。

① The New London Group. (1996). A pedagogy of multiliteracies: Designing social futures. *Harvard Educational Review*, 66(1): 60–92.

例如，多媒体技术是一种强有力的潜在学习援助，它们的潜能是帮助学生成为共同体实践中有能力的成员。通过多媒体设计，学生开始认知多模态识读能力（multimodal literacy）语言。当学生创造多媒体成果并进行公开发布时，他们将与超越课堂的共同体连接。将学生的成果发布于网上或共享于共同体公共展示区中，可以激发学生的身份认同，激发他们的学习，并激励他们完成高质量的工作任务。计算机技术还可以援助发展有意义的同伴合作，途径是让年轻人认可其同伴的多样化的技能与能力。例如，当下，基于多媒体设计的公开教学基础是现成的图形软件。如果多媒体设计的教学拓展到这些工具以外，那么人们就有能力将自己的思维过程、艺术和社会表达与数学和技术结合起来。

通过这样的基于多媒体的真实性活动，学生熟悉设计的各个方面。在技术丰富的共同体组织中（technology-rich CBOs），通过设计真实性学习，学生从头到尾都投入其中，成为项目中富有思想和行动的成员。计划、准备、实践和执行的循环嵌入年轻人正在参与的项目的所有方式中。年轻人除了对自己的学习过程进行反思与建构外，还要促进集体性学习。不管学习是否属于一种行为表现、一种艺术展或一种社区大型壁画，它都是一种嵌入实践参与或行动的持续进行的过程。与更广泛社区分享公共行为表现相比，学习既给年轻人的（课程）计划提供了一种真正的绩效责任，也给年轻人提供了机会，让他们展示自己的能力，而且还给成人同伴展示自己的能力。尤其是在年轻人已经创建了自己事业的地方，外部绩效责任提供了一种强有力的成功动机。

无论是通过情景性实践还是通过公开教学提供语言设计准入模式，具备全面的专业知识（all-way expertise）是必须的。持续进行的项目要求技能型成人与同伴都提供策略性援助，以便为在设计、项目及反思过程中的年轻人提供学习搭建脚手架。在真实性活动中，年轻人的组织负责设计项目。在项目设计过程中，设计者的角色既可以是专家兼学习者，也可以是教练兼促进自己能力意识及自我意识的教练式援助者。成人指导着年轻人，年轻人也开始将双方看成是资源。

成人领导者（adult leaders）是成功的共同体组织的关键，因为他们重视年轻人参与项目,重视年轻人的多样性年龄、才能、经验及需要。领导者往往不隐瞒自己的观点:他们认为年轻就是资源,年轻人参与活动,有话语结构。采纳年轻人的建议并支持他们的执行理念,即成人领导者确认年轻人属于组织,并在组织中拥有话语权。

2. 建立设计过程反思

建立设计过程中的反思是在批判性框架下形成的教学。设计过程中的反思对学习者提出挑战,因为这些学习者已经导入了语言设计以便对其可得的设计进行反思。须知,学习者已经学会运用,并开始投入设计自己工作任务的过程中了。通过最终以某种形式的表现为结果的活动,年轻人努力争取有截止日期的外部工作任务。部分受众可能提供反思,这会促进某种个体的自我评价。同伴批评也是自我评价中的一个关键要素。由于共同体组织的活动设计最终结果不是表现,而是继续反思一个由规划、准备及参与组成的循环,并且这样的反思与循环会一直延续到下一个自我表现,因此,与共同体成员、家庭、客户乃至专家的共享工作任务的机会都增加了社区组织活动的真实性。项目中持续进行的反思,让年轻人有机会质疑自己,并建立对自己能力的信心。

通过将真实性学习的概念与上述原则相结合运用的项目的合作,年轻人发现了自己在规划、问题解决及决策等领域的能力。在大多数项目中,年轻人必须努力争取外部截止日期,以便完成工作任务或准备展现自己。在项目的后期,他们有时间、机会进行封闭讨论与反思。真实性学习设计促进概念理解,以及灵活运用通过某种任务而获得的知识。须知,真实性学习设计是为参与新经济做准备的关键一步。

同时,青年社团内的活动设计重点也不再是仅仅强调学术性成就能力的测量。学习环境的真实性促进了一套包括社会情感幸福与批判性思维在内的整体性能力的形成。

最后,通过参与实践及投入青年社团,并与其他年轻人及成人互动,年轻人发展了包括社会责任承诺在内的身份认同,并反思自己的成长意识,最终成为组织中有能力的成员。

3. 聚焦社会未来设计

该原则建立在变革性实践教学模式基础上，它吸纳了年轻人是社会未来设计者的观念。该原则的核心有两点：一是用“棘手问题”挑战年轻人；二是通过革新性解决方案给予年轻人指导，革新性方案应包含应用设计、批判与修改，以使年轻人成为未来社会的积极参与者。援助年轻人会让他们感到自己是未来社会有能力的设计者，因为他们感到在组织的语境下是安全的且能得到援助。成员身份与归属为年轻人提供发展身份认同、归属及友谊，因为这些赋予了他们在某个大家族中的归属意识。通过持续为自己及共同体工作创造的效应而变革实践项目与行为表现，这种情况出现于当个体感到某种归属感，尤其是归属于某种包含设计社会未来的实践共同体的时候。

许多参与共同体组织的年轻人感到学校对他们的疏远。[①] 此外，年轻人所在社区的信息及影响是强大的，且充满着危险。社区组织为年轻人提供了空间，让他们既对其来源场所进行反思，同时也对其希望前往的地方进行反思。这样的场所是年轻人的边缘区；因为对年轻人而言，他们需要一种场所，来理清发自其街坊邻居的信息与教育及主流就业机构发布的信息之间的不连续性。技术成为提高作为边缘区的社区组织潜能的工具，途径是将新学生带入边缘区的中心，并让他们参与和各个个体相关的“棘手问题”。

由于共同体组织的自愿性特性及共同体组织内的真实任务的功能表现部分要求，青年共同体中的成人领导者必须要求年轻人有一定的责任承诺。其责任承诺由影响最大、规则最少的哲学理念来指导。这些规则通常与家庭观念相联结，即需要建构更多的相关场所来为家庭服务，这些规则由成人与年轻人共建、设计，以便促进项目的成功完成。因此，坚持规则就成为共同体联合努力的一个组成部分。这些建构有

---

① McLaughlin, M. W., Irby, M. A. & Langman, J. (1994). *Urban Sanctuaries: Neighbourhood Organizations in the Lives and Futures of Inner-city Youth*. San Francisco: Jossey-Bass.

助于创建一种与学校较少类似或感觉与学校较少相同的环境，这样的环境让年轻人认识到这样的建构是规则领域而不是学习领域。

对于设计如何聚焦未来，卡兰兹和科普认为，设计主要应对以下两个关键的学习条件：归属性与变革性。① 一方面，不管学习是内生于日常生活世界，或是通过有意识的设计，一种概括性的学习条件就是归属性。如果学习内生于日常生活世界的话，则归属性通常出现得早；如果学习发生于一种有意识的设计，则归属性必须是一种有意识的努力。正规学习的场所是陌生的，不属于学习者的世界。对有些学习者来说，正规的学习场所是非常陌生的。另一方面，保全教育非变革性的全部内容。例如，当周围环境发生激烈变化时，变革性就有可能发生于生活世界。如同其他在生活世界环境中发生的情愿或不情愿的、减轻外伤或痛苦的变革一样，移民就是一个合适的例子。在这种情况下，变革性学习就发生在环境变化中。然而，只有教育才能使变革成为一个深思熟虑的计划，变革是学习设计的一个主要目的。表 3-2 描述了基于信息技术的学习设计变革的两个关键条件。

表 3-2　学习的条件

条件一：归属性 (belonging)	有效学习认可学习者的身份认同，依赖学习者的知识、经验、兴趣及动机。在任何学习共同体中，存在着广泛的差异性，而且因为学习来自学生的日常生活世界，差异性呈现多样化。
条件二：变革性 (transformation)	有效学习将在旅途上的学习者带入新鲜而不熟悉的领域，因为即将发生的学习，即进入不熟悉的旅途，需要保持在某个可理解性与安全的区域内。在每个步骤内，它将在与学习者的生活世界出发点相合适的距离处旅行。

学习条件一：归属性——学习者只有"归属"于某种学习时，他/她才会认知

学习者必须感到学习是为了自己的学习。他们必须感觉自己已归属于内容中；他们必须感到自己已属于共同体或学习环境中；他们必须

① Kalantzis, M. & Cope, B. (2006). *The Learning by Design Guide*. Melbourne: Common Ground.

对学习的类型感到舒适，或对了解世界的方式感到舒适。换言之，学习者的主体性和认同性必须得到认可。

学习者必须对自己学习的内容有动机。他们必须作为有兴趣的参与者投入学习中。他们必须感到学习是为了自己的学习。同时，如果他们是在学校这样的正规学习环境中学习的话，他们同样必须融入这样的社会与机构性环境中。实际上，学习者“属于”的感觉越多，他们就更有可能学习。

建立学习归属性的基础有三：一是学习方式，二是学习内容，三是学习共同体。从学习者的角度看，有关学习方式的问题是：我是否对这种认知世界的方式满意？（或：我是否对这种思维方式或行为方式感到舒适？我是否感到这种方式对我管用？我是否知道该方式可以帮助我认知更多或帮助我做更多的事？）有关学习内容的问题是：我是否已经对要更多认知的内容领域有足够了解？（或：我是否已经对我希望更多了解的东西有足够的了解？我的禀赋是否通过我所认知的内容激发到希望更多了解的程度？）有关学习共同体的问题是：我是否对这种学习环境感到舒适？（或：我是否感到这种环境要求的接受性学习任务已经充分激发动机？这种动机是否已经成为我自己的动机，并让我感到在这样的空间中学习既非常安全，又能够冒险进入新的认知和行动领域？）

学习条件二：变革性——学习将学习者置身于新的环境，而且沿着这条旅途，学习扮演着个人与文化性变革的代理角色

学习不仅仅是关于认识和确认差异，还有更多的达成有效且多样化的计划。保守主义-文化多元主义者认为，认识和确认文化差异不仅必要，而且还要加大力度。这就是保护主义或博物馆式的多样化方法——首先认识差异，接着保护差异。

然而，原地不动不是学习。学习是一段旅程，而且这样的旅程远离学习者的舒服区，即远离生活世界的狭隘性和局限性。由于学习需要确认尽量多的身份认同，创造某种归属感，因此，学习离开人们熟悉的日常经验世界。这样的旅途即一种个人的与文化的变革。

学习旅途有两个路径,它沿着两个轴心发展。这两条路径都以学习者原来的学习经验为基点,向前发展;有时它们还通过某些扰乱的方式往前发展。其中第一个轴心是深度性(纵向)轴心。这个轴心可能挑战一些日常性假设,如地球是平的。第二个轴心是幅度性(横向)轴心。通过幅度性轴心,学习者可以旅行至不熟悉的思维空间,也可能是现实中的思维空间。这是一种跨文化的旅程。跨文化旅程有较大的深度,因为该旅程涉及真正的交叉与跨越。旅行的目的地成了学习者的一部分,或成了学习者生命经验的技能,而且实际上成了学习者身份认同的另一个组成方面。这些旅程可以理解为某些种类的叙事性内容。它们是自我变革和发展(成长)的生命性叙事。从回顾的角度看,学习应该经历这样的发展:学习者是谁?学习者发展的方向是什么?学习者遇到的事物是什么?从学习者学习的结果上看,他们认知了什么?

如果生活世界是一种归属性场所(即学习者起程的场所),新的知识世界可以称作"先验性的"归属性场所,即一种高于并超越生活世界的常识性假设。①②从生活世界到先验性的学习旅程必定将学习者带入既不熟悉的但又未必不熟悉的个中纷扰的世界。如果教育的前景无法预见、无法思考、无法综合、晦涩难懂、难以达成的话,那么教育将不会引发学习。学习者必须进入能将他们带离舒适区域的文化领域,但在这场学习之旅的任何一个阶段,他们都不能离舒适区太远,去到一个让他们觉得陌生、与世隔绝的环境中。这趟学习之旅包含风险,但只有学习环境令人感到安全时,这些风险才会产生效益。令人感到安全的环境是指让学习者有归属感的环境。在学习者不熟悉的领域里,当学习者面临疏远和失败时,他们需要使之放心的脚手架,即需要进入"最

① Husserl, E. (1970). *The Crisis of European Sciences and Transcendental Phenomenology*. Evanston: Northwestern University Press.

② Cope, B. & Kalantzis, M. (2000a). Designs for social futures. Cope, B. & Kalantzis, M. (Eds.). *Multiliteracies: Literacy Learning and the Design of Social Futures*. London: Routledge.

近发展区”。①②

当学习者转入某个还没有完全理解的区域时,理想的学习环境会为他们搭建脚手架或提供援助。例如,如果具有充足的学习汉语的动机,那么对开始者来说,他/她从第三学年开始学习汉语就没有意义;对一个有抱负的数学家来说,让他/她在学习算术前学习微积分是没有意义的。这就使人们回到了“学习条件一”,即学习者的身份认同。“学习条件二”则告诉人们,这样的投入必须是可以达成的目标。在强调必须将旅程真正进入增加新内容的陌生场所时,“学习条件二”还考虑了不同学习者的复杂性。对在不同学习环境中的学生而言,舒适的最近发展区要有所差异。

那些在特定学习环境中取得非常成功的人往往有合适的环境。移入新学习领域的冒险行动是令他们乐于采取的。那些没有取得非常成功的人就没有处于合适他们的环境:首先,他们的实际水平与他们正在学习的内容存在巨大的距离;其次,他们并没有感到自己纳入所学习的内容或环境中,失败的危险性超过获得的鼓励。

然而,经常出现的情况是,学习似乎只是吸引了某些类别的学生(如受到主导性教育观念协调的“主流”学习者)。因此,要解决的困惑是如何使学习吸引所有的学生。

人们为何要学习?正规的机构化学习的作用是什么?对我们来说,教育计划为何这样重要?尽管生活世界已经成为一个广泛的学习场所,我们为何还费心于学习设计?对这些问题的回答既有实际意义,也有观念上的意义,因为学习可以将你送入新的生活世界中。学习提供了以更好收入就业的物质资源的准入;学习提供了人们能力提高的机会,并使人们参与公民生活中;学习促进了个人的成长;现代社会的

---

① Vygotsky, L. S. (1962). *Thought and Language*. Cambridge, MA: MIT Press.

② Vygotsky, L. S. (1978). *Mind in Society: The Development of Higher Psychological Processes*. Cambridge, MA: Harvard University Press.

一个关键承诺——平等——就在教育上；世界存在着极端不平等，出于实际的目的考虑，大多数人认为这种不平等是不可避免的。但教育确保了人们的平等。不平等并非不公平，因为教育给所有人提供了获得同等的受教育的机会。

总之，一些学者认为，除非这两个学习条件都得到满足，否则教育中就存在不平等。学习必须涉及学生的身份认同，而且必须要承认这些认同有差异。教育必须将人们带入不熟悉的领域，这些领域以合适的衡量途径体现出不熟悉性。而衡量途径必须以学习者的身份认同为基础，因为所有的生活世界属性结合起来就可界定一个人的身份。成功得以达成的时机说明差距的衡量是适合学习者的；失败出现的时机说明差距的衡量是不适合学习者的。如果生活世界和要学习的内容之间的距离太大，那么教育上的努力将是误导性的、妥协性的或无效的；如果生活世界和要学习的内容之间没有距离的话，那么学习的效果将被削弱，或变成虚幻的。因此，生活世界和要学习的内容必须是富有成效的。①

三、学习设计的本质特性

（一）学习设计即优化

西蒙认为，设计理论就是某种问题解决探索的正式呈现，因此，设计即一种问题解决的范例。② 问题解决涉及将当前的状况渐进性地逐步趋向目标的达成。正规的问题解决描述包含将问题表征为问题空间，运用起始状态、中间状态（居间态）和目标状态。问题的解决方法涉及搜索将起始状态转化到目标状态的运算符（operators）。对于结构不良的问题，需要运用启发法而非演算法方可达成目标。一种标准的

① Kalantzis, M. & Cope, B. (2004a). Designs for learning. *E-Learning*, 1(1): 38 - 93.

② Simon, H. A. (1981). *The Science of the Artificial*. 2nd Edition. Cambridge, MA: MIT Press: 129.

启发性的对待困难问题的解决方法就是手段-目标分析。根据手段-目标分析,目标要明确界定,同时那些趋向目标的手段要具体。如果手段不明显,那么问题就会分解成一系列亚问题。这样的分解就会一直延续到找到解决亚问题的手段为止。由此,问题解决乃至设计就变成了先寻找到最合适地描述问题这一事情了。

(二) 学习设计即对话

从事建筑研究的哲学家舍恩(Schon,D.)提出了另一种设计观。他并没有把设计看作是一种探索式的问题解决。他认为,设计活动的特性界定应为不确定性、独一性及冲突性。换言之,他认为设计是一种行动反思的过程,设计者承担将非决定性情况转化为决定性情形的任务。他的目标就是将技能性设计者/规划者所必须拥有的各种知识进行特征化。①

由此看来,设计就是一种与现象的对话。设计也可以看作是一种社会性协商的过程。设计的目标就像人们的思维目标。正如舍恩所说,人们创造世界的方式是通过一种格式塔式的过程来进行的,其中包含选择性关注、分组、界限设定及命名。正是通过将人们创造的类型进行分类,类型才具备了按照某种通用方式行使职能的特性。而对熟悉的类型与独一性设计情形之间的处理就是一个隐喻性过程。通过这个过程,设计者既转换了设计情形,也丰富了提供给他进行深入设计的类型集(repertoires of types)。因此,设计具有诠释特性。问题并没有目标性存在,而是在设计者应对不确定性时,由他们创造的构念而已。②

(三) 学习设计即一种概念框架

受到建筑及产品开发中的通用设计运动启发,罗斯和梅耶强调所有学生都有平等接受课程的机会。他们认为,学习设计是一种基于包

---

① Schon, D. A. (1988). Designing: Rules, types and worlds. *Design Studies*, 9:181 -190.

② Schon,D. A. (1987). *Educating the Reflective Practioner: Toward a New Design for Teaching and Learning in the Professions*. San Francisco:Jossey-Bass.

括认知神经科学在内的学习科学研究教育框架,以便为发展灵活性学习环境,满足个体学习差异而提供的框架性指导。设计要最大程度上,且尽可能不需要调整或特殊地设计出使所有人都能使用的产品及环境。从学习上看,课程应该从一开始就得设计,并提供给各种类型的学习者。为此,他们提出,教育工作者必须在课堂教学中实施精致化教学过程(例如,准备好每个学生的课堂学习材料文档)。① 这将使得学生根据兴趣分组成为可能,那些在学习上存在困难的学生将得到特别的帮助,同时特定的多媒体也能够满足所有学生的需要。通过学习设计的课程应该由四个方面组成,分别是教学目标、教学方法、教学材料及教学评估。学习设计旨在增加接受学习的机会,途径是减少物理的、认知的、智力的、组织性的学习障碍及其他的障碍。

学习设计规划框架包含四个宽泛的认知过程——体验、概念形成、分析及应用。每一个认知程可以进一步细分为精致的认知过程。当教师为学生安排有意义的学习顺序后,这些认知过程提供了细化设计决策的基础。这种有意识的认知过程运用紧密地将学习活动联结到有目的的学习目标,并保证学生熟悉各种不同的认知方式。通过这些精致化的设计,学生对学习强调的重点就超越学科内容,而走向从事知识在学科中得以创造的学习,最终将学习者引入知识共同体中。

(四) 学习设计即行动

卡兰兹的学生索米宁(Suominen, K.)从学生的角度提出,学习设计是一种描述教师为实现所希望的、有预期结果的、有策略的、有目的的行动计划。② 确实,从某种意义上看,学习设计同样是一幅勾勒学习历程的可能路线投射图,它表明了教师认为应该纳入逻辑顺序活动的内容。运用学习设计框架而设计的学习要素同样明确了在不同学习活

① Rose, D. H, & Meyer, A. (2002). *Teaching Every Student in the Digital Age: Universal Design for Learning*. Alexandria, VA: ASCD.

② Suominen, K. (2010). Learning, technology and school success. *E-Learning and Digital Media*, 7(3): 272 – 279.

动中需要运用的思维过程;因此,学习要素提供了支撑该活动旨意的额外信息。通过探索具体学习设计的特征,并考察这些特征与学生对制订应对措施的相关性,有可能为教师和学生发展一种更完整的学习历程的形态图。

四、学习设计的范畴

人类天生就具有学习的能力,而且在生命的各个周期中,学习从没有停止过。只要人们产生联系,与自然界发生关系,并投入其建设的世界中,学习就会发生。实际上,人与人产生差别的一个原因就是人的无限学习的能力。接受或不接受教育,接受或不接受课程,接受或不接受教学,这些都是我们的天性。

教育通过社会对学习者进行有意识的培养;通过社会,人们主要对学习的目标进行设计。在教育中,课程是为了学习大量知识而进行的有意识的框架设计;这种框架可能是某个学科性的,或者是某种连贯而成套的社会性能力和性能。在课程中,教学有意识地将认知过程运用到学习任务中。

教育建立在非常普通的学习事实的基础上,然而,教育在多个方面又与我们的日常学习有区别。教育是精致的,因为教育通过某种相对有意识的、系统性的及外显的方式应对着学习。教育一开始就把效率制订为学习的目标,因此,为了尽可能直接达成效率,要设计投入的过程。效率的参考要点主要是外指性的,尽管效率性目的在世界中是绝对性的;从某种意义上看,效率性目的不是属于世界性的。换言之,教育不是自身的一种目的。教育是为了对外界的运用,并指向外界,因为教育的自身职责是对世界的外部表征和反映。

卡兰兹和科普认为,在某种意义上,无论学习设计的过去、现在和将来,当两种学习条件得到满足时,普通能力的教学对任何学生的教学效果都非常好。第一,尽管学习者具有独一无二的身份认同,但他/她属于(belong to)课程,他们已经成为课程的组成部分,同时课程也已经成为学生的组成部分；第二，学习不但已经将学习者带入了新颖、不熟悉的场所，改变了他们的世界观，而且已经通过某种增值的方式将他们改变成为个人视野得到拓展的个体。富有成效的学习既是有目的的，也是变革性的（见表3-3）。①

表3-3　学习设计：昨天、今天和明天

	传统的	进步主义的	变革性的
教育	等级性、层级性	（1）发展性； （2）在地方层面发展某种合作性文化。	（1）自主权和联邦主义； （2）富有成效的多样性； （3）公民性投入。
教学	（1）强调内容； （2）事实，非协商性真理； （3）死记硬背式学习； （4）教师主导课堂，独裁主义者； （5）忽视差异的类属与普适性。	（1）强调过程； （2）探究和体验性学习，自然和真实性学习； （3）以学生为中心的课堂，教师是促进者； （4）教学常常通过浅表和表面方式进行，承认差异。	（1）教与学即对话； （2）教学多样性：体验、概念化、分析、应用。 （3）面对不同的学习者和知识领域有不同的教学重点和不同的顺序； （4）赞扬生活世界的差异：多样性的纳入和变革策略； （5）单一目的：公平。
课程	（1）中央集权化大纲、教科书； （2）传统的学科； （3）标准化测试，量性结果。	（1）校本课程； （2）与地方相关及需要为本的课程； （3）与语境相关的，由教师判断的评价； （4）拥挤的课程。	（1）“新基础”：知识、才能、情感； （2）对广泛内容系列的开放性； （3）知识（认知）和学习过程中的权威性； （4）可比性评价； （5）衡量教学和课程目的：目的是打开可能性而非尘封结果； （6）教育上的知识管理：记录及展示范例性教和学。

来源：Kalantzis, M. & Cope, B. (2004a). Designs for learning. *E-Learning*, 1(1): 38 – 93.

可见，学习设计包括三个层面，其中第一层面为包罗万象的教育。就澳大利亚而言，学习设计的教育部分主要涉及通识教育设计层面，或

① Kalantzis, M. & Cope, B. (2004a). Designs for learning. *E-Learning*, 1(1): 55 – 56.

为学习计划做贡献的各种共同体层面。这些共同体包括中小学、技术学院及大学这样的传统环境。然而,这些机构的边界正因为差异、灵活性及基于工作或基于社区的教育而变得日益模糊。这些变化就成了"新学习"教育宪章的主体。① 第二层面是课程。换言之,学习设计中的课程设计变革的是将学习单元拼凑在一起以创造大量的知识、学科思维及实践和行动范畴的过程。第三层面为教学。也就是说,学习设计中的教学设计变革的是在连贯和完整学习单元层面上的学习设计过程。

图 3-1 是学习设计的范畴图,其中外圈是教育,中圈是课程,内圈是教学。

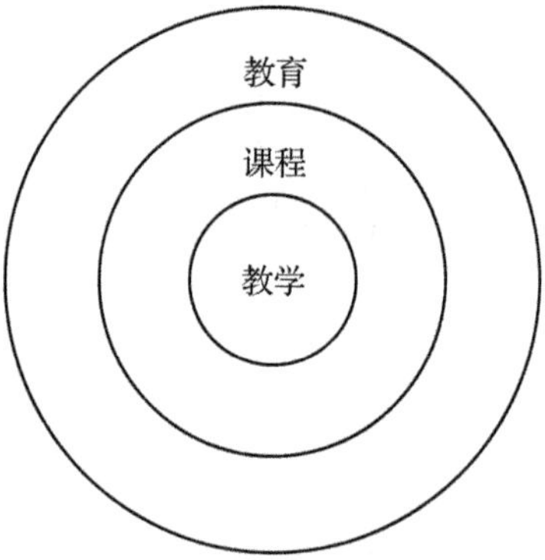

图 3-1　学习设计的范畴

来源:Kalantzis, M. & Cope, B. (2004a). Designs for learning. *E-Learning*, 1(1):47.

五、结　语

正如新伦敦集团所认为的,在教育领域,如今呼唤包括澳大利亚在内的学校改革的重点也许更多的是要不断提高学生在读写方面的成

① Kalantzis, M. & Cope, B. (2001a). New learning: A charter for Australian education. Canberra: Australian Council of Deans of Education.

绩。因此，在过去20多年里，研究人员研究识读能力，它是一套超越传统读写能力的概念，并被多样化实践。① 识读能力当然包括通过标准化阅读成绩测试的内容部分，同样也包含学会如何参与不同的以印刷、图像、声音、动作及技术革新为中介的活动竞技领域中，因为识读能力实践是多元性的，且可以有不同的呈现模式。不管如何，它们既促进学生学术上的成功，又能让年轻人实现不同的未来社会的准入。

正因为如此，澳大利亚学者说，基于信息技术的学习是一种新学习。这样的新学习是一种以提高多样性水平、个体能动性及知识的复杂性为特点的、适应新的社会与工作环境需要的学习，而学习设计则是一种对21世纪知识社会学习进行构想的理论。② 学习设计应对的是表明这些社会特点的技术与社会-文化变革，构建针对多样性、教学方式、多元识读能力及知识创造的教与学方法。学习设计强调重点并非单纯的技术，而是放在技术对教育学的潜力及影响上。在知识共同体里，学生和教师共事的途径是既使用超越学校界限以外的资源，也创造将在更广泛受众之间共享的知识产品。

换言之，学习设计即教育机构或教师为实现预期结果的、有策略的、有目的的、优化性的概念与行动计划。学习设计并不是一种教学法。它不是一种对有效学习结构这种长期问题的单一而决定性的回答；相反，它是一系列的为创造各种教学方式的构建性模块。学科的性质、学生的学习风格、学校或教师的学习哲学理念的差异性，使教学方式出现多样性。在记录学习经验的过程中，学习设计是一系列援助性的旗帜或标题，或者在其他大型的短暂性课堂教学经验、课程实施或教育共同体生活要分享的旗帜或标题。

学习设计提供了三个层面的手段。在学习共同体层面，它通过学

---

① The New London Group. (1996). A pedagogy of multiliteracies: Designing social futures. *Harvard Educational Review*, 66(1): 60-92.

② Kalantzis, M., Cope, B. & The Learning by Design Project Group. (2005). *Learning by Design*. Melbourne: Victorian Schools Innovation Commission.

习组织提供手段;这样的学习组织(如学校、继续教育机构和高等教育机构)或学习组织中的相关单位(如部门、处室、院系)可以发布通知,开展教育变革,实施研究、评估、教育计划。在学习框架层面,它提供课程实施的计划,即在课程、科目为个体量身定做的学习计划。它希望课程变革计划与成果发送到更广泛外界的教学设计者、课程开发者及教育工作者,这样他们可以有选择开展工作的一种空间。而在学习要素层面,它提供一些开展教学方法的基本概念,即微观能动的学习经验、任务或活动。它不但是教师和课程设计者可以实施任务与发表任务的一种空间,而且还是学习者为了构建自己学习经验脚手架及互相分享学习经验而发动学习的一种空间。这三种手段可以成为相互开展行动的前提,即某种学习要素可以建立在某种学习框架的语境内,而这种学习框架也建立在某种学习共同体的环境中。然而,有效的行动计划既可以单独出现于其中一个层面,也可以同时出现于三个层面,还可以出现在其中任何两个层面的组合中。

因此,作为教学设计者、教育工作者或学习者要记录并发表自己的学习创新成果。在进行教学设计或学习设计时,他们可以利用这些标签,并将这些标签变成某种脚手架。他们可以以任何顺序使用其中的任何标签。但这并不是说,所有的标签均会产生同等的或有效的学习经验,或会合适地记录对特定学习共同体的教育干预设计。相反,为了强调学习设计,它可以是一套重新组合的概念。这些重组的概念将允许出现其他的记录创新和课程的框架。实际上,学习设计是一种开放的话语,它方便人们记录一系列宽泛的可能的教学方式、可能的课程及可能的教育干预。

第四章

当代澳大利亚基于信息技术学习设计中的通识教育设计

一、通识教育设计的必要性

众所周知,所有人类群体,无论是家庭、社区群体、企业,还是教育组织,事实上都与知识打交道。知识不仅仅是思维,更是行动和意义;由于有了认知,学习才得以发生。在生活世界的日常学习环境中,认知和学习的嵌入多多少少具有隐性、有机性及深度性。由于它们是日常实践的无意识组成部分,因此它们需要最低限度的隐性的阐述;因为知识是到处存在且未加管理的,它们有时不需要有存储记录,因此,学习也是随处存在的,但又是非教学性、课程性或教育性的。

正因为如此,在信息技术时代,人们特别需要如下目的的通识教育设计。

(一) 知识管理的需要

知识管理是是一个系统的、有意识的、明确的获取与记录知识的过程。教学通过多种方式管理知识:课程简介(导学)、年度报告、课程大纲及教案。然而,许多存储的文档都是为了有限的受众,尤其是已准备的教案,其受众层面有限,仅服务于教师的日常需要,并仅满足于最基本的能力表现回顾要求上。这样的知识难以扩充到学习者所需的教科书上,或难以扩充到教师所需的教学手册上。由此产生两方面的结果:其一,地方化知识只有具体教师了解;其二,学习经验的空间充满了教科书和教师资源资料,但这样的教科书和教师资源资料可能不适合地方性条件或课堂教学中不同学习者的需要。

人们可以认知事物,这在实践中是隐性的。然而,这样的知识价值有限。如果这样的知识没有得到传递,其价值也是有限的。知识管理包含将个人知识通过沟通变革成为共同的知识。

个人知识可以充分建立在对某个领域实践(如教学、课程或教育)广泛的个人或专业性理解基础上。然而,如果个人知识一直保持隐性、内化及个性化的话,那么个人知识仍然是短暂的。由于这样的知识被储存于个体的思维并常常处于未阐述状态,因此,这种知识被称为策略性知识。①

共同知识即人们合作构建及在社会上分享的知识。当组织或共同体中某个关键人物离职后,其他人不应对该组织或共同体一无所知,那将是危险的。然而,共同知识需要高层面的沟通或知识转移。在某些知识得到良好管理的组织中,共同知识会以典型过程形式正式保存;显著的保存方式即将其加以发布,发布的信息即是一种外显的、外化的、共享的知识。

这种创造共同知识的过程往往简化为"问题解决一揽子程序",被打包成为诸如数据库或内容管理系统这样的最新信息和通信系统。当然,电子信息和通信技术可以援助知识管理过程。知识管理的核心不是载体而是内容信息。内容信息的价值实质上就是有效沟通的问题。而有效沟通并不意味着信息已经得到传递;相反,它意味着沟通过程中所嵌入的知识具有可操作性。如果知识无法运用,那么这样的知识就没有任何用处。

将个人知识转化为共同知识的过程,涉及许多界定和润饰、细化过

---

① Martin, B. (2002). Knowledge and learning as drivers of change in the organisation. Cope, B. & Freeman, R. (Eds.). *Developing Knowledge Workers in the Printing and Publishing Industries: Education, Training and Knowledge Management in the Publishing Supply Chain, from Creator to Consumer*. Melbourne: Common Ground.

程。润饰、细化过程反映了所发布的信息内容的特性。换言之,知识管理要考虑以下四个特性。

(1) 信息的结构性。有效沟通往往发生于可认知的信息设计框架内。例如,在澳大利亚,在基于强化识读能力和算术的学习设计语言(Learning Design Language)平台中,为方便区分,它开发了三种灵活的信息结构,即学习要素结构(描述教学方式)、学习框架结构(描述课程)、学习共同体结构(描述教育)。信息结构的区别性特征可以表征为图式。例如,书籍就是一种图式,书籍图式包含封面、扉页、版权页、内容目录、内容结构组成部分、章节、附录、参考文献等。尽管书籍的类别差别很大,有小说、连环画、技术性书籍、课本等不同形式,但我们能从其信息结构预期内容,因此,它们都是可以认知的(因此也是可以逐步可读的)。学习通常具有一定的区别性特征,这些特征可以通过图式或范例加以表征。然而,这种明晰性层面并不意味着,在学习的总体范式内,它不会存在在教学方式及课程上的巨大差异。实际上,图式可以充分反映其明显的差异性。

(2) 合作性。权威文本的创造几乎总是不可避免地具有社会性特点,文本的创作不仅是作者劳动的产物,还是合作者合作的产物。在合作过程中,合作者责任各不相同,有编委会委员,有编辑,有审稿者,有出版商。例如,首先有编委会委员[即某个社会科学部门的主任(出版商)]建议教师就学习要素方面创作其移民体验;接着,编辑负责对教师创作的作品提出选用意见;然后,来自出版部门的其他审稿者及非出版部门的教育咨询者对文稿进行审稿;最后是发表阶段:当审稿完成后,且文稿符合出版标准后,文稿就放入了社会科学部门在编的学习要素文库中。至此,文稿就在网上发表了,供其他部门人员、学习者、家长及可能是世界范围的更广泛的其他读者学习使用。在这过程中,文稿的质量就体现在所经历的认真的社会性构建过程中。

(3) 有效性。有效的文本通常是人员委派的产物。所委派的人员不仅包括学校社会科学部门中可以进入编写学习要素文库的相关成员,而且还包括为此而受邀撰写学习要素文章的某个特定教师。同时,有效的文本还通过某种高质量的过滤性过程而加以出版发表。此外，还会邀请某个权威人员或群体为文本作序，以保持所出版的知识文库的完整性。

(4) 可得性。读者要在一定的许可条件下得以使用文本(知识)。如果文本在学校范围中发表，教师资源文库只能供教师使用，而学习资源库则可以供教师、学习者及家长使用。文本也可以发表在互联网上，供更广泛的人员免费或有偿使用。

这些发表过程可以按四个层次加以布局。第一层次是学校委员会，他们是学习共同体相关文档的发表者，这些文档的作者包括家长、教师或教育管理人员的工作小组。第二层次是学校计划委员，他们是学习框架相关文档的发表者，这些文档作者包括教师和学校相关中层部门。第三层次是学校中层部门或课程项目小组，他们是学习要素相关文档的发表者，这些文档作者包括教师。第四层次是发表学生资源的教师，学生资源的作者即学习者自己。

任何一个层次文档的发表都是对储存知识的一种表征，文档以一种可认知的、常规性的、灵活的、多样化的、信息结构的形式出现。在表征过程中，既运用合作性过程来呈现内容发展和质量验证，也根据各个方面对成果发表的意图提供准入途径。

在表征过程中，可联网的计算机是非常方便的工具(手段)，但知识管理过程和网页制作或收发电子邮件实践之间的关键区别就在于合作性要素。一方面，网页或电子邮件都不需要合作；因此，从这个意义上看，网页或电子邮件只不过是一种传递媒介而已。另一方面，知识管理需要系统性的合作过程；只有在网页或电子邮件被用来促进系统性合作后，知识管理才真正成为成果发表的媒介。

(二) 实践知识管理的需要

以学习设计语言为例，在实践意义上，学习设计语言如何才会起作用？学习设计语言是一种知识管理的手段。学习设计语言这个研究和开发项目运用了在线成果发表平台。这个平台叫作“共基成果发表网”(Common Ground Publisher)。教师利用这个平台上的模板编辑任务文档,并将自己撰写的任务文档发表在平台的书店模块中。教师在编辑文本过程中,他们的文本必须要与自己从事的教学工作存在文体上的一致性。在这些模板中,教师将概念标签剪切并粘贴于任何符合学生需要的组合的地方,或粘贴于学生应对的特定知识主体中。这些模板赋予教师有关课程的显性的教学范型(pedagogical shape to the curriculum)。"共基成果发表网"同样提供了一个合作的空间。在这个空间里,作者们共同合作;合作的任务发表前要经过多个环节,如首先成立委员会,接着由委员会成员依次对任务进行审阅、检验、拷贝、编辑,并签署同意发表意见。

在技术要求方面,实施"共基成果发表网"的要求较简单,它仅需要一台可以上网的计算机、一个浏览器,并安装一套文字处理程序。在这个技术环境下,学习设计语言就成为一个授权的工具,其模板代表三个层面的文档,即学习共同体层面的文档、学习框架层面的文档、学习要素层面的文档。这些文字模板可以在更广泛的"共基成果发表网"在线内容管理系统上发表,而且这个内容管理系统中的任何模块上的文档都可以下载、打印。

学习设计语言模板提供了两种结构性援助,这两种援助都不是僵化的;相反,它们均是灵活的和提示性的。这两种结构性援助分别是呈现性援助和内容安排援助。学习设计语言为前者提供了编辑良好且操作方便的文本/文体格式及页码设计,以便打印、装订电子书籍。学习设计语言为后者提供与所发表材料的信息架构相关的提示,这些发表的材料涉及教学方法、课程或教育干预措施。

"共基成果发表网"和学习设计语言的操作性能使相关人员和机构发表的文档拥有知识性、内容性和经验性;否则的话,它们的作用就仅是发表而已。实际上,"共基成果发表网"和学习设计语言旨在将日常行为的共识转化为显性及充分呈现的文档。

新交际环境下的一个不太明显但极其重要的要素是数字打印。这里隐含着一种运用数字变革来跨越数字鸿沟的途径。同样,每一个学习者也并不是非得自己拥有计算机才能享受数字化的益处。一台计算机可以服务于许多教师和学习者。计算机既可以作为一门课程通过之后成果得到保存和发表的途径,也可以是一个资源得以多次打印的场所。打印后,可以将其装订成平装书。“共基成果发表网”既支持电子图书(eBook)格式,也支持出书网(pBook)格式,还支持其他电子文档格式(如音频、视屏、数字静止图像、多媒体)。其媒介手段不管从网页创建者或者是从消费者用户来看都是廉价的与可使用的。

“共基成果发表网”虽然建立了一个仿真传统成果发表的环境,但并不是任何内容都可以得到发表的,这个环境包含质量控制与检测过滤系统。该环境建立了一系列成果发表的联系,其中包括作者、审稿、编辑及出版等。文本在启动前须进行社会性构建和系统性评估;文本启动时,一般被存入两个成果发表网址:一个是出版网,另一个是作者自己的网址。

在教育环境下,可能存在许多层次的作者和成果发表(认可的)关系。在课堂教学环境下,成果发表者可以是教师,可以是制订学习要素和学习框架(Learning Elements and Learning Framework)的学校部门,也可以是详细描写自己的教学/学习计划的作者兼教师,还可以是某个学习共同体。由作者、教师、家长或工作小组制订的学校文件定稿一旦被批准,共同体即可发表到网上。除了上述成果发表者以外,由学校成员担任任何此类文件的撰写者也可以作为成果发表者。

网上成果发表区有如下特点:

● 授权。它授权给教师、学校或其他学习机构,途径是授权他们制订文件、保存文件,并传播(商业性的或免费的)优秀成果。

● 过程管理。它为教师和学习机构提供发表过程管理方式,包括概念化、版权协议、在线书店上的手稿及其发表。这种方式是由学习机构内的编辑代表来加以管理的。

● 灵活性和模块性。它允许发表小到某个学习要素的单元任务。

● 地方相关性。它产生了与地方社区及具体学习者需要的资源。

● 多样性。它构建了一个模块性的知识库,知识库使班级及学习者都拥有相当大的灵活性。

● 知识管理。它既构建、保存并出版某种渐进性的拓展性知识库，也通过新任教师和学习共同体成员保护法人团体或学习共同体的内部访问。

● 知识效能性。它减少教师二次开发校本课程路径的内在倾向性；同时，它也减少教师和学校对商业性出版的课本的依赖性。

● 透明性。它给家长、教师和学生提供获得学校保存及发表（出版）的资源。

● 准入性。它所有已经发表（出版）的资源可以下载，途径要么是通过电子图书下载，要么是通过资源文档进行打印，以便分发给那些没能即时使用计算机的人员。

● 发展性。在常规课程资源开发过程中，它为正在进行的实验与融合在线活动和资源提供路径。

● 商业化。它为教师和学校提供一个平台；通过这个平台，学校和教师可以将自己最优秀的成果向全世界销售；这样一来，它就经营着校本智力财富。

由此，数字技术（打印、屏幕、互联网）可以构成新的学习环境的基础。新的学习环境让学生有多样化的学习投入，更适合不同兴趣和能力的学生；新的学习环境可以促进非线性课程的形成；新的学习环境也可以援助创造某种成果发表的环境；在这样的成果发表环境里，学生任务的读者圈既可以是一个伙伴群，又可以是家庭和社区的公共受众。

学习设计语言和"共基成果发表网"的目的就是要提供一些手段；通过这些手段，人们可以把握时机，阐述默会知识，将个人的专业知识转化为共享的知识。学习设计语言和"共基成果发表网"同样建立在下面两个假设的基础上：第一，知识是社会性的；第二，知识建构的最好方法是合作。

支撑这种教育知识管理方法的两个关键概念是范式和叙事。范式包含用于界定教学方式、课程及教育过程的概念；这些概念类似于元语言，而元语言即人们通过它们可清晰地讨论语言学习的语言。在学习设计语言模板中，概念标签更仔细地讨论了这种语言。

叙事即在发展或实现在学习要素、学习框架或学习共同体文件中的学习设计过程中所安排的事情。叙事就是学习要素的乐章(movements),或如何为特定资源作者、教师或学习者进行演奏,或如何在特定的学科内就某个特定的主题相互照应。从这个意义上看,范式绝对不是规定性的。范式提供的是许多开放性的可能性;在这些可能性中,在多元社会中,面对教学方式、课程及教育的多种选择,学习者采用了自己的叙事途径。

结果应该包括透明性和绩效性,即对同事、学习者及更宽泛的社区而言,学习的结果应该是透明可观察的。同样,由于知识得以把握、二次运用和加工,因此,学习的结果在非常时期应该能创造效率,并完成更多任务,但从长期来看可能完成的任务是有限的。而且由于通过一种过滤系统,知识变得更具权威性,因此结果应该还具有质量上的保证。

无论是否得到技术的援助,知识管理都涉及将个人知识转化为共同知识,将隐性、个体的知识转化为显性、共享的知识,并将日常的共识转化为系统性的设计。知识管理还将这些设计编码为信息构建、范式或学科的事物。

更重要的是,知识管理项目确保了合作得以机构化;也正是有了知识管理项目,知识共享才得以发生。当某个关键人员离开组织或共同体时,不会造成组织或共同体知识的锐减。简而言之,相比传统的方法,组织性知识的额外任务应该是更少的。而组织性知识的额外任务实际上属于教育知识管理的议题。教育知识管理议题的总体目标就是要变革知识的来源及内容流动的指向,就是要在各种学习共同体中创造更大的透明度,就是要拓宽教育工作者的专业性项目选项。本书所提出的一个衔接性目标就是为创造学习提供空间和场所。这样的学习空间既受到差异性的影响,也有计划性地利用多样性作为了解教育及社会的一种策略。

知识管理也存在悖论。一方面,尽管人们可以是生活世界的不可知论者,但人们对了解教育、社会及多样性感兴趣,而有些生活世界的事物是部分或全部否定这些认知可能性的。在教育领域，出于尊重差异性，人们可能对不同的教学方式、课程和教育表现出不可知论性，也可能对学习内容的主题及学科性叙事表现出不可知论性。另一方面，人们既对变革议题感兴趣，又对变革性议题的差异性感到不满意。这就意味着，人们希望出现一种更宽泛及更模块化的学习乐章节目；同时，它意味着，学习应该将学习者带入新颖且具有潜力的变革性场所中。

二、通识教育设计的重点领域

当下变革日益激烈，因此投入旧有（传统）的发展教育的方式不是最合适的推动教育发展的方式。《新学习：澳大利亚教育宪章》描述了国家在通识教育方面的变革重点。① 澳大利亚提出，为应对时代的非同一般的挑战，社会及个人转型的关键是人们必须拥有知识，澳大利亚必须学习；因为（2008 年）金融危机而出现的经济系统转型，需要有足够的人力方可实现；人的能力只有教育可以培育，培育人能力的基础是深度知识、实践性想象力、创造性参与、对知识的猎奇心及协同性参与；培育人的教育不仅是知识精英的职责，而且也是包括劳动力及更广泛的社会在内的各个方面的职责。从长期看来，将机会拓展到那些因贫穷和歧视而被边缘化的群体中，几乎取决于整个教育体系的责任，其中包括降低高中辍学率，提高大学入学率，在社区学院为那些因经济全球化而落伍的成人安排终身学习计划。与现代的传统式知识系统相比，正在涌现的数字信息技术需要人们更大程度的参与，因为数字信息技术使得一些界限模糊，使得人们日益难以区分到底谁是作者和受众，谁是创造者和消费者，以及谁是知识创造者和知识运用者。移民、全球性及多样性需要培育公民的冲动及动力（尽管公民在生活体验、阅历及

---

① Kalantzis, M. & Cope, B. (2001a). New learning: A charter for Australian education. Canberra: Australian Council of Deans of Education.

人生感知等方面存在巨大的差异性）；这种冲动与动力的基础建立在对群体自我管理的新范式上。为适应这些新需求，澳大利亚必须变革学习体系，必须在认识论及存在方式上做出相应的变化，并设计出符合信息技术发展的教育行动计划。

（一）聚焦新基础知识

澳大利亚认为，国家在关键的基础领域已经落后了。澳大利亚不但在科学领域、数学领域及技术教育领域存在危机，而且在素养教育领域也存在危机。澳大利亚基础领域的标准在下降。同时，澳大利亚学生的全球化竞争能力处于危急中。尽管澳大利亚实际上存在危机，但相比之下，在出现的各种危机中，按难度顺序，也许更深层的困难是当下通过课程框架及评价过程进行可测量的变革。

首先，变革重点涉及课程界限与课程内容。科学、技术及数学这三个领域的基础知识已经转移到基本的知识与实践新领域（如纳米技术、网络信息学及环境可持续性等）；素养这个领域的基础知识已经转移到了基于多媒体的深度、多模态语境中；基于多媒体的深度、多模态语境教学涉及人们的工作和个人生活的各个方面，其间还结合运用书面语、口语、图像、声音、身势语、触摸及空间等不同手段。通过学习，我们的目的是应对当下人们面临的关键挑战；实际上，我们所需要学习的知识和实践的工作任务已经超越了传统学科设计的范畴。为此，我们既不能老是简单地按照已经习以为常的传统学科领域分类向学生教授知识和实践，也不能期望这样的教学总是与现实相关。

其次，变革重点涉及对基础领域知识的认识论基础的变革。在许多地方，自上而下的知识权威与应用的系统正被更具理论基础和对话团体的知识创造系统快速地代替。无论是在工作场所的产品，或是市场研究、学校中的学习设计、医院中的临床知识管理、地方政府出台的环境政策与实践，还是社区非营利组织中各种不同团体的行动计划，人们都可以看到，当今社会需要的是一种能创造自下而上知识的新能量。第一，通过多种来源的、经过批判性分析与诠释的事实和概念，不同的个体及群体使用可得的知识资源；第二，人们对上述知识资源进行重构、重做、重新设计、重新校准及再次应用；第三，重新阐述建立在地方经验与实践性的巧妙处理基础上的观念或想法。这样一来，每个员工或社区成员就成为知识创造者。或者说，那就是行动问题了。①

最后，变革还应重点关注代性因素。代性因素主要体现在社会出现的“参与的一代（Generation P）”身上。仅以生活在新媒体环境下的年轻人为例，他们不仅是电视的观众，他们还是电脑游戏的玩家；在玩电脑游戏的过程中，他们担任主要角色，且其行为和身份可以部分地决定叙述结果；他们不仅是电台音乐播放列表前 40 首歌曲的歌迷，他们也在自己的个人听歌设备上创建自己的播放列表；他们不仅是所播放的电视的普通消费者，他们也会从数以千计的电视频道及 YouTube 上无数的电视剪辑中选择自己喜欢的内容；电视是互动性的，他们还会选择自己喜欢的观看角度，甚至自己制造电视节目，并上传到网络上与他人共享；当今的识读能力教学需要的不仅仅是读者，还经常需要体验；阅读时，他们不能仅仅是读者，他们还要成为作者——要将自己的体验心得上传到网上；他们不仅是预包装产品的普通消费者，他们也是制造产品的专业消费者；专业消费者允许普通消费者定制产品，甚至还鼓励普通消费者为了其他消费者而设计产品的形状。所有这些都是“参与

① Kalantzis, M. (2006). Changing subjectivities, new learning. *Pedagogies: An International Journal*, 1(1): 7 – 12.

的一代”的特征。①②③ 可见,传统的知识与文化关系已经被深刻瓦解了,或者说我们至今一直用于描述以下这些关系的二维鉴别化的术语已经被极大地破坏了:创造者/受众、生产者/消费者、作者/读者。导致这些变化的关键原因是,原先文化和知识更多的是被动接受的,现在认知和实践性输入已经被大大强化了;文化与知识的认知和实践性输入出现的强化现象,表明那既是一种知识和文化流动基本方向的转向,也是一种创造力量与认识力量平衡的转型。

“参与的一代”,无论是好还是坏,都代表了一种新个体形态;这种个体对支撑传统、说教式教育的指挥与遵从关系一定是不满意的。不管怎样,我们的课堂上就存在着这样的一代年轻人,他们很快就会对现在的学习环境感到厌倦,并因为这样的学习环境而感到挫折,最终无法激发自己最大的智力及活动能力。如果我们不重新设计教学方法的话,我们最后很有可能会日益面临学科问题和注意力缺陷等弊病。这些弊病继续发展下去的话,可能导致大麻烦,并导致人们提出极端的社会认识论。

为此,澳大利亚必须应对这样的挑战。对于这样的“参与的一代”,所处的社会条件正在变化,因此,为了他们美好的生活,新基础领

---

① Gee, J. P. (2003). *What Video Games Have to Teach Us about Learning and Literacy*. New York: Palgrave Macmillan; —. (2004). *Situated Language and Learning: A Critique of Traditional Schooling*. London: Routledge; —. (2005). *Why Video Games Are Good for Your Soul: Pleasure and Learning*. Melbourne: Common Ground.

② Jenkins, H. (2006a). Confronting the challenges of participatory culture: Media education for the 21st century. Chicago: MacArthur Foundation; —. (2006b). *Fans, Bloggers and Gamers: Exploring Participatory Culture*. New York: New York University Press.

③ Haythornthwaite, C. (2009). Participatory Transformations. Cope, B. & Kalantzis, M. (Eds.). *Ubiquitous Learning*. Champaign, IL: University of Illinois Press.

域的知识内容应如何变革才能进一步适应新变化？这一代人的个性倾向是什么？他们的感受力如何？他们的态度、立场又是什么？他们能否驾驭变化，承担责任，解决问题，协商差异性，解决冲突，进行评判性思考，采取革新性行动，实施经过充分权衡的冒险，具备协作精神，在工作中展示灵活性？所有这一切，都是值得研究和探究的问题。

（二）创造更具应对性的学习反馈系统

人们往往认为，教育是包治百病的时尚良方，国家（地区）对教育实施哪怕是一丁点的干预，也会产生神奇的总体效果。实际上，社会上的这种看法往往使教育深受其害，并成为这种看法的牺牲品。如果人们关注一下过去几次流行的教育解决方案便可发现，测试驱动的问责制也许是得到最广泛推动及不遗余力实施的方案。

但恰恰是从20世纪90年代以来，研究认为，基于测试的问责制的局限性达到了前所未有的状况，人们对此是历历在目，记录在案的。[①②③] 理想上，各种测试时间不能太长，要在几个小时内考完，且可通过机器可读。测试方式的逻辑是这样的：测试往往测量分离式知识项目，尤其是可以判断对或错的项目，而且这样的项目选自从理论中总结出来的界限清晰及孤立的事实和名言。同时，测量所用的工具不一定是最适合这些测试项目的，因为测试所用的工具目前所处的时代是：要考察的问题有时复杂且出现歧义，所列举的事实出现争论，所运用的理论可开放解读。此外，由于测量人们乐于可测的内容，它要求测试必须构建一种有限定的课程，如限定于诸如阅读理解这样的接受性能力，而非诸如写作这样的产出性能力范畴，因为，产出性能力的测试更难，

---

① Ryan, K. E. & Shepard, L. A. (2008). *The Future of Test-based Accountability*. New York: Routledge.

② McGuinn, P. J. (2006). *No Child Left Behind and the Transformation of Federal Education Policy, 1965 – 2005*. Lawrence, KS: University Press of Kansas.

③ Abernathy, S. F. (2007). *No Child Left Behind and the Public Schools*. Ann Arbor, MI: University of Michigan Press.

且测试成本更高。当下的测试大多是记忆性的内容，人们也非常方便使用触屏手段。通过点击屏幕，人们可以逐步得到实证数据答案，形成概念定义，得出因果关系。因此，当认知日益被加以分类，且知识日益呈现集体性时，各类测试就显得要关注个体性了(如成立各种学习组织，进行知识管理，建立实践共同体等)。特别是，当学习变成一种融合性问题时，测试就形成了认知上的“我脑海中的(事物、事情等)就这个意思”的偏好。所谓融合，即概念化与实践性展示、分析与应用、体验与理论化的结合。当测试变得更有用，且能够提供一种指向学习者不断得到提高的持续性、形成性反馈时，测试就代表着一种生产线的终端，即评估质量控制模型。测试是一种问责模型，通过这个问责模型，活动在均衡时间内得以评价，学习者的学习结果至少要达到最基本的底线要求。当学习者达到最基本的学习结果时，那就表明学习者在更短的或更长的时间框架内掌握了大部分最重要的学习内容，同时他们获得的学习结果是效用性的，而非仅仅是分数或成绩等级的表现。实际上，澳大利亚当今的测试测量的是考试技巧，它们不是真正的测试，因为它们所测量的只是其转义(Tests test for tricks and tropes of tests)而已；它们所测量的是学习者在多大程度上可以玩好这个奇怪的、超俗的、猜测答案的游戏而已，因为在玩这个游戏过程中，学习者猜测答案手段的高低就可表现其成绩分数的高低。

因此，国家的测试和问责体制需要进行根本性的改革。澳大利亚认为，如果国家实施以下任何或全部的行动，那么国家实际上便可比以往进行更多的测试，而且可以测试得更好、更有效用，这样一来，国家的教育就会更加有绩效、更加透明。

✓ 更多的考察学习。应该通过测试学习来帮助学习者，以便他们有更多的学习愿望，而非让学习者把测试主要当作一种奖惩性或实施学习计划的措施。近几年来，国家为了问责的目的已经以牺牲形成性评价的代价来强调终结性评价了。国家根本不需要太多的终结性评价，国家尤其不需要对学习者没有任何直接用途及鼓励作用的终结性评价。

✓ 提供日常生活与工作的信息反馈评价。因为日常生活与工作的信息对学习者和教师来说是有用的和即可运用的,而且日常生活与工作的信息提供循环融合的反馈。这样的反馈先是综合到课程中,接着进行课程设计;课程设计包含了从反馈中增加的评价内容;通过评价,它会反映这样一个事实:如果没有系统性嵌入的反馈,就没有学习活动。

✓ 逐步测量复杂的行为表现(这种行为表现即一种科学实验;通过科学实验,学习者制作一部短片,并在某个共同体上公开论述)。行为测量的内容要达到人们认为可以进行拆开成为分离的、非歧义性的事实及定义性的理论阐述的程度。

✓ 进行开卷的评价,因为国家需要评价的不是学习者认知的内容,而是学习者发现的内容。

✓ 设计考量合作性学习的方法。考察合作性学习不仅仅是要考察整个群体的合作性程度,而且还要对有鉴别性的任务分配提供多种视角及证据。

✓ 抛弃关注结果分布的运动逻辑。根据结果分布的运动逻辑,运动中一定有输者,以便区分出赢者;如有必要,根据法定的统计数据,必须有部分是输家,以便能让其他人(相对而言)成为赢家。假如国家设定的目标是达成全球性成功,或达成定制性学习结果的人性化成就,那学生就不一定成为失败者。

✓ 变革动机型评价结构。无论动机型评价结构是为了让学习者产生一定程度的焦虑或担心失败,或者是使学校无法满足一年一度的一般测试进度,国家都要实施变革。

✓ 将判断性反馈(因为判断性反馈最后大多不加考虑地转为等级)转化为建立在学习任务基础上的建构性反馈。换言之,在描述人们进行知识加工的进程时,要将"知识任务尚未完成"的观念转化为"知识任务总是在进展过程中"的观念。这样一来,人们便总是可以利用反馈来阐明、完善、细化或拓展知识。

✓ 提供数字档案袋,以展示学习者学习进展情况。对那些希望了解或需要了解学习者学习情况的人来说,这很必要。同样,相对索然无味的等级分数来说,数字档案袋显然对了解学习者的情况要更有效得多。

✓ 创造一种学习和评价的环境。从核心的设计上看,这样的学习和评价环境能够通过多元评价反馈(如自我反馈、同伴反馈、教师反馈、批判性朋友的反馈及父母的反馈)提供考察者的评价等级。实际上,考察者是通过权重来进行等级评定的,是一种奖励性的等价评价,也是有用的。当今的社交网络技术已经使得这样的学习与评价环境较方便达成。实际上,评价等级及评论就是新的、参与性的媒体的有机组成部分。与传统测试的孤立性隔离相比,它增加了对学习社交性的评价。同时,与传统的非指向性的、纵向评价相比,它创造了一种横向评价。通过横向评价,学习者习得内容得以传递给受众。

✓ 部分反馈与评价要实现自动化。自动化反馈与评价的实现需要发展学习者从事数字空间的潜能,其中包括自然语言加工机制、范畴限定的语义标注,以及以更智能、渐进的方式处理学习中的噪声数据的机器学习算法。

✓ 发展新的测量心理学。这种新的测量心理学能够阅读多种来源的关于学生学习的数据信息。不管这样的数据信息是源自社交性的或是自动化生成的,新的测量心理学也能随着时间的推移在不同年龄群体中对他们进行解读(不管是个体的进步还是伙伴的进步)。

(三) 改进教学方法,以满足多样性学习者的需要

首先,通过教育,历史性想象力的熔炉同样给每个人提供了参与社会流动性的机会。流动性即对学生达成普遍及一致性教育标准承诺的奖励。从过去的实践看,国家的体系无法提供平等机会;但在新的公民时代,人们不再接受这样的失败了,因为从实践及原则方面来看,在民主社会中,人们也不一定非得是一样平等的。要知道,这就是民主随着公民权利、身份认同、文化多元主义及全球化而来的新承诺。何况,人们相信,这不仅是因为公民权利的特性所致,而且大多是出于经济上的实用性所致。也就是说,获得良好教育的不平等促进了收入不平等的上升。

其次，在信息技术时代，澳大利亚也面临着一系列亟待解决的问题。这些问题包括：①各种共同体、产品及服务关系中，需要通过存储巨大又多样化的新媒体而加以协商的人的差异中的可变因素是什么？特别是，各类学校中人的差异中的可变因素又是什么？只要分析人口总类别，它即刻让人们了解其中的差异，这些差异主要是物质上的（如社会-经济等级、地域、家庭环境等）、身体上的（如年龄、种族、性、性别、身体与心理能力等）及符号上的（如文化、语言、语法性、身份认同等）。① 这些差异在个体间以独特的方式相互交织、相互作用。如今，人们比以往都更加认识它们的重要性及细微差异。②由于对个体差异分类过于简化，对群体内生活体验的过度一致性概括，以及对他们的需要不靠谱的预测，因此，这些人群往往同样让人们感到失望。这样一来，人们如何认定那些处于危机中的学习呢？同样，人们如何看出学习者的学习轨迹，并为他们量身定制学习计划呢？人们如何通过谨慎测量的方式，以差别性处理学习者的方法来提升平等教育机会呢？人们如何跳过教育系统看待到底是哪些人掉队了？原因何在？

最后，在新时代，为迎接挑战，澳大利亚必须将支撑深度多样性的各个维度纳入分析范畴。例如，在设计学习时，要直接联系生活叙事（如体验、网络及归属场所等），要从多样化（如人物间的密切性程度、从属程度、兴趣、立场、价值观念、世界观、个性及敏感性等）方面考虑，要应用发散性的风格（如认识论性风格、推论性风格、人际关系性风格及学习性风格等）。

正是基于以上的考虑，澳大利亚要改革教学方法。改革的最终目的是革除20世纪主导的一切均是“大”的有害行为，如大市场、大众文化、大众社会、大众教育。具体对于教育系统而言，在数字时代，国家需要改革的是共同课程及“一刀切”式的教学，代之以旨在达成对等性或

---

① Kalantzis, M. & Cope, B. (2008). *New Learning: Elements of a Science of Education*. Cambridge: Cambridge University Press.

可比性结果的定制性学习,而且这样的结果不一定非得是一样的。为了达成这个目标,国家需要的新教学方法首先应该是积极并有意识地将学习者的知识与经验带到课堂中,然后利用学生的差异性作为来源,进行合作性学习。为此,每一个学生不能在同一时间学习同样的课文内容。尤其是,由于数字时代让定制性学习设计变得容易记录、方便存储、教师共享、单个学生直接传递和同步,"一刀切"式的教育尤其不可原谅,必须改革。

(四) 发展培养全球性与地方性公民的教育

首先,澳大利亚的教与学的目标宽度不够,且通常是面向地方性的。正因为如此,国家的教学适切性往往不够,无法适应当前全球连通的实际。因此,在全球化环境下,有必要考虑课程的新方式。之所以要这样做,是因为当下的教育需要更多地关注其跨越文化、经济及人际关系维度的独特性。中小学和大学需要认识它们的变革性力量,以及它们应对当前各种全球化变化的能力。实际上,当下教育面临的环境已经被全球化加以重塑了。

其次,尽管人们对于全球化的讨论和论述已经有多年了,但其中部分讨论或论述只是噱头而已,当下国家更多的是需要进一步加深理解,即广泛的全球性变化正如何有助于将世界整合成为一个广泛的社会及经济系统。例如,信息通信技术的最新发展涉及挑战传统界限的知识的生产和交换,知识的生产和交换形成了产品走向和国际市场整合的主要发展趋势。国家性的制度尽管在全球化环境中仍然发挥着重要作用,但今后必须参与全球性过程,否则就会面临着被淘汰的可能。国际性竞争与技术上的不断变革与工作场所密切关联。在全球化背景下,工作场所不但正变得更加综合,其数量也日趋减少,而且还需要更高层次的认知及交际性能力。后福特主义愿景下的扁平化的组织结构需要更高水平的参与,需要强有力的团队,需要多层面的技能及终身学习的能力。未来的工作日益受到国际环境的影响,如技术、劳动、变革管理等。国际性竞争优势取决于机构和人的持续革新的能力,换言之,通过这样的工作场所,员工可以从中将自己获得的技能和知识进行判断后运用到实践，从而迎接技术和竞争的需要。

最后，不断变化着的全球知识经济也是当下环境的特点。其特征主要表现在如下五个方面：①知识的国际性分布及全球性获得的速度越来越快，几乎以几何幂数的速度快速发展；②知识创造中心的传播越来越广泛；③聚焦于通过知识性调节的全球性行业与服务发展非常迅速；④出现了全球范围内获得并控制知识的变化；⑤涌现了考虑将知识和变革进行联结的新方式。此外，传统的知识和文化之间的联结也正在发生变化，人们对知识创造与运用是通过文化来调节这样的关系有了更多的认识。知识经济正在变化的特性涉及错综复杂的全球与地方之间的关系。因此，知识运用与革新的特性要求将地方性要素和全球性加以同步考虑。之所以这样做，有两个方面的原因：第一，用文化的术语来说，地方现在得以全球性重塑；第二，通过因全球化而引发的正在变化的社会关系这样的视角，这些宏大的变化趋势突出强调了考察全球化的重要性。在新的环境下，国家关系、地理及认同性等界限不断发生变化，正在出现流动与转移。国家正在经历的变化部分是因为日益面临的文化多样性的影响，如国际新闻和媒体、信息通信技术、消费产品、更大程度的个体及就业的流动性等。在文化全球化过程中，这些新的影响要素对于人们来说，不管是同质性或者是异质性，它们都是压力；同时，这些新的影响因素也是一种本地化的文化认同与全球化文化实践的再现。从语言的角度看，全球化环境即指某种强调经济关系的文化的各个方面，以及发展适应地方需要、价值观念及传统关系的产品需要的话语。

因此，澳大利亚认为，全球化对国家教育的启示既是复杂的，也是中肯的。不管怎样，国家要致力于教育国际化的变革。而教育国际化的一个可能定义是既要把它看作是全球化过程的一种表达，也要把它看作是一种对全球化过程的应对措施。至于人们认可的全球化语境的内容与教育目标之间的关系，那就不是简单的关系了，因为被认为是“语境”的内容要素永远不会不言而喻，而且常常要求人们加以诠释。对全球化过程的描述是有高度争议性的，往往众说纷纭，就如同对如何最合适地解释、适应、应对全球化过程,或实际上如何利用全球化过程并化成人们的比较优势等问题的探讨一样,人们往往存在不同意见。由此,在课程设计上,国家就需要考虑课程的国际化。一方面,通过课程的国际化,国家要努力给学生提供探究能力及分析能力的课程方法,而非仅仅给学生提供一套全球化事实的课程方法;另一方面,由于国家正面临着快速变化的知识经济,因此,学生们需要培养问题意识能力,以便他们能够认定知识来源,评估其合法性和正当性诉求,考察其地方相关性和重要性,决定其用途及应用,并推断其受到挑战和驳斥的方式。此外,对知识创造与运用的反思性与批判性思维能力要求学生不但具有某种全球性想象力,而且不管地方性如何细化其运用情况,也要求学生具备决定知识得以全球性联结的能力。①

(五)发展可持续发展的教育

过去30多年来,环境教育已经日益影响着世界层面及国家层面设计教育与环境公共政策。在设计过程中,环境教育促进了国际层面及国家层面加强其课程领域的设计,涉及生态学、社会学、经济学及健康教育等不同领域。

然而,尽管环境教育在学校教育中得以确立,但不同学校的思想及行动方式上出现了非常大的差异,主要是因为学校之间偶尔出现的利益冲突。环境教育是一个多学科离散领域,其重要性既表现在当前政策的可持续性发展及能源效能性与保存性方面,也凸显在应对时代困难问题时它对于建立新型的社会认同过程的促进作用,因为随着这个新的学习领域的确立,学习课题已与环境教育的原有议题大不一样。一方面,新的环境教育与学习课题互相交织在一起,涉及自然主义、保护主义及其他行动方案;另一方面,对于居住在自然及城市环境中的不同人类群体而言,人们更注重的是在没有考虑群体社会变化的需要及预期情况下的环境保护。

---

① Rizvi, F. & Lingard, B. (2009). *Globalizing Education Policy*. London: Routledge.

因此，基于当今环境的实际，澳大利亚需要设计更新的对科学和基于科学的环境政策与教育课程及教学方法相结合的承诺，以提升环境议题意识（尤其是涉及某些需要保护的领域、某些物种的保护、环境变化等方面的议题）、政策可持续性意识，以及环境保护对于国家商业、工业及公众生活意义的意识。尤其是，在F—12教育系统中，环境教育中新的强调内容必须与世界各国政府对能源政策的可持续性及与环境议题的关注相衔接，特别是那些针对新能源效能及发展可替的、可再生能源的新政策，是环境教育中需要增加的内容。① 例如，陈旧的环境教育概念要用新的可持续发展概念来取代，因为可持续发展的新概念已日益为各种流行的经济发展模式提供基础。这与寻求通过市场办法解决世界性环境问题是一致的。再如，排污权交易也是一个世界性的环境问题。通过排污权交易，可持续性就受到了新市场理性主义的驱动。然而，就算是这样明显的直接性解决方案有时既会与生物机体——即动植物——不一致，也会与其网络的主要组织原则不一致；须知，新古典经济区位理论提出，"经济人（Homo economicus）"的核心是个体、理性及自我兴趣。针对这些假设，人们提出了与环境相关的问题，即自然的、社会的及信息上的问题；特别是，人们提出的问题也与澳大利亚下议院及被认为是跨越时间表和人类自然生命周期循环的外星复杂动植物相关。所有这一切既说明了可持续发展教育问题的复杂性，也说明了发展可持续发展教育的迫切性。

总之，时代的复杂性表明了国家迫切需要变革中小学、大学等学校系统的环境教育；通过变革环境教育，促进、提升、发展各种形式的理解、身份认同及公民身份；环境教育变革还必须与当下人们特别强调的清洁能源、绿色工作、绿色技术及与之配套的各种手段与措施相一致。同样，人们还必须理解：环境教育、公共政策及道德伦理在理论和实践

---

① González-Gaudiano, E. (2005). Environmental education and education for sustainable development. *Policy Futures in Education* (Special Issue), 3(3): 243-250.

上已经出现了飞速发展的趋势，已经从人类中心论转向了系统思维，从工业资本主义转向了“绿色资本主义2.0”，从依赖基于石油的经济转向了效能型、自足自给型、可再生型的绿色能源系统。

三、当代澳大利亚通识教育变革行动设计

基于澳大利亚的教育改革宪章，2008年12月，澳大利亚教育、就业、培训与青年事务部长理事会（Ministerial Council on Education, Employment, Training and Youth Affairs）在墨尔本发布了关于教育目标的《墨尔本宣言》。《墨尔本宣言》与《赫巴特宣言》（1989）及《阿德莱德宣言》（1999）一脉相承。如果说在《赫巴特宣言》和《阿德莱德宣言》中，州、地区及联邦教育部长们均承诺要共同合作，以确保为所有澳大利亚年轻人提供高质量的学校教育的话，那么，《墨尔本宣言》充分认识到世界上的一些主要变化已经对澳大利亚教育提出了新要求：在21世纪，澳大利亚为所有人提供高质量生活的能力将取决于参与知识与革新的全球化竞争的能力。教育武装了年轻人的知识、理解、能力及价值观念，以便他们利用机会并有信心面对时代的挑战。①

（一）设计明确的通识教育变革目标

澳大利亚认为，提高所有澳大利亚年轻人的教育水平既是国家社会及经济繁荣的关键，也能确立年轻人未来过着令人满意的、富有成效的、负责任的生活。因此，国家必须将培养澳大利亚年轻人放在核心地位，而要实现这些教育目标，各级政府、学校部门及具体学校、家长和监护人员、澳大利亚年轻人、家庭、其他教育与培训机构、企业及更广泛的社区将要共同担负责任。以下是未来澳大利亚教育变革的明确目标。

---

① Ministerial Council on Education, Employment, Training and Youth Affairs. (2008). *Melbourne Declaration on Educational Goals for Young Australians*. http://www.curriculum.edu.au/verve/_resources/National_Declaration_on_the_Educational_Goals_for_Young_Australians.pdf.

目标一：促进澳大利亚学校教育的平等与卓越

澳大利亚各级政府与所有学校部门都要投入促进澳大利亚学校教育的公平及卓越中。为此，他们必须做到以下几点。

（1）为所有学生提供高质量的学校教育，不论学生的性别、语言、性取向、文化、种族、宗教、健康或残疾、社会经济背景及地理位置等属于何种情况，他们的教育均不应受到歧视。

（2）确保学校将地方文化知识及土著（本土）学生体验成为学生学习的基础，并保证学校在学校教育的各个方面与地方性共同体形成伙伴合作关系[其中包括促进土著（本土）学生高预期的学习结果]。

（3）确保土著（本土）学生的学习结果与其他学生得到同步改善。

（4）确保社会经济条件不利情况不再成为影响教育结果的显著性决定因素。

（5）减少不利要素（如残疾、无家可归、难民及偏远地区）的影响。

（6）确保学校教育为促进有凝聚力的社会做出贡献，一个团结的社会必须是尊重并欣赏文化、社会及宗教多样性的社会。

（7）鼓励家长、监护人员、家庭、更广泛的社会及年轻人自己对教育结果提出高的预期。

（8）促进所有学校形成卓越的文化，途径是支持它们提供挑战，鼓励所有学生探索，并为有天资和才能的学习者创造体验与机会。

（9）促进旨在实现各个澳大利亚年轻人多样化能力的个性化学习。

目标二：要培养所有澳大利亚年轻人成为成功的学习者、自信而有创造力的个体、积极而有教养的公民

为把年轻人培养成为成功的学习者、自信而有创造力的个体、积极而有教养的公民，澳大利亚要设计具体和细化的指标要求。表4-1是具体的要求。

表 4-1 澳大利亚的通识教育目标与要求

目标	要求
成功的学习者	• 培养自己的学习能力,并在自己的学习中发挥积极作用; • 掌握识字和算术的核心技能,把技术(尤其是ICT)看作是所有学习领域成功的基础,并成为技术(尤其是ICT)的创造性及富有成效的使用者; • 能够开展深度逻辑思维,并在学习了基础性学科后以学科性思维方式获得评估; • 足智多谋,既富有创造性,又能利用一系列学习领域与学科的方式解决问题; • 能够独立规划活动,通过团队进行合作与分工,并能进行沟通; • 能够认识其所生活的世界的意义,并能认识事物的本来面目; • 在继续深造、培训或就业过程中,处于持续走向成功的路径,且习得了一生中可做出明智学习及择业决定的技能; • 受到发挥自己全部潜力的激励。
自信而有创造力的个体	• 感受到自我的价值,拥有自我意识与人格同一性,并能够管理好自己的情感、心理、精神及身体; • 拥有对人生及未来的进取乐观精神,展示首创精神,并能运用自己的创造性能力; • 培养诸如诚实、适应力、移情及尊重他人的个人价值观或特性; • 拥有建立与维持健康且令人满意的生活所需的知识、技能、理解力及价值观; • 拥有从事能得到有回报及富有成效就业的大学或中学后职业学历证书所需的信心及能力; • 与他人关系融洽,且形成并维持健康的人际关系; • 为成为家庭、社区及劳动力成员等潜在生活角色做好充分准备; • 对自己的人生,能够把握机会,并做出理性而明智的决定,且能对自己的行为承担责任。
积极而有教养的公民	• 行为符合伦理道德; • 欣赏澳大利亚社会、文化、语言及宗教的多样性,了解澳大利亚的政府、历史及文化制度; • 理解并承认土著文化,为澳大利亚土著人与非澳大利亚土著人之间的和谐做出贡献,并受益于他们之间和谐的知识、能力及理解; • 致力于民主、公平及公正的国家价值观,并投入澳大利亚公民生活中; • 能够与跨文化(尤其是亚洲国家的文化)联动,并与之交际; • 为了共同的目标工作,特别是为了可持续、不断改进的自然及社会环境的共同目标工作; • 作为全球性及地方性公民而承担责任。

来源:Ministerial Council on Education, Employment, Training and Youth Affairs. (2008). *Melbourne Declaration on Educational Goals for Young Australians*. http://www.curriculum.edu.au/verve/_resources/National_Declaration_on_the_Educational_Goals_for_Young_Australians.pdf.

（二）设计通识教育变革行动承诺

澳大利亚各级政府与所有学校部门及更广泛的社会共同协作，努力实现为了澳大利亚年轻人的教育目标。澳大利亚政府承诺将通过以下 8 个相关领域的行动加以援助。

1. 发展强有力的伙伴关系

家长、监护人员与家庭是学生生活的第一及最重要的影响因素；他们逐步灌输给学生的态度及价值观念将支持学生参与学校教育，并为更广泛的地方及全球性共同体做出贡献。

学生、家长、监护人员与家庭、更广泛的社区、企业、学校及其他教育与培训机构建立伙伴关系带来的是互利，并使学生的投入及成绩达到最大化。伙伴关系不但有助于年轻人及其家庭的发展与幸福，而且还可为澳大利亚年轻人联系社区、参与公民生活并发展公民责任等提供机会。

尤其是，基于尊重跨文化的学校与土著（本土）共同体伙伴关系的发展，是土著（本土）学生实现高度有效的学校教育的主要方式。

总之，澳大利亚各级政府承诺与所有学校部门合作，既努力确保学校融入澳大利亚年轻人、家长、监护人员、家庭、其他教育与培训机构、企业及更广泛的共同体一同通过学校教育来帮助学生进步，也努力为学生提供丰富的学习、个人发展及公民教育机会。

2. 提供高质量的教学及学校领导

在澳大利亚学校工作并从事澳大利亚年轻人教育的教师和领导人员，在实现澳大利亚年轻人教育目标上处于重要性地位。优秀教师有转变学生生活的能力，并有能力激励、培育学生发展成为学习者、个体及公民。优秀教师为学生课外补充诸如鼓励、建议及援助等资源，根据不同学生的学习方式实行不同的教学方法，为每个独特的资优学生提供滋养。

学校校长及其他学校领导在援助并促进高质量的教学过程中起着关键作用，他们采取的途径有两个：第一，通过辅导并监督教师找到促进学习的最合适的方法；第二，促进学校形成高预期文化。学校领导人员负责创造学习环境与条件，并使之形成可持续发展；而所创造的学习环境与条件能使高质量的教与学得以发生。

澳大利亚各级政府、学校部门及具体学校有责任共同协作，努力促进高质量的教学及学校领导力。各层次协作还包括提高教师职前教育水平。

总之，澳大利亚各级政府承诺与所有学校部门合作，努力为澳大利亚学校挖掘、培养并维持高质量的教学及学校领导队伍。

3. 强化早期儿童教育

澳大利亚各级政府在确保儿童接受高质量的早期教育与照料方面具有重要的作用。儿童从出生到8岁，尤其是出生后的前三年里，是为他们的社会、身体、情感及认知发展打下基础的时期。因此，早期儿童教育与照料既为儿童提高家庭内外生活与学习的基础，也通过健康、安全且有激励性的环境而得以援助。

参与了高质量早期儿童教育的儿童更有可能成功地过渡到学校，更愿意在学校待更长时间，更有可能继续深造，并在成年后充分参与就业与社区生活。对土著（本土）儿童的学前教育援助尤其重要，因为它旨在确保他们成功地过渡到具有文化差异性学习环境的学校教育中。

总之，澳大利亚各级政府承诺援助早期儿童教育的发展与强化，努力为每个儿童提供最好的人生起跑线机会。

4. 提升中间学年学生的发展

中间学年是学习的重要阶段。通过这个阶段，学生培养了基础学科（科目）的知识；但是，该阶段仍然属于学生不愿投入学习的最危险阶段。须知，中间学年学生的动机与投入是关键的，而且可能受到从小学高年级到初中一年级过渡时期教学方法调整的影响，因此，需要对处于中间学年时期学生的学习活动及学习环境加以特别考虑。重点关注学生的投入，并将学生的投入转化到学习过程中，这对学生的学习结果有重要影响。从小学有效过渡到中学是确保学生投入的重要方面。

总之，澳大利亚各级政府承诺与所有学校部门合作，努力确保学校提供适应中间学年学生发展及学习需要的学习计划；这样的计划还必须具有挑战性,且要让学生的投入有所回报。

5. 援助高年级学校教育及年轻人的转学

高年级学校教育既为所有学生提供从中学毕业所必要的高质量教育,也为学生过渡到继续深造、培训或就业做好准备。学校教育应该为所有澳大利亚年轻人提供一系列能满足多样化需要及施展抱负的路径,同时鼓励他们接受旨在保障就业的大学学习或中学后职业资格证书的培训。这要求学校与其他教育与培训机构、雇主及社区建立起有效的伙伴关系。

学校需要给学生提供信息、咨询建议及选择机会,以便学生可以对其未来做出明智的选择。澳大利亚各级政府与学校部门要帮助年轻人从学校教育顺利过渡到教育深造、培训或就业中,同时也要使年轻人能够习得相关的技能(包括终身学习的欲望)。为了年轻人,也许还需要援助他们在经过一段时间的就业后再进行教育与培训。

总之,澳大利亚各级政府承诺与所有学校部门合作,努力支持高年级学校教育,并提供一系列旨在促进在继续深造、培训及就业之间有效过渡的高质量路径。

6. 促进世界级课程的形成与评估

(1) 课程。

课程要加以设计,以便培养成功的学习者、自信而有创造力的个体、积极而有教养的公民。

各州、地区及联邦政府要与所有学校部门共同协作,努力确保澳大利亚实现世界级课程。国家课程与各州、地区及地方层面制订的具体课程要能够培养学生以下素质及能力。

①继续深入学习,并掌握成年生活需要的牢固的知识、理解、技能(能力)及价值观念。

课程要包含识字与算术能力课程。课程还应使学生能够建立社会与情感智能,并且能够使学生通过健康与体育来培养幸福。课程应援助学生,并让学生与他人形成良好的关系,同时还要促进对澳大利亚社会、公民及国家价值观的理解(包括通过学习公民道德教育课程)。作为继续深造学习与成年生活的基础，课程还要涵盖在诸如ICT、设计与技术等领域的实践性知识与技能发展，因为ICT、设计与技术既是通向澳大利亚技术型经济成功的关键，也提供了后学校时代成功的关键路径。

② 既掌握了使学生能够进行深造学习所需的深厚的知识、理解、技能（能力）及价值观念，也掌握了创造新观念并将新观念转化为实际应用的能力。

课程既要使学生掌握英语、数学、语言、人文与艺术等学科（科目）的知识，也要使学生理解生活的意义，即包含精神性、道德性及审美性等不同维度，还要使学生拓展思维。课程还应帮助学生在某个具体学科（课程）内掌握深厚知识，以便为学生提供进行跨学科创新及复杂问题解决方法的基础。

③ 强化灵活性与分析性思维的通用能力；通用能力既是一种与他人共事的能力，也是一种走向跨学科以发展新专门知识的才能。

课程要帮助澳大利亚年轻人培养多种类型与就业能力，以便他们能具体应用于工作世界、继续深造及培训中；这样的能力包括规划与组织能力、灵活思维能力、良好的团队沟通能力等。年轻人还需要发展创造性思维能力、创新能力、问题解决能力及新学科交叉融合能力。

（2）学习领域。

以下的学习领域要综合考虑课程的广度，要考虑学习的深度，要结合学生不同的发展阶段。学校及学校系统的职责是传递反映下列学习领域的课程计划，同时要适当、灵活考虑并决定课程传递在地方环境下如何得以最优化实现。

★ 英语

★ 数学

★ 科学（包含物理、化学、生物）

★ 人文与社会科学（包含历史、地理、经济学、企业管理、公民与道德教育）

★ 艺术（表演与视觉）

★ 语言(特别是亚洲语言)

★ 健康与体育

★ 信息通信技术及设计与技术

学习领域在各个学年层次上并非同等重要;唯一例外的是英语和数学,这是因为在学校教育的各个学年里,英语和数学属于重要的学习领域,也是学校教育早期学年的主要学习重点。然而,人文和社会科学同样重要,贯穿学生整个学校教育阶段的人文和社会科学的范畴更大,也随着学习的深入而不断具体化。人文和社会科学的每个学习领域都有特定的学科基础,且都属于跨课程应用。此外,环境的可持续性发展的重点领域要整合到跨课程中,同时,所有学生均应有机会学习相关的土著(本土)文化内容。

(3) 评估。

对学生进步的评估既要严格,也要全面。评估要反映课程,并结合运用教师及测试的专业性判断(其中包括全国性测试)。

确保学生成绩通过有意义的方式加以评价,各州、地区及联邦政府要与所有学校部门合作,以培养并提升国家及学校层面上的评估水平。评估的重点有如下几点。

★ 为了学习的评估:通过评估,教师能够运用学生进步情况信息,给教学提供启示

★ 作为学习的评估:通过评估,学生能够反思并监控自己的学习进步情况,并给自己未来学习目标提供启示

★ 关于学习的评估:通过评估,援助教师运用学生学习情况的数据来评价学生基于目标语标准的成绩

总之,澳大利亚各级政府承诺与所有学校部门合作,努力确保澳大利亚在国家层面与地方层面形成世界级的课程与评估体系。

7. 提高土著年轻人及弱势澳大利亚年轻人的教育水平,尤其是要提高那些社会经济背景不利的澳大利亚年轻人的教育水平

为使澳大利亚学校教育促进公平与卓越,各级政府和所有学校部门不但要提高土著(本地)年轻人及弱势澳大利亚年轻人的教育水平,

而且要鼓励这类年轻人的家庭及这类年轻人所在的社区对他们持有高的教育预期。

一般而言，在一些关键领域的教育结果方面，土著（本地）儿童及年轻人往往比其他儿童及年轻人的教育结果要低得多，这些关键领域包括注册入学率、到课率、识字、算术、留级率、毕业率等。为实现澳大利亚土著（本土）年轻人教育表现的高预期，就需要进行战略性投资。澳大利亚学校教育必须做到以下三点：

（1）融合土著（本土）学生及其家庭和所在社区，将学生、家庭及社区融入学校教育各个方面的始终；

（2）提高土著（本土）人口参与各个层面的教育劳动力中；

（3）支持形成针对学生及其家庭的协调性社区服务组织，以便提高他们富有成效地参与学校教育中。

社会经济背景不好的学生、来自偏远地区的学生、难民家庭学生、无家可归年轻人及残疾学生的教育体验往往是不利的。因此，定向援助可以有助于弱势澳大利亚年轻人达成更好的教育结果。

澳大利亚各级政府不仅必须帮助所有澳大利亚年轻人实现公平的教育机会，而且必须帮助他们获得更多的公平教育结果。

总之，澳大利亚各级政府承诺与所有学校部门合作，以便缩小澳大利亚土著（本土）年轻人的差距，为弱势学生群体提供定向性援助，关注低社会经济群落，提高他们在校成绩。

8. 加强绩效与透明度

对学校与学生、家长与家庭、社会及政府而言，高质量的学校教育的信息是重要的。

（1）高质量数据对学校与学生的重要性。

学校需要关于学生的可靠而丰富的行为表现的数据信息，因为相关数据信息体现了学校提高学生学习结果的主要绩效责任。

高质量的数据帮助各所学校提高其所有学生的学习结果。它不仅帮助学校获得有关学生进步情况的有效的诊断性数据，而且有助于学校设计高质量的学习计划。

(2) 高质量数据对家长与家庭的重要性。

有关具体学生、学校及系统的信息,有助于家长与家庭做出明智的决策,并投入学生的教育及学校共同体事务中。

家长与家庭有权获得以下信息及参与行动:

★ 有关学生学习结果的数据信息

★ 允许他们(家长与家庭)评估学校的整体行为表现,并参与提高学生学习结果的行动

★ 有关学校的办学理念及教育方法的环境性信息,以及学校的师资信息、课程计划及课外活动情况

★ 有关学校的入学注册情况

(3) 高质量数据对社区的重要性。

为确保学校因接受公共资助而要为达成的绩效负责,社区既应该获知政府做出决策的信息,也应该了解澳大利亚学校教育的现状及行为表现情况。向社区提供的学校的数据信息应该使社区提高对教育事业的投入。这些信息数据包含对所有学校的行为表现的全国性报告、环境性信息、有关具体学校学生入学注册情况。

家长、家庭及社区应该获知其学校与澳大利亚其他同类学校对比的行为表现信息。澳大利亚各级政府要通力合作,努力实现全国范围的、有可比性的学校教育结果报告系统。

在提供学校教育信息时,各级政府要确保校本信息的公布,并对所发布信息的真实性负责。任何学校公布的公开比较信息是公平的、准确的,并且是可以核实的;同时,所公布的数据信息还应包含环境性信息及系列指标。各级政府将不会自己设计联盟排名情况或排名榜,要保护学校的隐私。

(4) 高质量数据对政府的重要性。

各级政府需要有关学校行为表现的健全的信息,以便帮助学生、学校进行持续的改进与提高。

高质量的数据信息能够使各级政府做到:

★ 分析学校的行为表现达到何种程度

★ 认定学校的特定需要

★ 决定所需资源最合适的地方以便提高成绩

★ 认定最合适的实践与创新

★ 进行全国性与国际性的方法与行为表现的比较

★ 建立基于可操作性的实质性数据库

总之，澳大利亚各级政府承诺与所有学校部门合作，以确保公开报告达到以下要求：第一，聚焦于提升学校的行为表现与学生的学习结果；第二，既与地方性比较相关，也与全国性比较关联；第三，即时、一致且是可比较的。

（三）设计实现通识教育变革目标的途径

1. 实施系列行动计划

为实现《墨尔本宣言》目标，澳大利亚将实施一系列行动计划，首个行动计划开始于2009年12月。这一系列的行动计划将勾勒澳大利亚各级政府与所有学校部门合作的策略与行动。

这些行动计划将帮助制订联邦制的新承诺，该承诺鼓励澳大利亚实施最合适的教育实践，并使各级政府能够分享并运用知识。通过这样的方法，政府将分担成本，并受益于改革，以赋予每个澳大利亚年轻人真正的机会而成为成功的学习者、自信而富有创造力的个体、积极而有教养的公民。

2. 举办双年展论坛

具体学校与部门已经制订了许多革新性教育改革方案，其中最合适的方案经过调整有可能被全国共享。澳大利亚各级政府都要联合召集一个双年论坛。召集双年论坛，一方面是为了支持达成教育目标，另一方面是为了澳大利亚各州与地区、联邦政府、天主教及独立学校产生最优秀的改革实践成果。

总之，无论是学生及其家长，还是监护人员与家庭，不管是学校、教师、社区、企业，还是澳大利亚各级政府，只要大家信守承诺、积极投入、勤奋工作，那么所有的澳大利亚年轻人就会得到机会，并实现其充分的潜能。

四、结 语

总之，对澳大利亚而言，不管从何种角度考察，人们均感觉到了在未来关键热点上所面临的巨大挑战。无论是华尔街的金融还是底特律的汽车，它们看上去似乎是稳固的经济体系支柱，但它们已经突然间显示出并非我们原先所设想的那样稳固。不管是交通、食物、水资源供应，还是家庭，我们面临着在使用地球自然资源方式上的可持续性危机；新技术不但极大地破坏了传统的工作方式和生活模式，而且也出现了变化，即从传统的文化和知识产业拓展延伸到我们非常私密的公民生活中。为了工作及寻求更好的生活，人口也出现了大规模跨境移动；而且这样的迁移在过去几十年里快速增长，没有呈现丝毫下降的趋势。全球化出现的各种明显压力，使我们认识地球最终面临的威胁和机会，同时也是地方面临的威胁和机会。尽管我们在与各种不同的组织、不同的共同体及不同的国家妥协，但人类的多样性使生活的各个方面变得不一致了。实际上，在当今各个年龄段的人们为了未来时代而不得不应对一些深层次的实际挑战。

为此，澳大利亚认为，应对这样的挑战它们责无旁贷。实际上，我们一直都置身于适应挑战当中。由于当今面临的挑战已经够大了，因此，澳大利亚需要的不仅仅是做出适应性反应，而是要成为应对挑战的领导者及参与者。须知，知识和学习将会成为社会及个人用于应对时代特定挑战变化的关键所在。首先，应对当前危机中涌现的经济系统的变化需要教育提供人力，而且这样的人力只有教育才可以培育，因为这样的培育是建立在深度知识、实际想象力、创造性参与、好奇心及合作性投入等基础上的，这样的培育不仅仅是致力于成为领导者的知识精英的责任，更是劳动力大军及更广泛社会团体的责任。其次，将机会拓展到那些因为贫困与历史性歧视而被边缘化的群体身上，这将几乎完全依靠教育系统，其中包括降低高中的辍学率，提高大学的入学率，为因全球化而落伍的成人提供在社区学院中参加终身学习的计划，等等。最后,与最近的知识系统与文化环境相比,新兴的数字信息技术已经要求人们更高程度地参与,在此参与过程中,数字信息技术还会模糊作者和读者、创造者与消费者、知识创造者与知识使用者之间的区别。人口迁移、全球化及多样化,要求我们不但要培育基于群体自治范式的公民(尤其是不同个体)的热情,而且还要在人生体验及敏感性存在巨大差异的情况下培养公民的相互责任。

那么,基于现在的学习环境并通过这样的学习环境,澳大利亚如何才能更好地开始抓住时代稍纵即逝的重要机会呢?答案就是:变革,变革教育。

澳大利亚认为,教育即自我改变的过程。自我改变既能使人协商还没有发生的变化,也能使人协商确切出现的变化。从历史上看,使人发生改变的最简单的途径出现在代际,因为成功的代际交替要比其前辈在经济和社会方面表现得更好。在此过程中,教育发挥了根本的作用。实际上,在出现经济动荡及物质困扰的当下,教育变革越发显得紧迫。

于是,澳大利亚倡导,在当下,不仅是政府,而且更广泛的社区、企业、学校及其他教育与培训机构、教育工作者,同样要义不容辞地参与学习者变革过程中,因为学习者并非仅仅是单个人。教育既是社会的实验室,也是服务于社会的实验室。教育是一个探索各种思想和行动可能性的采沙池;在这个采沙池中,它有着最充足的变革可能性等待人们去挖掘;同时,在当前社会受到深度破坏的时刻,通过这个“采沙池”,各种建设性潜能不但可以得到最雄心勃勃的挖掘,而且还可以得到最实用性的利用。

第五章

当代澳大利亚基于信息技术学习设计中的课程设计

一、课程设计的必要性

（一）应对学习者的差异性

澳大利亚学者（如 Kalantzis，M. & Cope，B.）认为，学习者的主体性总是特定的，由于这种特定性，学习必须加以投入。其中，差异性是学习者特定性的突出方面。①

人的天性可以成为考察差异性理解的分界点。性别、种族和残疾提供了理解我们差异性基础的生物性或物质性出发点。但这只是起始。差异性同样是得到自我认定和社会性归因的。差异性得到自我认定与社会归因的时机即是文化沉淀于我们的天性和我们的社会差异性关系成为非常明显和关键性之时。差异性的范畴包括：①种族/民族及土著、移民、少数民族和殖民性地位，②性别及性取向，③社会经济群体，④区域性（全球性和地方性），⑤残疾。

通过规范性议程安排，差异性成为某种行动计划的基础。持续的现实差异性的结果，形成了多样性的变革代理。由于人们生活在差异性事实中，故教学也应采取多样性。尽管存在许多历史和当代差异应对措施，但因为存在种族主义、歧视和系统性不平等，这样的差异性应

① Kalantzis，M. & Cope，B.（2004a）. Designs for learning. *E-Learning*，1（1）：38－93.

对措施很难称得上是真正的多样性。作为一种规范性社会议题兼社会计划,多样性同样是系统性的排斥、孤立或同化对比的替代物。

然而,差异性有时不足以成为一个有用的概念,多样性计划也会产生不良效果;特别是在以总人口为统计基础的推广过程中,在考察他们的学习方式、交际风格或社会经济不利条件时,情况尤其如此。

当然,总人口的差异性确实反映了强有力的现实情况,即反映了有关性别、年龄、种族/民族、区域、社会经济群体及残疾方面的情况。这些人口现实似乎一定对教育和社会性结果产生影响,但它们本身并不是影响学习的因素。总人口被称为"差异一"。

支撑总人口要素的是人的特性,人的特性支撑着这些差异性。人的特性包括经验、兴趣、对世界的看法、价值观念、个性、情感、交际风格、人际关系风格、思维风格等。这实际上就是认同的原材料,即教职员的生活世界。一些学者(Husserl,E.; Cope,B. & Kalantzis,M.)把这些支撑性特性称为"差异二"。①②

生活世界的差异二是学习者带到某种学习环境中的日常生活经验。家庭、地方社区、朋友、同伴及特定的通俗文化或国家文化的影响使人们发展成为他们随着环境而认定的人。环境使学习者的日常理解和行动显得具有可操作性;学习者的理解程度和行动范围足以使他们进行本能性积极参与,这样的本能性积极参与既是无意识要求的,也是反思性思维要求的。

差异一的总人口往往既具有深度迷惑性,又具有即时有用性。衡量任何一种生活世界差异性的支撑性属性,在某个界定性人口群体内的内在性差异要比这个群体内成员之间的平均差异水平大得多。例

① Husserl,E. (1970). *The Crisis of European Sciences and Transcendental Phenomenology*. Evanston:Northwestern University Press.

② Cope,B. & Kalantzis,M. (2000a). Designs for social futures. Cope,B. & Kalantzis,M. (Eds.). *Multiliteracies: Literacy Learning and the Design of Social Futures*. London:Routledge.

如,在某个特定的种族界定性群体内,或在某个不同的年龄群体内,要考察男孩和女孩之间的差异。不久,特定群体内各个成员巨大的内在差异,说明种族特征绝不是一个简单的变量;同样,性别也不是一个简单的变量。种族和年龄的差异再次意味着性别能动性可以通过完全不同的方式发挥作用。

实际上,基于信息技术的语境,如果说差异一是一种强有力的、显示学习者差异的首先摄入的话,则差异二是现实性差异真正存在的地方。在测量差异二的过程中,任何界定性群体内在差异一属性方面的内在差异程度,都将比在不同差异一群体之间的平均差异量要大得多。

表5-1描述了学习者的差异性。

表5-1 差异性视角

差异一:总人口	差异二:支撑生活世界属性
性别	经验
年龄	兴趣和指向
种族/民族	价值观念
社会经济群体	个性和情感
残疾	交际和人际关系风格
……	思维风格
	……

科普和卡兰兹仍提出了这样一个问题是:什么样的差异属于个体性差异或群体内共享的差异?任何个体的身份总是多层面的。即使当我们从差异一的角度考虑个体的身份认同时,我们也会发现,每个个体都具体体现为一种独特的组合,其维度范畴涵盖独特的性别、年龄、种族/民族、地域、社会经济群体、残疾。在其中任何一个维度范畴内,它涌现了非常具体且往往是复杂、多重的结构形态。以种族为例,既有拥有祖父母一方为信仰犹太教的意大利籍澳大利亚人但仅仅能说有限的意大利语,也有拥有祖父母双方都信仰犹太教的意大利籍澳大利亚人但仅仅能说有限的意大利语。尽管一个个体与广

泛而相互重叠的群体部分地共享总人口及支撑性属性，但特定的群体属性组合总是独特的，而且是人成为具体的个体的原因所在。①

除非学习涉及个体和群体身份认同的特殊性，否则学习不会富有成效。教学的一个困惑是，不管差异一的年龄、地域性、主体性选择或能力水平等可变因素实施了多大程度的过滤，学习者群体总是保持差异。这样一来，教育的出发点就要从认定差异性开始。如果是那样的话，那么，存在的挑战是我们如何使存在差异性的课堂中的所有学习者都投入学习过程中？换言之，我们如何才能做到多样性？

人们的学习有无限可能性，不过可能受制于他们已经学习的内容。在这里，我们遇到的是原材料性差异，即人的经验、个性、情感、认识和世界观。这些差异更具复杂性。学习的成败取决于学习者多样性主体投入程度的多寡。投入创造了机会、平等和参与。无法投入往往造成失败、不利和不平等。表 5-2 描述了因学习者差异性而出现的能动性差异。

表 5-2 差异的能动性

差异的能动性
• 我们是主体性、身份认同及动机的创造者；主体性、身份认同及动机都是我们直觉性、本能性及深度感受的。 • 生活世界既是我们存在的基础，也是每个人的日常生活经验所学习到并在继续学习的。 • 生活世界深深渗透着差异性；实际上，存在着大量的差异而互动性的生活世界内容。 • 个体独特形成于许多群体身份认同点的交叉点上；个体不但是许多群体身份认同独特的延续，而且活在和通过多重或多层面身份认同中。

① Cope，B. & Kalantzis，M.（1997）. *Productive Diversity*：*A New Approach to Work and Management*. Sydney：Pluto.

在所有的差异性中,生活世界是学习的第一场所,它不仅是历时意义上的学习(从婴儿到青少年),而且是拓展意义上的学习。由于在生活世界的学习是拓展意义上的学习,故它总是先于任何通过设计的学习,或成为任何通过设计的学习的基础。生活世界从一开始就总是维持着一种深度学习的空间,尽管这样的学习空间大多通过某些无定形的、非组织性的、内缘性的方式出现的。生活世界是所有学习的基础,其中包括通过设计而进行的学习。

(二)课程设计的要求

卡兰兹和科普认为,课程即学习传递上的总体性物流管理,它协调组织着内容(要学习的内容)、媒介(正在运用的资源)及教学过程(教师—学生之间互动的能动性)。① 卡兰兹和科普认为,从某种意义上看,传统的课程模式、进步主义课程模式及变革性课程模式代表了在现代课程理论和实践发展过程中的历史进程;实际上,在更新的模式中也包含了一些旧的观念,且这些模式在当今学校中是良好与非常生动的。为此,通过与传统的课程模式及进步主义课程模式相比,他们分析了在信息技术环境下变革的课程模式如何处理学习者之间的差异性。②

表5-3是传统课程模式的本质特性。

---

① Kalantzis, M. & Cope, B. (2004a). Designs for learning. *E-Learning*, 1(1): 38-93.

② Kalantzis, M. & Cope, B. (1993). Histories of pedagogy, cultures of schooling. Cope, B. & Kalantzis, M. (Eds.). *The Powers of Literacy: A Genre Approach to Teaching Literacy*. London: Falmer Press.

表 5-3 模式一：传统的课程

	特征	优点	缺点
内容	（1）认知、记忆任务及通过死记硬背学习的事实性模式； （2）理论性认知模式：内化与应用声称具有在自然界或社会的普遍科学真实性的抽象概念； （3）典型而显赫的文化性知识：伟大的文学，伟大的艺术； （4）国家性或形式性的语言和文化：标准的国家性语言、历史及主流或主导性群体的认同性叙事。	（1）明晰：正确或错误的答案基于事实、正确或不正确的理论规则的应用； （2）可测试性； （3）“一刀切”式的课程； （4）创造一种共同的文化（每个人都熟悉同样的官方语言、国家历史、文学经典、基本的科学真理）。	（1）抽象、去语境化的知识； （2）简单主义的知识概念：接受性理论被认可为真理，事实被认可为终结性的； （3）经验性正确："事实"是否总是清楚地剪接成其陈述者指向的"事实"？是否曾出现直白性对与错之类的答案？ （3）理论性正确：当你还没有内化原理时，规则有什么用？
媒介	（1）中央集权制大纲具体细化了内容和顺序； （2）教科书遵循大纲中预设的内容； （3）标准化的、系统层面测试衡量具体的个体在内容和学科知识上的行为表现。	（1）简洁、一致； （2）方便教师：教师可以遵循大纲，告知学生通过教科书学习，并教会学生如何测试； （3）出现一致性：它按顺序从班级到学校再到系统依次出现一致性。	（1）降低教师的专业主义； （2）类属：不适合地方条件或具体学习者需要； （3）线性和锁定的步骤：进程是一课接一课、一个话题接一个话题、一个章节接一个章节； （4）无法使学生获得成功：学生的兴趣、认同及经验并不适合课程的学科内容、主旨及所假设的理想型学习风格。
教学过程	（1）说教式教学； （2）传递课程内容知识给学习者； （3）教师是发动者和课堂语境的核心； （4）课堂交流定在班级的中部。	（1）可预测性：学生可以了解课程的进展走向； （2）透明：各个共同体可以准确了解课程的进展情况，而且可能适合有关学习包含的传统观念。	（1）智力性僵硬； （2）学习者被假设为一个空容器，创造了被动、顺从型学习者； （3）学习者的表达局限于某种非公开性受众对象：教师的评价性工作。

对于进步主义课程，科普和卡兰兹认为，总的说来，进步主义课程的公平效应是选择性同化。也许通过运用某种意大利卷粉和波尔卡舞

曲式的方法，进步主义课程可能有许多表面尊重不同生活世界的内容。这种方法突出强调民俗的差异。虽然在多元文化时代存在特殊课程单元，但识读和算术课程的基础仍然保持原样。作为学习者，如果他/她乐于并能够采取特定的多元文化学习旅程，如果他/她可以将识读和算术这样的核心课程内化为自己的支撑性动机，也就是说，如果他/她乐于并能够成为这类文化学习之旅成员的话，那么他/她不但可以纳入课程文化中，而且其学习结果也将反映到课程文化中。只要课程中基本的框架隐含理解、重视及认知，且维持卓越和不受干扰，那么学习者可以进入，并使自己融入课程中。当然，只要人们将这种进步主义置于可控制的范畴之内，即使学习者从事这种进步主义旅程，那么表面尊重生活世界的差异就可能足以使学习者感到轻松自如。同时，同化的结果也可以实现。因为与只需一种结果相比，同化无疑是一种更好的结果。①

表 5-4 描述了基于信息技术的进步主义课程的特点。

表 5-4　模式二：进步主义课程

	特征	优点	缺点
内容	（1）首先考虑的是体验性认知模式； （2）建构主义教学：学习者构建自己的知识和理解； （3）知识依赖于作为知识建构者的自我意识； （4）课程往往从地方社区生活中吸收与学生经验相关的内容。	（1）使学生投入，并成为积极的学习者； （2）元认知和自我意识使学习者的认知和理解更加敏锐； （3）做出努力，承认和尊重不同学习者在背景上的差异； （4）所有文化都是有关联和平等的。	（1）在界定学习内容和范畴上出现模糊性和不一致性； （2）任何方面都可行吗？什么是真理？或至少从经验中吸取的真实性知识是什么？ （3）不一定是关键性的：经验的浸泡仍然可以包含细腻的假设性答案和正确地看待与解释世界的方式； （4）有时不小心滑入惠顾性，即保守主义的文化差异中：承认保守主义文化差异仅仅是表面性的。

① Cope, B. & Kalantzis, M. (1998). Multicultural education: Transforming the mainstream. May, S. (Ed.). *Critical Multiculturalism*. London: Falmer Press.

续表

	特征	优点	缺点
媒介	(1) 在学习结果上有宽泛的系统性指南; (2) 校本课程开发; (3) 有可利用的系列资源:图书馆、因特网、社区、学生经验; (4) 教师根据专业判断来对学习者的发展进行评价。	(1) 教师的投入:重视教师的判断和专业主义; (2) 创造与地方条件相关的学习经验的可能性; (3) 创造与具体学习者需要及兴趣相关的学习经验的可能性。	(1) 有大量的任务:实际上,如果任务与具体学生没有相关性的话,那么大量的任务是无法完成的; (2) 缺乏重点:"课程超市"变成拥挤的课程; (3) 资源:"复制课程"往往意味着退而求助于传统的教科书内容; (4) 重新创造路径:地方性创造的学习资源几乎总不会在某个特定的课堂中超越某个特定教师而出现; (5) 意大利卷粉和波尔卡舞曲式的多样性:惠顾性和符合性承认总人口中的差异性; (6) 缺乏学习者和共同体的透明性和预测性。
教学过程	(1) 强调课程的过程而非内容; (2) 以学习者为中心的教学。	(1) 应对具体学习者的需要; (2) 承认在学生的背景、需要及兴趣上存在差异; (3) 激励并利用学习者的动机。	(1) 不一定非得是变革性的:学生不要受到大量的挑战,学生的学习目标不能没有意义,并超越其现行状况; (2) 在理想的学习方式和建构主义对课堂的贡献构成上,关注细腻或隐性的单一文化假设。

但研究者(Delpit,L. D. ; Cope,B. & Kalantzis,M.)也发现,在信息技术时代,进步主义课程也存在一些需要解决的问题,其中包括:①进步主义课程的特性是什么?②学习者将课程同化到什么程度才合适?③如果学习者努力创造旅程,那么他/她将成为什么样的人?由于支撑建构主义教学的基础是一套深度文化假设,因此,建构主义提出某种嵌入特定类型主体性的学习风格,同时,自我意识的个体具有知识建构的参考点,并且涌现的知识也属于其个人性建构,这是一种视野、一种问题解决的产物;这样的视野或问题解决的产物是通过环境和主体性构建,而非是普遍得到赋予并自我证明真实的。究其原因,有三:其一,在

运用建构主义教学的过程中,如果教师以虔诚的伊斯兰教信徒认可的方式努力讲授《古兰经》,如果教师通过验证真实理论的有效方式来努力讲授基本粒子物理学,那么,在以上两种情况下,基于建构主义的教学注定是无效的。其二,如果努力运用某种建构主义教学方式来对不同的共同体进行教学,不同的共同体的知识进入点并不是个人的意见和问题解决,而是某些生活世界环境。在这些生活世界环境中,如果教师和文本被认为是权威的、可信赖的话,那么,建构主义会再次令学习者的学习失败;因为有些类型的学习者可能更满足于事实、理论、清晰的权威性文本及接受性知识,作为一种引入自己观点或试图解决问题前的出发点。其三,进步主义引入"参与(engagement)"后,它就成了最难以捉摸的排他性东西。尽管课程已经邀请学习"参与"其中,但那只是用术语说说而已,并非真正让学习者"参与"。表面上,这是一种开放性"参与"的课堂,但如果"参与"的规则与之不相符的话,学习者将不会取得成功。为了达到成功,学习者需要适应最接近课程文化的生活世界的认识论强度,需要以某种特定的方式思维,需要以某种特定的方式实施行动,需要以某种特定的方式进行沟通,并以某种特定的方式进行最大限度的认知。实际上,学习者成功的关键就是不要将学习者过去生活世界的自我丢掉,相反,要时刻准备利用自己过去的生活世界的自我。①②

以识读能力学习为例。建构主义学习方法促进的是基于文本投入的积极的学习。例如,在建构主义学习方法中,"整体语言"和"过程性写作"就是组织良好的范例。建构主义学习方法的重点放在经验的浸泡中。首先,要经常进行大量的阅读和写作;接着,学习者要以与婴儿

① Delpit, L. D. (1988). The silenced dialogue: Power and pedagogy in educating other people's children. *Harvard Educational Review*, 58: 280 – 298.

② Cope, B. & Kalantzis, M. (1993a). The power of literacy and the literacy of power. Cope, B. & Kalantzis, M. (Eds.). *The Powers of Literacy: A Genre Approach to Teaching Writing*. London: Falmer Press.

学习口语几乎同样的方式学习，这样他/她就会学会阅读和写作。尽管在这过程中学习者受到了强力吸引，并投入其中，但现实并不往往与修辞性写作相吻合，因为过程性写作建立在关于沟通的某些具体文化性假设的基础上，这样的假设首先提出具体的表达性声音，即一种建构意义的指向，意义建构的指向反过来又可以追溯传统西方对作者的观念上。对于习惯于谈论自己的儿童来说，这是有用的，因为儿童既生活于以儿童为中心的家庭环境中，也生活于自我的声音首先得到认可的某些生活世界中。而对于那些将生活世界的重点优先放在家庭、社区及年长者的权威上的儿童来说，这样的方法是不适合的。

同样，从阅读教学的对象来看，在信息技术环境下，进步主义课程无法将各种有差异性的学生全纳在教学中。表面上，进步主义阅读教学最适宜的对象似乎是那些直观理解识读的逻辑和能力的儿童，以及那些生活在书香门第的中间学年年级的、但并不反思认知识读游戏的儿童。然而实际上，进步主义阅读教学缺乏努力将差生参与读写文化中。例如，在有些方面，进入主流识读学习中的差生可能发现传统的正式的识读课程对自己有利，因为课程的规则清楚明了地规定某种特定、不熟悉而强有力的语言不但确实如此，而且使用该种语言的某些类型手段确实达成了目的。

由此，变革性课程就有存在的必要性。变革性课程努力为更有意识、更直接、更系统的学习者提供。变革性课程的原则简单：为了提高公平性结果，且在努力提高公平性结果的过程中，它以实施任务来保证社会的一个最基本承诺不是完全错误的。变革性课程避免将传统课程或进步主义课程放弃到失控的程度，它力图依赖这两种课程的优点并改善弱点，从而给这两种强有力且延续性的课程模式以有力的补充。表5-5体现了变革性课程的特征及优缺点。

表 5-5　模式三:变革性课程

	特征	优点	缺点
内容	(1) 合适的认知过程的组合:体验、概念化、分析、应用; (2) 变革性教学:它始于学习者的生活世界经验,且引领学习者到陌生(新颖)、不熟悉的场所,而且通过这样的行为,它实现个人与文化的变革,这也是一种建构主义的教学; (3) 关注核心的概念和强有力的思维方式,同时尊重实证世界; (4) 内容总是从学习者的主体性出发,变革必须确认学习旅程及其生活世界的出发点。	(1) 投入学习者的主体性; (2) 关注学习者的情感、才能和能力; (3) 鼓励以多种方式理解、认知和思维; (4) 超验性的:深化来自生活世界的知识,途径是沿着深度纵向轴和横向轴行进于认知旅程中,纵向轴即支撑日常生活现实性的非常识性东西,横向轴即是不熟悉的场所、文化、环境、宇宙; (5) 教学熟悉性:招聘的人员组成包含传统的和进步主义教学两个方面,是补充而非取消当前的教学惯例。	(1) 让认知过程的组合适合在特定学习环境中的特定学习者方面存在挑战; (2) 让学习者推出自己舒适区存在挑战,冒险性行为必须处于合适的处理措施范围内,且必须维持在某个安全的区域内; (3) 内容上要求教师具有高水平的人际交往能力,教学内容的成功取决于这一点; (4) 在维持学术性科目、智力刚性及达成更广泛的教育目标的同时,从学习者的主体性着手内容(设计)存在着挑战。
媒介	(1) 教育知识管理:教师记录学习过程; (2) 系统分层性方法:在这种方法中,教师是课程开发的核心,更宽泛的部门、学校及系统机构承担高质量过滤者的作用,其角色可以是委员会成员、建议者、编辑、裁判员及展示员等; (3) 第一层面出版物:在学习共同体内有大量供教师和学习者使用的地方性创造、尝试并检测的学习资源; (4) 第二层面出版物:建立有大量的可供学校间共享的学习资源,而且这样的学习资源是跨越教育系统并拓展到更广泛的世界的。	(1) 教师和学习者即课程内容的来源; (2) 改变知识来源与权威性基础; (3) 通过以团队教授的科目和计划为形式的具体教师和教师群体,把握和分享在学习机构层面上创造的大量、卓越的课程内容; (4) 不重新设计新的路径,展示卓越的实践,并使那些经验可广泛运用; (5) 面向学生的材料为学习者提供了灵活性和选择,同时创造自主学习和与同伴合作学习的可能性,此外,教师还提供了搭建脚手架的学习。	(1) 如果没有教学性脚手架和系统性投入,媒体的作用不大; (2) 新技能:记录课程与实施课程不是一样的; (3) 仅仅讲授课文是不够的,上课还有大量的工作要做,但从长期看来,教师选择和改编其他教师的成果相对更少,相反,教师接着要做的是重新设计路径; (4) 最低程度运用计算机、因特网链接及电子发表手段。

续表

	特征	优点	缺点
教学过程	(1) 平衡性：既关注课程过程又关注课程内容； (2) 合作性学习：学习者-学习者，学习者-教师，良好的学习者是良好的教师，反之亦然，学习者、教师共同建构知识； (3) 改变教学对象：学生在不同的学习共同体之间分享意义； (4) 在进入课程内容和学生任务过程中呈现透明的绩效责任。	(1) 同伴-同伴的学习：学习者合作学习与发表(公布)自己的工作成效，而且可以同样成为课程内容的组成部分； (2) 非线性的学习和一系列的导航性路径：学生可以根据自己的兴趣，并依据自己的进度做完工作任务单元，同时在那些非常适合其需要及兴趣的工作任务单元内，非线性学习和导航性路径关注那些学习过程； (3) 可准入性：学习可以在任何时间和地点进行。	(1) 课堂生态发生巨大变革； (2) 学生即公民：学生走出社会，不再受教室围墙的保护，关怀的责任变得更具挑战性； (3) 质量更难得到保证，同时教学结果更难界定，特别是在传统的学科标准方面，情况尤其如此； (4) 评价存在挑战：有效学习的评价要素是什么？ (5) 家长、学校治理结构及更广泛的社区等利益相关者的绩效责任变得更加复杂。

从表5-5可以看出，变革性课程的预期公平性效果就是要达成没有差异性偏见的、有可比性的学习结果。实际上，成功的差异性协商是公平的基本性基础。公平不一定等于平等，况且生活世界的差异不应该影响形成相同的结果。

同样，如果说传统课程的效应是选择性全纳，进步主义课程的效应是选择性同化的话，则变革性课程的目的效应是多元主义，即一种富有成效的多样化的共同体。这三种课程模式中都可以发现存在着多样性议程。在这三种课程模式中，多样性议程有时得到清楚阐述，有时没有得到阐述清楚；有时多样性议程得到保证提出，有时则提出假的保证。不管如何，多样性议程总是存在的，而且至少可以发现于不达意的行为和难以启齿的差别性效果中。变革性课程具体体现的是一种系统性议程，该议程的预期结果是公平。

换言之，变革性课程假设，学习者带到教育环境中的生活世界经验是内在而广泛地存在差异的；为了有效学习，任何学习者都必须拥有对课程的归属感;这是一种通过参与各种值得重视的认知方式的纳入,也是一种课程内容的纳入,更是对学校及社会环境的纳入。在社会环境层面,教育环境必须是受欢迎的和全纳性的;在课程内容层面上,一种关键的学习资源必须是学习者自己的知识和才能;在认识论层面,课程必须能够认出并依赖各种认知方式。正如加德纳(Gardner,H.)所说,不管这些认知方式在学习风格或多元智能方面是如何概念化的,但课程必须如此。①

此外,学习即变革,是学习者进入的新颖而不熟悉场所的旅程,它不需要钟爱某种单一的生活世界目的地。变革性课程并不是一种将自己旧而欠发展的自我抛弃于脑后再进行"发展"的课程,相反,这是差生们通过传统课程和进步主义课程学习而出现的一种典型生命轨迹写照。即使他们取得了成功,但他们也发现,为了取得成功,他们必须离开某些他们较少有权把握的生活世界以便进入某些他们拥有更多权力的生活世界。然而,变革性课程是一种认定边际性恢复力、活力及主导性生活世界的课程;同时,在不否定人的身份认同或不背弃自己的文化根脉的前提下,变革性课程还开始拓展人们的才能范围。变革性课程与其说是一个通过学习者以预先规定方向前进方式的发展过程,倒不如说是一个将学习理解为拓宽视野的过程;不管通过何种途径,学习者都拓展了其认知和存在的领域,而且不一定抛弃其旧的自我或拒绝原先的生活世界。

从实践上看,对于澳大利亚而言,在基于信息技术的学习环境下,由于学习已经从识读能力教学变成了多元识读能力教学(Multiliteracies pedagogy)(The New London Group; Cope,B. & Kalantzis,M.; Kalantzis,

---

① Gardner,H. (2002). Who owns intelligence? Singh, M. (Ed.). *Global Learning*. Melbourne:Common Ground.

M. & Cope, B.)①②③，澳大利亚必须对多元识读能力教学进行重构，以便与学习设计语言(Learning Design Language)框架相一致。在这个过程中，课程内容涵盖将学习者生活世界的经验带到课堂进行体验性学习。这些来自生活世界经验的语篇可以是多模式的流行音乐文本、互联网信息、电视剧或青少年杂志。这些文本都同样反映了某个学生或某个学生群体追随的高度特定化的亚文化、类型、时尚或崇拜对象(如重金属摇滚乐、街舞、少女杂志、男孩杂志)。这些文本对传统的英语课程来说可能是陌生的，但它们对学生来说是熟悉的，而且对他们来说明白无误是"真的"。

除此以外，在教师仍然开展部署的体验性过程中，教师可能将学生浸泡于新的语境，这些语境至少部分来自学生自己的经验和兴趣。这就带领着学习者超越自己的生活世界而开始了文化之旅；但这样的文化之旅只有在一步一个脚印，且不会远至忘记自己生活世界时才起作用。例如，在少女杂志中的青少年浪漫故事会引领学习者观看电影《罗密欧与朱丽叶》，甚至在更晚些时候会引领他们阅读莎士比亚的作品。

概念性学习带领学习者以另一种方式超越生活世界。例如，体验打开文本的设计，或通过相对不用太多反思的方式进行体验，这都是带领学习者超越生活世界的例子。批判分析性学习引领着学习者质疑什么样的文本服务于他们及服务于什么目的。变革性或应用性学习往往引起学习者创造某种属于自己的语境。这种语境部分表达了自己的生活世界体验，同样展示了某种学习旅程的证据；这样的语境已经拓展了学习者的识读本领。例如，以他们喜欢的类型作词作曲，基于自己对青

① The New London Group. (1996). A Pedagogy of multiliteracies: Designing social futures. *Harvard Educational Review*, 66(1): 60-92.

② Cope, B. & Kalantzis, M. (2000b). *Multiliteracies: Literacy Learning and the Design of Social Futures*. London: Routledge.

③ Kalantzis, M. & Cope, B. (2001b). *Transformations in Language and Learning: Perspectives on Multiliteracies*. Melbourne: Common Ground.

少年的理解写浪漫信件,或通过创造某种新颖的混合性文本而想象将自己已经认知和习得的东西转入新的领域范畴。尽管他们的实际目的也许是不同的,但他们的旅程却是明了的。

二、课程设计的重点领域

(一) 聚焦新时代的测试

澳大利亚认为,传统的评价往往以下列方式进行:第一,教育当局在教学大纲中列举要涵盖的内容;第二,编写基于教学大纲的教科书;第三,教师在课堂教学中以忠实于教学大纲和教科书的形式进行"填鸭式"教学;第四,通过正误判断内容问题对学生进行测试,以展示他们掌握的程度。尽管学习过程的目的不仅仅如此,但在过去,测试却是驱动着教育系统的。测试即是各种价值手段所在的体现,它反映了通过测试来判断是否已经认知个体学生、教师和知识的价值。

一段时间以来,"回归基础"呼唤回归传统方式的测试;而且,在世界上大多数地方,已经产生了大大小小的测试的成果。例如,周期性、普遍性、标准化的测试将绩效责任放回系统中,测试赋予了学习者和教师有关学习进展情况清楚的信息,测试使教师和教育机构展示其能力表现。

实际上,结合传统的现代测试使教育回归到了以前。在过去,整个教育做法都是首先花费大量的精力来推测测试者的目的和意图,然后是针对测试技巧和某些类型的"正确"答案。这样的做法似乎是为了产生"最佳的"结果。然而,当真实世界的学习日益变得合作性时,并且在知识似乎通过群体和组织而进行加工(依赖构成共同存储记忆器的信息和记录系统,而非依靠个体大脑中已经掌握的内容)时,结合传统的现代测试得到了个性化的测试(它衡量的是单一个体大脑已经掌握的内容)。当知识通过目前尚存在的依靠点时,如可以翻阅的书本、可以询问的人们、可以帮助搜索的援助菜单及可以帮助联系的技术支持系统,这样的测试依赖记忆。同时,这样的测试衡量的是有限类型的智能。简单地说,这些测试只测试因内容而得到蓬勃发展的类型性智能。这样的测试是一种衡量个人做题能力的卓越性手段,仅此而已。

这样的测试驱动型教育当然培养并产生了一些显示掌握一些事理的人,测试的结果就是这样的学习的证据。但人们所掌握的事理往往是由教育系统人为构造的、非常狭隘、去语境化、抽象及片段性的学科领域。最重要的是,标准化测试产生了顺从型学习者。所谓顺从型学习者,即接受呈现给他们正确东西的人们。顺从型学习者还指消极背诵那种在新的、不同的语境下无法逐步得到重新应用的知识的人们。表面上看,顺从型学习者知识丰富,掌握了不少事实、理论和正确的用法,而实际上他们并没有掌握足够的知识,对差异性和变革性的生活的知识了解不够,且深度有限。

因此,运用所学知识,并发现新的认知和行为方式,都是驱动革新和孵化形成复杂性时代的关键所在。当下的新学习及不远的将来将更少讲授界定清楚的知识和技能,而更多塑造、形成具有以下特征的个人:知道自己不知道的东西;知道如何学会自己需要知道的东西;知道如何通过问题解决的方法创造知识;知道如何通过利用自己周围的信息和人力资源创造知识;知道如何合作性构建知识;知道如何培育、指导和传道他人;知道如何记录并将个人知识传递下去。①

同样,从差异性和多样性观点看,存在的关键问题是:传统课程的测试有利于那些擅长测试的人,而那些不擅长测试的人往往考试失败,他们重复失败的概率很高,这两类人通常反映了两种不同的生活世界经验。其中一种生活世界似乎总是创造个性上充分适应传统课程的人,且这类人似乎是成功的;另一种生活世界不仅仅是任何其他生活世界不同的问题,而且是每一种其他生活世界都不同的问题。总的说来,生活在第二类生活世界中的人们似乎是不成功的。

此外,传统的测试还经常无法体现连教师都未了解的学生方面的

---

① Kalantzis, M. & Cope, B. (2001a). New learning: A charter for Australian education. Canberra: Australian Council of Deans of Education.

内容。何况，传统测试的目的更多的是政治性的而非教学性的。当测试议题联结资源分布（如给学校因为成功或失败的奖励或惩罚）时，测试议题甚至有更多的误导性。因此，且不论费用、成本问题，学校会将大量的资金投到测试过程中，其目的是为了得到更好的行为表现结果，并达成其绩效责任目标，如学校会投入大量的资源来教会人们如何测试。实际上，澳大利亚认为，宝贵的资源本应更好地投入教师的专业发展之中，本应更好地投入设计以获得和传播教师最优化的教学行为和策略；这样的策略既包括来自直接与课程相关的复杂性评价策略，也涵盖重视教师专业发展判断的复杂性评价策略。

尽管如此，澳大利亚认为，不少人已经认识传统方式的测试不相关性，但他们仍然坚持回归测试。之所以如此，部分原因是，澳大利亚的许多政治领导者无法想象超越自己学校教育经验的教育未来到底是什么。还有，在他们努力应对新问题的过程中，他们也往往发现自己还是运用传统的方法解决问题。

也正因为如此，在基于信息技术的时代，课程变革的设计应关注新时代的测试。

（二）聚焦融合信息技术的课程学习

在批评传统的学习形式基础上，澳大利亚提出，回归传统课程的第二个领域是融合网络的学习。

第一，表面看，无论如何，网络学习是对抗直觉的：在一个基于计算机学习的当下，还有什么更多的未来？或，在基于计算机网络的时代里，是否仍然还有更美好的未来？还有，从教学（方式）意义上看，对于计算机辅助的和在线的学习环境，还有何新颖性？对于种种片面的看法，澳大利亚认为，对国家而言，实际上，计算机辅助的和在线的学习环境存在着恢复最古老的学习环境空间的可能性。所谓最古老的学习环境，是指说教式学习环境、有密集连锁步伐的学习环境、由某种麻木不仁的秘而不宣的对象加以评价的学习环境。

第二，也有不少人片面认为，由于计算机计算着学习的结果，并将学习结果报告给学生和教师，因此，网络学习并不比传统的学习环境好多少，而且与最僵化的传统教师相比，它甚至显得教义更明确、单一，判断更线性和任意。例如，学习目标似乎是新网络学习世界的令人感到眼花缭乱的变革。学习目标建立在建构主义学习投入原则基础上，它们要求有高层面的学习互动；或者正如人们所得知的一样，由于周期性，建构主义已几乎成为一件信赖电子学习的物品。

对此，澳大利亚也保持了清醒的认识，认为不能为了网络而进行基于网络的学习。有的学者（Kalantzis，M. & Cope，B.）就对基于网络学习的优缺点有较理性的认识。① 他们首先承认基于网络学习的不足之处：①尽管基于网络的学习目标经常提供一丝令人激动的未来曙光，但它们同样可以削弱人们对过去的回忆。在过去，它们代表了一种类似于传统方式的类属性课程开发方式，代表着采取中央集权制的教科书出版发行方式。创造这样的学习目标经常要求预先投入巨大的资金，并进行计算机编程，而非要求教师进行具体的编程。有些学习目标需要的成本很高，开发的学习者互动编程费用每小时高达数十万美元。由此，根据课程观，其结果往往不那么令人满意。例如，教师不是积极地投入教学设计过程中，相反，教师再次成为由某些专家设计好的学习资源的接受者；同时，为了证明投入的合理性，学习目标必须有充分的类属性，以便能够对大众性对象进行讲授。于是，所构建的学习资源就不会纳入全部的差异性生活世界。例如，学习资源难以纳入地方性学习环境、不同的学生群体及具体学习者等。②通常，教学中的学习目标并不像在颜色和运动教学中那么多，那么令人眼花缭乱。例如，讨论月亮时，传统的教科书专门有一页，上面标有图表和课文，并以此来说明月亮的盈亏变化情况；而现在，学生们可以了解地球和月球的公转情况，他们甚至可以运用鼠标把太阳系图放到电脑荧屏上。唯一的区别是，一个静止的物体变成了一个移动的物体。从教学上看，这是一个小而微不足道的步骤。③在融合网络下学习时，仍然存在的困难是：学习

---

① Kalantzis，M. & Cope，B.（2004a）. Designs for learning. *E-Learning*，1（1）：38－93.

目标依赖于计算机准入情况。在当下的澳大利亚，计算机准入整齐地将学生划分出一条数字鸿沟：不仅这个学校和另一个学校之间有数字鸿沟，家庭也分出有计算机与没有计算机的学习者之间的数字鸿沟。如果学生还没有得以使用计算机的话，那么他/她将无法从学习目标中受益，因为这种类型的学习同样是依赖机器学习的。

接着，他们指出，尽管基于网络的学习存在一些问题，但这并不是说要放弃网络学习。实际上，网络学习在许多方面是有优势的，其创造性和内在诱人性是引人注目的：①网络学习可以同步呈现训练、生动移动着的景象；而且，在学习的时候，知识就像计算机游戏那样得以结构化。②在没有高度技巧化技术的情况下，变革型课程的学习环境得以创造。高度技巧化技术的情况下有良好的课程设计，使用纸质材料，还有广泛的口语互动。在提供多渠道的其他选择（如印刷材料、口语交际及任务型小组互动）的同时，理想的技术运用应是在学习环境中混合使用媒体、互联网和计算机。

结合基于网络学习的优势与不足，澳大利亚提出，最重要的是学习设计及学习所处的课程结构情况。为此，在课程变革设计过程中，要设计的要素涵盖以下几个方面的内容。

（1）课程的来源。数字学习仅仅是另一种输入，它非常类似于教科书的章节，可以当作一种输入。学习设计不仅仅是构建输入，它比构建输入要复杂得多。学习设计联结着充满各种兴趣和目的的某个认知专家和学习者；教师就是认知专家，即知识工作者。真正的问题是投入，而且只有在归属和变革的条件中出现。在这样的条件里，学习者一步一个脚印地参与着，其发展步伐是适合学习者起点的。关键的是投入的层面、学习者生活世界的基准点、动机的能动性、在任务（可持续性投入）上花费的时间、成功的视野拓展及个人变革的效果。

（2）设计课程，体现学习者生活世界体验和主体性之间的差异性。课程实质上的主要问题是如何使不同兴趣和需要的学生发展和共享一系列课程单元，如何追踪随着旅行距离的不断发展学习者的能力表现，以及如何让学习者自己、家长、学校、教育系统和更宽泛的社区对学习者的学习负责。

（3）在构建和实现课程的过程中，教师与教师、教师与学习者、学习者与学习者之间实施互动。

尽管学习目标存在着不少的局限性，但数字技术确实在发展变革性课程的过程中提供了一些令人感到激动的机会。例如，人们可以设想，如果教师将自己的教案详细地写在电子讲台上，电子讲台就为编写课程提供明晰的脚手架，也让教师自己和其他教师分享并超越自己所在的部门，甚至自己所在的学校，还让教师自己和他们的学生及更广泛的学习共同体分享数字成果。这不会要求人们都使用计算机，因为人们仅仅需要下载文档并打印出来即可，或进行多次复印即可。接着，有可能构建真正投入地方性生活世界的课程，但并不需要每一位教师重新设计路径。地方性生活世界课程涉及地方历史、地方共同体及地方自然环境，可以通过即时呈现幻灯片和媒体文化的读写文本来学习。

此外，教师还有可能首先根据学生兴趣和能力水平构建一种不断发展的教案（课文）库，以满足学校中不同群体学生的不同需要，具体学生和不同群体学生可以根据自己的进度完成适合自己的工作任务单元。这也可以在其他场所、其他时间、与同伴和共同体及通过同伴和共同体进行合作性学习。它可以将学习从线性和独白式、一个话题接一个话题、一个章节接一个章节的课程中释放出来，因为教学媒介即是班级教学的核心，它是真正满足差异性的某种课程的开端。

三、当代澳大利亚课程变革行动设计

教育目标指引着课程变革行动。在澳大利亚，不断升级的澳大利亚课程实际上就是其课程变革的行动纲领。自 20 世纪 90 年代以来，一个统一的澳大利亚课程（An Austrlian Curriculum）经历了三次升级过程。

澳大利亚课程形态 1.0 版本（Shape of the Australian Curriculum：1.0）于2009 年5 月由临时国家课程委员会（Interim National Curriculum

Board）授权并指导修订，主要负责第一阶段澳大利亚课程（英语、数学、科学及历史）的修订。

为进一步保证澳大利亚教育质量，加上2008年世界金融危机的爆发，根据《澳大利亚课程、评估及报告局法案》（“Australian Curriculum, Assessment and Reporting Authority Act 2008”，“ACARA Act”），澳大利亚教育部长理事会决定成立一个独立的机构，即澳大利亚课程、评估及报告局（Australian Curriculum, Assessment and Reporting Authority, ACARA），并于2009年5月成立了委员会。实际上，成立澳大利亚课程、评估及报告局（ACARA）可以认为是各方面多年合作的结果，澳大利亚教育、就业、培训及青年事务部长理事会曾就学校教育的目标联合发布了合作性宣言，如1989年的《赫巴特宣言》（“Hobart Declaration”）和1999年的《阿德莱德宣言》（“Adelaide Declaration”）。这两份宣言都激发了澳大利亚全国付诸包括课程变革在内的教育改革的努力。根据《澳大利亚课程、评估及报告局法案》，澳大利亚课程、评估及报告局的职责是：①负责制订F—12年级在特定学习领域内的全国性课程；②负责制订联结测量学生进步情况的国家课程的全国性评估计划；③负责制订全国数据收集及报告计划，以便援助以下三个方面：其一是分析、评价、研究及资源分配，其二是学校的绩效管理及报告制度，其三是更宽广的全国性成就。

由于得到授权，澳大利亚课程、评估及报告局对澳大利亚课程形态1.0版本进行了升级，以支持实施F—10年级的澳大利亚课程（英语、数学、科学及历史），同时提供开发第二阶段F—10年级课程的时代背景，并促进将澳大利亚课程形态作为一个整体进行讨论，最终于2010年10月26日形成了澳大利亚课程形态2.0版本。

2011年7月，澳大利亚教育、就业、培训及青年事务部长理事会批准了关于整个课程、成就标准及援助残疾学生的F—10课程地位文件，并开始修订澳大利亚课程形态2.0版本，最终于2011年11月颁布澳大利亚课程形态3.0版本。

2012年12月，为适应新时代的挑战，根据《墨尔本宣言》（2012）所确定的教育目标，澳大利亚课程、评估及报告局又对澳大利亚课程形态3.0版本进行了修订，并于2013年发布了澳大利亚课程形态4.0版本。①

澳大利亚课程形态4.0版本对澳大利亚课程变革的目标、内容及测试进行了细化的设计。②

（一）设计课程变革目标

《墨尔本宣言》认定了预期学生应达到的教育结果，这些预期教育结果也成为澳大利亚基于信息技术的课程变革设计的三大目标。

（1）建立牢固的知识、技能及理解的基础，同时拥有继续深造与成人生活赖以依靠的价值观念。

所设计的课程变革应重点关注识读和算术技能方面。它将使学生能够构建社会及情感智能，尤其是通过健康与体育课程来培养学生幸福感，澳大利亚课程既支撑学生与其他学生发生良好联系，也促进通过学习公民课程来理解澳大利亚社会、公民和国家价值观。作为继续深造学习与成人生活的基础，该课程在诸如ICT和设计及技术等学习领域将包括实操性知识与技能的发展，因为实操性知识和技能是发展澳大利亚技术型经济必备的，而且提供了后学校时期成功的关键路径。

（2）能够促进继续深造学习所需的深度知识、理解、技能及价值观念，创造新观念，并将新观念转化为实践应用的能力。

所设计的课程变革要既能培养学生英语、数学、科学、语言、人文及艺术等学科领域的知识，也能理解符合精神、道德与伦理的生活，还能开启新的思维方式。此外，澳大利亚课程同样援助发展某个学科的深度知识，以提供跨学科革新性及复杂性问题解决方法的基础。

---

① http://www.acara.edu.au/about-us/board-membership.

② Ministerial Council on Education, Employment, Training and Youth Affairs. (2008). *Melbourne Declaration on Educational Goals for Young Australians*. http://www.curriculum.edu.au/verve/_resources/National_Declaration_on_the_Educational_Goals_for_Young_Australians.pdf.

(3)要涵盖支撑灵活且具分析性的思维能力、与他人合作的能力、走向跨学科发展性专业知识能力的三个维度的通用能力。

所设计的课程变革要援助年轻人培养一系列能特别应用于工作世界及继续深造与培训的通用技能与就业技能,如规划与组织能力、灵活思考能力、良好沟通能力及团队合作能力等。此外,年轻人同样需要发展创造性思维能力、革新能力、问题解决能力及融入新兴学科的能力。

(二) 设计课程变革的重点领域

课程设计既要明晰教师的教学内容,也要明晰学生应学的内容,并预期他们的学习质量。同时,在运用认为合适的综合性教学方法过程中,以及在运用考虑学生需要、兴趣及学校与社区环境对教学启示的方法过程中,澳大利亚还规定,除国家课程(即澳大利亚课程)规定的课程外,各校可以决定各自的最合适的教学方式开设拓展课程。

以下是课程变革设计的三个关键领域:基于学科的学习领域、作为21世纪关键能力的通用能力、当前跨课程学习重点。它们描述了每个澳大利亚学生有权获得的学习,即每个澳大利亚年轻人应该得到传授的内容。表5-6描述了澳大利亚课程变革设计的重点领域。①

表5-6　课程设计变革的重点领域

领域	课程范畴
学习领域	• 英语 • 数学 • 科学 • 人文社会科学(包括历史、地理、公民课、经济学与企业管理) • 艺术(包括舞导、戏剧、传媒艺术、音乐、虚拟艺术) • 语言 • 卫生与体育 • 技术(包括数字技术、设计与技术)

① https://zh. scribd. com/document/255000692/the-shape-of-the-australian-curriculum-v4-pdf.

续表

领域	课程范畴
作为21世纪关键能力的通用能力领域	• 识读 • 算术 • ICT能力 • 批判性与创造性思维 • 个人及社会能力 • 伦理认识 • 跨文化理解
跨课程重点领域	• 土著与托雷斯海峡岛民历史与文化 • 亚洲与澳大利亚融入亚洲 • 可持续发展

学习领域与学科提供了学生在校学习的基础领域，提供了知识得以发展与完善的方式。然而，澳大利亚认为，21世纪的学习并不仅仅局限于反映学科或科目的课程组织上。实际上，当下知识本身也处于不断发展与演化过程中，因此，学生需要培养一系列知识、技能、行为与品质、通用能力，使他们成为能够在复杂、信息丰富、全球化世界中自信地运用的终身学习者。

而作为21世纪关键能力的通用能力(general capabilities)所界定的知识、技能、行为与品质，可以通过跨课程来进行培养与运用，以帮助学生成为成功的学习者、自信而有创造力的个体、积极而有教养的公民。通用能力包括："①规划与组织，②灵活思考、善于沟通及团队合作的能力，③创造性思维、革新、问题解决及融入新学科的能力。"①

同样，澳大利亚认为，基于《墨尔本宣言》的教育目标，设计课程旨在通过传递相关性、时代性及融入性的课程来满足学生的多样化需要，故为了个体及作为整体的澳大利亚人的利益而需要应对的三大关键领域应该成为发展重点，为学生提供不同层面上投入并更好理解世界的

---

① Ministerial Council on Education, Employment, Training and Youth Affairs. (2008). *Melbourne Declaration onEducational Goals for Young Australians.* http://www.curriculum.edu.au/verve/_resources/National_Declaration_on_the_Educational_Goals_for_Young_Australians.pdf.

途径及语言。发展经过考虑的、聚焦的自然纳入相关学习领域的内容，丰富了课程的考察维度。将重点结合到"土著与托雷斯海峡岛民历史与文化"课程、"亚洲与澳大利亚融入亚洲"课程或"可持续发展"课程中，也将鼓励学习领域间，以及学生、教师及更宽泛的社区之间的沟通与交流。

（三）设计课程测试的重点领域

1. 作为21世纪关键能力的通用能力课程测试设计方面

（1）识读能力。

学生成为有识读能力者，是指当学生发展了足够的知识、技能及品性，能够在学习或在校内外进行交际及有效参与社会等方面自信地诠释与运用语言时，这样的学生就可认为是有识读能力者。因此，识读课程内容及其测试重点涉及听、读、（影视）观赏、说、写作与创造性口头表达、虚拟及数字文本、在各种语境下基于不同目的的语言运用及语言润饰。

（2）算术能力。

学生成为有算术能力者是指当学生发展了足够的知识与技能，能够运用数学自信地跨越到更广泛的学校及其他学习领域时，他们就成为有算术素养者。算术课内容包括：认识并理解数学在世界中的作用，拥有有目的地运用数学知识和技能的品性和能力。

（3）ICT能力。

学生成为有ICT能力者是指当学生学会了有效运用ICT，并能合适地搜索、创造与沟通信息和观念、解决问题，以及在学校与超越学校外的生活中所有学习领域进行任务合作时，他们就成为有ICT能力者。因此，ICT能力课程内容及其测试重点包含：使学生学会使用大多数数字技术手段，随着各种技术手段的发展，使学生适应新的学习、工作任务方式，使学生自己及他人减少在数字环境下出现风险的机会。

（4）批判性及创造性思维能力。

学生成为有批判性及创造性思维能力者是指当学生学会创生并评估知识，学会明晰概念及观念，学会寻求可能性，学会考虑多样性选择，学会解决问题时,学生就成为有批判性及创造性思维的获得者。批判性及创造性思维课程的组织及考核主要通过所组织的活动来加以体现,要求学生运用行为与品性来进行广度与深度思考问题;学生的行为与品性包括在学校及超越学校生活的所有学习领域的推理、逻辑、想象力、革新力,缺一不可。

(5) 个人及社会能力。

学生成为有个人及社会能力者是指当学生学会了理解自己及他人,学会了管理自己的人际关系、学习、生活及更有效地从事工作时,学生就成为有个人及社会能力者。个人及社会能力课程的组织及考核主要通过一系列实践活动来完成,其中包括认识与管控情感,培养对他人的同情心并理解人际关系,建立并构建积极的人际关系,做出负责任的决策,通过团队方式有效工作,建设性解决挑战性问题,培养领导能力。

(6) 伦理认识。

学生成为有伦理认识者是指当学生认出并调查伦理性概念、价值观及品德特性,理解了推理可以支持伦理判断的方法时,学生就成为有伦理认识者。伦理认识能力课程的组织及考核主要通过以下方面进行:学生构建了强有力的个人及社会性指向的视野,这样的视野既有助于处理语境、冲突及不确定性,也有助于通过他们的价值观及行为对他人施加影响。

(7) 跨文化理解。

学生进行跨文化理解是指当学生学会了重视自己的文化、语言及信仰,以及他人的文化、语言及信仰时,学生就成为跨文化理解者。在这过程中,学生既逐步理解个人的、群体的、国家的身份认同是如何形成的,也逐步理解文化的可变性及发展变化的本质。跨文化理解能力课程内容及考核涵盖以下方面:学生了解并投入多样化的文化中,途径是求同存异,创造与他人的联系,并培养互相尊重。

2. 跨课程重点领域的课程测试设计方面

(1) 土著与托雷斯海峡岛民历史与文化。

"土著与托雷斯海峡岛民历史与文化"重点课程是通过让所有学

习者融入世界上最古老且持续生存的文化的方式，为所有学习者深入了解澳大利亚提供机会，因此，考核的重点是学生是否理解当代土著与托雷斯海峡岛民社会是强有力的、富裕的、灵活的和多样化的。通过考核重点课程习得的知识与理解，提升所有年轻人积极参与澳大利亚的持续发展。

（2）亚洲与澳大利亚融入亚洲。

"亚洲与澳大利亚融入亚洲"重点课程将确保学生了解并承认亚洲国家（地区）内部及之间的多样性。该课程的考核重点是如何培养学生对亚洲社会、文化、信仰与环境，以及亚洲、澳洲与世界上其他地区人民之间联系的知识与理解。亚洲素养（Asia literacy）为澳大利亚学生提供与亚洲各国（地区）人民沟通及融入（engage with the peoples of Asia）的技能，以便使澳大利亚年轻人在亚洲地区可以有效地生活、工作与学习。

（3）可持续发展。

为使澳大利亚年轻人以可持续发展的生活模式做出贡献，可持续发展重点课程将培养他们上述行为所必需的知识、技能、价值观及世界观。该课程将使不同个体与社区能够以某些可理解且融入世界的方式反映到现实表现中。可持续发展重点课程是指向未来的，它通过教养的行动，聚焦于保护环境，并创造一个更生态的、社会性的公平世界。而支持可持续发展的生活方式的行动则要去考虑环境、社会、文化及经济等系统性要素，以及这些因素之间的相互独立性。

以下为学生可持续发展课程内容测试设计的重点。

● 学校教育各学年的课程测试重点

对部分学习领域，根据澳大利亚课程 4.0 版本，要根据以下教学目的设计测试：首先要决定 F—10 年级都要讲授的内容，同时决定中学教育高年级的后续性深造内容。而对其他学习领域，澳大利亚课程 4.0 版本 F—10 年级的教学目的是分阶段的：F—8 年级要教授的内容，9 年级和 10 年级后续深造的教授内容，中学高年级学年要讲授的内容。

在 8 个学习领域中，每个领域的相关重点在学校教育的各个阶段各要素有所不同。

在学校教育的早期阶段,学习重点首先要放在识读和算术发展上,因为识读和算术是学生后续学习的基础。识读基础主要通过英语课建立,而算术基础主要通过数学课来建立。尽管如此,识读和算术的发展都应通过其他语境(其中包括科学、历史及地理)来进行强化。其次,学习重点还应放在运动技能发展、参加身体活动及通过教授健康与体育来发展更安全且更健康的个人性实践上。最后,在早期学年,通过探索性与创造性的艺术课与技术课学习,所有学生均应有机会发展对周围世界的感觉、认知及情感欣赏。学习语言的机会可以根据学校与课程当局的安排而定。

在小学高年级阶段及中学低年级阶段,要继续将英语、识读课、数学和算术课作为重点课程;同时,根据《墨尔本宣言》所勾勒出的 8 个学习领域,并根据澳大利亚课程,为学生提供宽泛的教育机会。此外,在这些年级阶段,要通过国家课程(澳大利亚课程 4.0 版本)为学生提供核心或共同的学习课程,让学生根据需要与兴趣深化在特定领域中的学习。

在 9 年级和 10 年级,还要设计一些课程,让学生在这两个学年里开始包括职业路径在内的中学高年级路径和计划。设计 9 年级和 10 年级课程旨在提供更多机会,让学生做出有关学习路径的决定,从而深化学生对各个学习领域的理解。设计 9 年级和 10 年级课程,基于以下假设:一方面,学校与/或课程当局将为所有学生提供英语、数学、科学、历史及健康与体育等学习领域的学习机会;另一方面,学校与/或课程当局为学生提供其他学习领域的学习机会,包括国家实习课程(National Trade Cadetships,NTC)在内的职业与应用学习领域的学习机会。在 9 年级和 10 年级,学生灵活地承担更专业化的学习路径,以保证他们均得以全身心投入,并准备继续进入中学高年级学习。

中学高年级课程为学生提供更多机会,以便他们做出涉及校内外学校教育的路径选择。这些选择受到以下因素的影响:一是学生先前获得的成功与愉悦,二是未来培训、学习或就业机会的可得性,三是学习得以发生的环境。高年级学校课程提供了更多专业化学习的机会，其中包括在正规学校课程内的专业化学习机会，以及通过认可的职业教育与培训的专业化学习机会。

● 适应多样化学习者需要的测试设计

为使所有学生发展、促进卓越与高质量的公平教育的课程，澳大利亚承诺，所有学生均有权得到严格、相关及融合性的学习课程，并且其学习课程须是适应具体学习者需要的且富有挑战性的。澳大利亚提出，所有学生的需要必须包含认知、情感、身体、社会及美学上的课程体验。

实际上，包含学习领域、面向21世纪关键能力的通用能力、跨课程学习重点这三个维度的澳大利亚课程变革设计，不但为教师提供了促进澳大利亚所有学生多样化需要的灵活性，而且也为教师自身开展个性化学习提供了灵活性。尤其是在如何适应多样化的学习者方面，澳大利亚为教师提供了包含范例在内的显性教学及测试建议。

★ 对一般学习者学习（其中包括残疾学生的多样化需要）的测试重点建议

对残疾学生，澳大利亚认为，只要在教学内容和展示学习的方式做必要的、符合实际的调整，那么许多残疾学生能够和非残疾的同伴一样达成教育标准。在某些情况下，对课程进行必要的调整是必要的，因为那样可以为残疾学生提供公平机会，让他们使用同龄人的学习领域内容。教师可以选用基于F—10不同层面课程安排的澳大利亚课程内容。教师还可以运用识读、算术及个人与社会能力等课程中的拓展性通用能力学习连续体，来调整学习重点以适应具体学生的需要。

★ 对有天赋和才华学生的学习测试重点建议

对有天赋和才华的学生，教师可以灵活运用国家课程（澳大利亚课程4.0版本）以满足这类学生的具体学习需要，途径是：①为学生提供机会，让他们以更具深度和广度的方式开展学习领域内容的学习，②关注通用能力学习连续体的某些特定方面（如批判性及创造性思维能力中的更高层次的认知能力），以及/或③聚焦跨课程学习重点。此外，教师还可以加快学习进度，途径是：①选用国家课程（澳大利亚课程4.0版本）更后面层次的学习内容，以及/或②选用地方各州（地区）的教学材料。

★ 对将英语作为其他语言或方言的学习者的学习测试重点建议

对将英语作为其他语言或方言（English as an additional language or dialect，EAL/D）学习的学生，澳大利亚认为，由于他们进入澳大利亚学校时的年龄不同，因此，他们的英语水平不同，且其第一语言（母语）的教育背景也不同。尽管许多将英语作为其他语言或方言学习（EAL/D）的学生在学习标准澳大利亚英语前，他们母语的语文（或算术）的能力比较强，但也有数量不少的学生的母语学得不好，甚至还有学生没参加过正规的学校教育。

澳大利亚认为，国家课程（澳大利亚课程4.0版本）对所有学生的要求是一样的，因此，对将英语作为其他语言或方言学习（EAL/D）的学生来说，在同步学习一门新语言并通过新语言来学习内容与技能的同时，他们必须达成国家课程目标。这些学生可以要求增加时间与援助，同时可以要求增加外显性的适应其具体语言学习需要的教学。而对没有接受过正规学校教育的学生而言，他们可以要求增加时间和援助，以便习得在正规语境下通过有效学习获得的技能。

同时，为援助相关教师的教学，国家将特别编写《将全国通用英语作为其他语言或方言：教师资源手册》（*A National English as an Additional Language or Dialect：Teacher Resource*），并发布在网上。

四、结　语

总之，人类活动的社会、政治和经济组织模式正在发生着变化，这些变化也影响着人们的文化习俗，以及看待自身和社会的视角。随着这些视角的变换，每个社会所界定和组织的正规教育也必定要做出相应的改变，以确保正规教育的综合性，并与社会发展相适应。因此，日益增长的文化转型意识决定了要进行课程变革设计，这个意义深远的文化转型不仅与经济变革密切联系，还与加速发展及社会、技术、政治和环境变革过程的相互依赖性有关。

首先，在影响教育质量的众多因素中，课程处于主导地位。因此，必须持续不断地对课程进行设计与修订，确保其与学习者和社会的相关性，并对两者的需要做出回应，同时，课程目标要与人类发展目标保持一致。一方面，要确保全民基础教育的机会平等，就要重视教育质量问题，这成为国家教育体系在学习过程与个体、家庭和社区生活相关性中的核心问题。课程被界定为一系列学习经验的组合，其目的是达到预想的学习结果，并在学习相关性中占据核心地位。另一方面，课程开发永远寻求质量的改进，确保青少年儿童教育对社会变革有所反映。事实上，这主要是根据相关性来界定教育质量，也意味着课程变革管理需要保证教育变革所需的持续应对能力。课程变革致力于确保学习过程与学习结果的相关性，在变革加速的时代，尤其是在信息技术快速发展的当下，课程变革成为讨论知识与教育各自特性和作用的重点，课程被视为教育变革的核心。这种方式可以确保教育系统成为一种“学习组织”，以应对变革过程的复杂性。

其次，要进行课程设计方式的变革。由于课程变革是一个正在进行的过程，尤其是在信息技术快速发展的背景下，20 世纪 90 年代以来各国(地区)制订了更为灵活的课程框架及严格的教学规划和教学大纲，已经逐步趋向于更加灵活的课程指导方针；同样，以往严格的教学规划和大纲所界定的学习内容与所教学科的相对比重，已经逐步转向概述目的、目标和学习结果，为课程地方化留下了足够的空间。要知道，新的课程概念是作为一种工具，以更灵活的方式组织学习过程和学习经验，而不是仅仅把课程看作学习过程和结果的产物。一方面，作为结果，课程设计不再是组织各学科的学习内容，而是对综合学习领域采取跨学科方法，这些综合学习领域对新出现的社会需要保持一定的敏锐性，如促进人权、性别平等与发展、灾难处理等。另一方面，作为过程，课堂上所展示的设计性课程不再严格规定学习方式，而是对学习体验有更大的选择空间。此外，课程设计的重点也需要完成从教到学的转变。课程并不是信息传播的副产品，而是学习者进行意义建构的过程，这是建构主义者学习知识的方法，可以评价学习者个人有意义的活动。同样，学习也不再过分强调认知发展，而是注重态度、技能和能力更为均衡的发展，并成为学会学习和终身学习的实践者。

最后，在所设计的课程实施过程中，要对资源的开发和使用进行变革。信息高速公路既拓宽了学习范围，也赋予了教师更大程度的自由，所以，教师的教学也从课本驱动的教学转向基于信息技术的教与学。在这过程中，人们还须认识，课程概念化是一个动态过程，课程开发是渐进的事业。社会从中央集权转向共同参与制订教育的内容与方向，更多的相关者可以参与进来。

只有这样，在世界日益全球化的背景下，课程设计的变革才能适应现代快速变革的世界。

第六章 当代澳大利亚基于信息技术学习设计中的教学设计

一、教学设计的必要性

（一）教学的本质特性

1. 教学即认知过程

澳大利亚的卡兰兹和科普认为，在教育中，课程可界定为一种诸如学科领域或某种实际能力范畴之类的知识领域。①在课程内，教学应对的是学习的微观动态性。由于教学理论的基础通常建立在人们的认知和心理特性之上，因此，认知特性和心理特性是人们需要加以考虑的；但是，人们对这样的特性还无法充分认识。

为此，他们提出了一种基于认识论的教学观。该理论的重点是关注认知的微观动态性，或关注认知是如何发生的。该理论是一种建立在文化基础上的教学理论，其建立基础是人们通过知识认知而成长为不同类型的人。文化是人们通过语境（text）学习而被逐渐了解的总和，或者说，文化即学习积淀。文化的积淀要么来自从祖先起就已经成为人们日常学习结果的积淀，要么来自人们在投入正规教育后形成的积淀；日程学习的结果是生活世界经验的有机组成部分。文化是人类发明创造和社会化的产物，但认知和文化是人们天性范畴内远没认识

① Kalantzis，M. & Cope，B.（2004a）. Designs for learning. *E-Learning*，1（1）：38 –93.

的东西。认知即一种将思维特质联结世界特质的过程，或者说，认知是一种行为形式。因此，积极意义上的认知就是学习；学习就是一种认知者和可认知事物之间的关系；在这种关系里，学习者发现可认知的事物不但是可以认知的，而且也许是值得认知的。

人与人之间有差异，而且人们的行为之间也有差异，因此，人们必须通过不同方式加以互相认识，并在认识的过程中认知不同的事物。至于认知的不同方式，也许通过体验（深度理解、在某种特定条件下基于拓展的浸入的直觉或判断），也许通过概念化（认知支撑某一特定学科、系统或行业的概念和理论），也许通过分析（将因果关系、兴趣与行为、目的与结果联系起来），也许通过应用（重复做事或再做一次）；这些是认知从中得以实施的一些方式。同时，在这些方式中，有些人往往更愿意选择其中的一种作为自己学习的方式。至于人们认知的不同事物，通常是他们在自己的特殊世界中已经认知的事实、价值观念、兴趣及情感等。

有效教学一般应用一些能够吸引认知者更接近可认知事物的认知方式。有效教学还应用各种方式密切联系学习者生活世界和教育经验的学习内容。尽管学习内容可能是熟悉或不熟悉的，但它们并不总是陌生或无法认知或疏远的。有效教学仔细校准了学习者的已知生活世界和要认知的变革性可能性之间的距离。它是投入感知世界能力的过程，该过程确认（归属）并拓展（变革）学习者的认知框架。

故此，教学就是一种认知过程。如果认知就是思维能力和感知世界能力的联系的话，那么人们可以依据自己所决定运用的看待（并因此界定）知识的角度来狭义或广义地考察这种联系。例如，狭义上，认知就是数据，就是日常生活经验的原材料，即体验性世界。这样的世界是通过人们的感官直接统知的，也是一种难以否定的事实的有形世界。而从相对广义上看，认知就是信息，它是已经通过统计、分类、范畴化、核实的数据及其被应用的综合化的心理过程；当教职员的世界与之发生联系，并形成故事、报告、有价值的数据、描述性内容、文本等时，人们就拥有了信息。

但同时，在教学过程中，认知也存在一种更广泛的意义。在这种意义中，人们得以浸泡于数据和信息中；而且在这种意义中，认知远非仅仅是心理过程；实际上，认知就是人们行动的结果和人们构建意义特性的结果。从这个宽泛的意义上看，认知就是实施行动、构建意义及开展思维（的过程）。

首先，认知即行动。认知建立在“真正的事务”上，其中包括实际生活体验（即处于最热衷的事情）和实际可行的应用（即要让人把事情做完）。在这个建立了实际可行基础的世界里，认知本身就是行动的一个有机组成部分。即使当有些事情并不是最热衷和实际可行的事（暂时让人们将行为或批判性文化理论化）时，认知本身就是一种行为形式；这实际上是让学习者在某个地方费时耗力实施的某种行为形式。这种形式要求人们利用世界的数据和信息，并将这样的数据和信息应用到相关的认知过程中，诸如抽象、推理、诠释、批判及转移。抽象指将涵盖无数特殊性进行概括化；推理即得出结论；诠释即从大量信息中萃取重要而有意义的信息；批判即评价真实性和真正的主张；转移即将在某种情境中获得的结论应用到其他可能的情景中。

其次，认知即建构意义。通过构建在世界中的意义，人们变革世界并改变自己。意义即指向、象征或目标指向的过程。意义可以是一种观察的方式（通过与其他观点对比而命名的方式，选择兴趣焦点）；意义也可以是一种意图（打算去做……）、行为（贯穿……的意义）或性向性（依靠……的意义）问题。

最后，认知即投入感知世界能力的事务。尽管没有投入就没有思维，但认知不仅仅是思维，认知有比思维更多的内涵。

2. 教学即行为和意义建构过程

据上分析，卡兰兹和科普总结认为，有四种基本的认知方式，或称四种行为和意义的过程：①体验，②概念化，③分析，④应用。[①] 在行为

---

① Kalantzis, M. & Cope, B. (2004a). Designs for learning. *E-Learning*, 1(1): 38 – 93.

和意义这些环境中，认识论（即知识的理论）和教学（学习的理论）是一致的。在这四种认知过程中，每一个过程都多多少少等同于多元识读能力教学中的一个课程指向（见表6-1）。①②

表6-1 教学过程

认知乐章	多元识读能力的课程指向
体验	情境性实践
概念化	公开的教学
分析	批判性框架构建
应用	变革性实践

借用音乐来比喻，当学习通过设计进行时，这四种认知方式通过“乐章”（movements）来体现。对这些乐章来说，它们既没有必要的顺序，也没必要就只有四个乐章。然而，乐章的概念往往指向一种内在的动态性。这种动态性通过多种方式说明自己。第一，不像生活世界中的日常学习那样，这些乐章是积极、外显的滑动步子。它们至少是有意识的，并多多少少是计划性及系统性的。它们是精心策划的乐曲。第二，这些乐章并不是静态与有清晰界限的东西，它们具有某种设计于其中的语境动态性。演奏上，一个乐章接着一个乐章；教学上，作为一个整体性文本，这些乐章得以编辑、安排顺序、实施并表现出来。第三，每个乐章同样具有内部动态性，它有自己的开头、主体及结尾。这种内在的动态性看起来几乎拥有自己的独立生活方式，它告知人们它来自某个地方并有可能引导着某个地方，而那个地方常常是另一个认知过程或乐章。实际上，每个乐章都提出了各自的观点，特别是随着乐章接近尾声时，情况尤其如此。这就是从一个乐章转到另一个乐章的意义；同时，在乐章转换中（如从概念化到体验，或从应用到概念化，或从分析

① Cope, B. & Kalantzis, M. (2000b). *Multiliteracies: Literacy Learning and the Design of Social Futures*. London: Routledge.

② Kalantzis, M. & Cope, B. (2001b). *Transformations in Language and Learning: Perspectives on Multiliteracies*. Melbourne: Common Ground.

到应用),每一个转换都是相当独特的。

在坚持同样主题的情况下,一种特定的认知过程既可以贯穿任何一个乐章,也可以进行从一个乐章到另一个乐章多样性的转换。为了保持音乐性,每一个乐章都是在某个主题上的变体。转换的速度可快可慢;乐章还可以频繁变换,也可以经过较长时间才开始。换言之,乐章是可拓展的、伸缩的;它们可以是在课堂教学语境中的简短且时常转换频率的乐章,也可以是在更长的学习体验中更慢且频率转换更少的乐章。这样的学习体验可以延续几天、几周,甚至几个月不等。乐章和转换还可以是规则的和不规则的,以体现出不同的速度和音调。

然而,在教学过程中,存在基本的"能力单位"或维持度;而这就是要设计多样性以便探索主题。其中存在着某种称为教学的很小片段性的知识,即学习设计;这样小的片段性知识是乐章的片段,或是孤立和未完成的乐章。这样的片段可以用于学习,但它们不是学习设计;其唯一的特点是事实、数据、输入或信息。

从另一方面来说,存在着一个序列的认知乐章;认知乐章序列达到完整性的程度,就是基本的能力单元,即"学习要素"。换用传统的教学术语,这种基本的能力单元可以是教科书的章节,也可以是一篇课文。按语篇术语来说,教学是一个类属,一个具有结构特点的完整语篇;语篇的动态性可以界定并通过追踪其序列性的乐章而加以描述。乐章开始后就是主体、形成结论,直至结尾;到结尾时,人们即可探究在某个特定主题上的一系列有用的变体。

如果将其加以拓展,人们可以将主要的认知乐章的各个方面认定如下(见表6-2)。

表 6-2　教学即行动的认知

认知乐章	体验	已知(The Known)
		未知(The New)
	概念化	通过赋予名称(By Naming)
		通过理论化(By Theorising)
	分析	功能性(Functionally)
		批判性(Critically)
	应用	合适性(Appropriately)
		创造性(Creatively)

(1) 体验。

体验是一种认知过程,它涉及从教职员真实、日常生活世界中的浸泡学习,包括个人体验、具体投入及接触证据、事实和数据。这是进步主义课程的一个主要重点。

体验在生活世界中的出现是自然而平常的;而作为体验结果的学习则往往是无意识的、随意的、策略性的、伴随性的,并深度内生于生活世界。相比之下,从本质上看,作为教学(学习设计)一部分的体验往往更具意识性、系统性、结构性及外隐性的。此时的体验指在教育环境外的某个场所发生,它通过语篇表现、试听呈现,通过模仿或冒险而实现体验。

有两种截然不同的体验方式。

● 体验已知。体验已知是一个学习者利用生活世界经验的过程,即依赖诸如背景知识、共同体背景、个人兴趣、个体动机、日常生活及所熟知的事物等学习资源。

● 体验未知。体验未知是一个学习者浸泡于某个不熟悉的经验领域的过程;这种领域要么是真实的(场所、社区、情境),要么是虚拟的(语境、景象、数据及其他有代表性意义的)。在这里,"未知的"是从学习者的角度加以界定的,即就学习者的生活世界来源而言是不熟悉的事物。然而,为了构建合适的富有成效学习的意义,未知的事物至少要具有一些熟悉性的要素;它至少有一半是有意义的;它必须在直觉上有整体意义。为发生学习,它还需要搭建脚手架,必须有途径让不熟悉的部分变得清晰、可理解,如通过同伴、教师、语篇性交叉参考的帮助或援助性菜单等。

（2）概念化。

概念化是一种涉及发展抽象、概括概念,并将这些概念理论性综合化的认知过程。概念化包含沿着某种深度轴心,离开生活世界体验,来考察支撑性结构、原因和关系,其中许多支撑性结构、原因和关系可能是抗直觉性的,并挑战人们的共性假设。这是传统课程的一个主要重点:讲授抽象的概念界定、规则及学科知识框架。

概念化一般有以下两种方式。

● 名称概念化。通过命名方式的概念化是一个涉及发展抽象、普遍化术语的过程。作为一个概念,它不仅命名其独特性,而且从其独特性中萃取(抽象)出一些普遍性,以便其他特定的物质(尽管它们存在有形和情境性的差异性)可以赋予同样的名称。在儿童发展方面,维果斯基用心理语言学术语将概念的发展进行了描述。①

● 理论概念化。理论概念化是一个涉及外显、公开、系统性、分析性及有意识理解的过程,它揭示了可能不会直接从生活世界经验视角中显现出来的隐性或支撑性事实。理论化是典型的范式性图式和心理模式的基础;范式性图式和心理模式构成了学术性学科领域的支撑性、综合性的语篇。

（3）分析。

分析是一种认知过程,它不但涉及考察某种组成成分和功能性要素,而且涉及对某种特定的知识、行为、对象或被呈现的意义的支撑性原理的诠释。分析可以包含认定目的,诠释其服务于人们利益的观点、

---

① Vygotsky, L. S. (1978). *Mind in Society: The Development of Higher Psychological Processes*. Cambridge, MA: Harvard University Press.

意图，以及置身于这些目的、观点和意图中的语境。

分析一般有以下两种形式。

● 功能性分析。功能性分析是一种涉及考察某种知识、行为、对象或所呈现的意义的功能的过程。例如，它是做什么的？如何做？结构、功能、联系及语境是什么？原因是什么？结果又是什么？

● 批判性分析。批判性分析是一种对人们的意图和利益提出疑问的过程。对任何一种知识、行为、对象或所呈现的意义而言，我们都可能提出以下问题：它代表的是谁的观点？它是如何影响的？它服务于哪方面的利益？其产生的社会和环境性结果是什么？这是批判的主要特点指向或批判性教学的主要特征。

（4）应用。

应用是一种认知过程，它涉及积极干预人类和自然界，通过应用经验性、概念性或批判性知识的学习；这样的过程是基于认知世界某些方面对世界采取的行动，也是从行动体验中学习新知。这是传统的应用性或能力为本学习的重点。

在日常生活领域的应用往往以不寻常方式出现。我们通常在做事中学习。应用也一样，我们在生活世界中通过应用，并以一些多多少少无意识的，或者是伴随着应用过程的方式学习；换言之，学习是以一些内生于生活世界的方式进行的。教学上的应用总是一种多多少少有意识地从某种教育环境中获得知识，并使知识在环境中起作用的过程。从这个意义上说，应用仍然是外隐性的。即使应用不如生活世界本身的无意识应用那样真实，但应用与教育一样也是真实的。

应用有以下两种方式。

● 合适性应用。合适性应用是一个过程；通过该过程，知识在某个特定语境中，以一种可预测的或典型的方式，得以实施或实现。为适配在某个特定情景中的一般性预期，人们可以采取诸如以下的行动：①对象可以通过其假设的情形加以运用；②意义可以通过符合某种符号学语境的类属性规范的方式加以表达，但应用绝对不包含原原本本的复制或精确的复制；③应用总可以通过某种方式进行变革，如涉及重新设计或重新表达世界。应该说，这样的应用方式，也许是非常细腻的，但也是之前从没有出现过的。

● 创造性应用。创造性应用是一个过程。创造性应用从某种环境中吸取知识和能力，并将知识和能力适应于某种完全不同的环境中；这种差异性巨大的环境远非那种知识或能力得以产生的场所，它也许是某种学习者不熟悉的环境。这样的环境涉及从其熟悉的语境中吸取知识和能力，并使知识和能力产生作用；其作用也许有差别，也许在别的什么地方产生。这种类型的变革可能导致富有想象力的原创性、创造性的知识或能力的分支，以及具有生产力的知识或能力的融合。

当然，如果没有思维和心理过程，就没有认知。尽管如此，在教学过程中，应用的重点是强调认知的方式（认识论）和作为意义和行为的认知，而非强调指向内在心理能力（认知、心智）。尽管认知和心理是学习的原材料，但认知过程应处于学习的核心；同时，这些认知过程承担了意义和行为。或者更准确地说，这些认知过程承担了多种意义和行为，也存在着多种方式的认知。以下四个方面可以呈现在体验、概念化、分析、应用这四种认知方式之间的差异。

★ 文化。与其他方面相比，某些文化、亚文化、机构、情景或实践共同体可以更多地受到某种认知方式的驱动；在体验过程中，文化、亚文化、机构、情景或实践共同体要么趋向于参与者的相对非反思、消极的浸泡，要么趋向于相对脱离框架的任务（如在科学和技术中），要么趋向于对目的和利益（如政治）的批判性质疑，要么趋向于高度实际可行的行动（如说服力）。

★ 学习者。相比之下，不同的个体可能更感到愉悦，或往往偏爱运用某一种学习风格。这样的学习风格可能包括：①通过浸泡于体验中的学习，②通过预期学习目的的学习，③在个体完成实际可行的事物的过程中学习。

● 认知领域。相比之下，有些内容或学科领域让人们更容易逐步接受某一种认知方式。这样的认知方式包括：①在阅读学习方面偏爱使用体验认知方式，②在诸如化学学科这样的理科学习方面偏爱运用概念化认知方式,③在社会学学科学习方面偏爱使用分析的认知方式,④在体育运动或某门手艺学习方面偏好使用应用的认知方式。尽管这些方式很有可能存在着主导性强调的认知领域,但它们很少成为学习所需的总体认知方式。

● 教学。相比之下,有些形式的教学设计和教学往往强调某些认知过程。西方的知识系统往往介于客观主义和主观主义之间。客观主义的建立基础是外在体验的各种事实、理论的各种研究发现及合适性运用的正确与否等方面;主观主义的建立基础是个人体验的各种观点、利益的相对性及内生于运用人们所认知的事物过程中的创造性。宽泛而言,客观主义是人们称之为传统课程的基础,而主观主义则是进步主义课程的基础。

尽管如此,在实际的教学过程中,一般而言,教师和学习者刚开始不想对文化、学习者、认知领域或教学提出判断意见,因为每种认知方式似乎都有适合自身的情况。然而,重要的是,教师和学习者正在通过认知来了解参与者。当教师和学习者准备认知事物时,他们应该清楚其认知的方式。

当教师和学习者明晰自己的认知方式时,他们可能有意识地决定拓宽或不拓宽其认知方式的本领。变革性课程并非自身通过决定拓宽认知方式本领来加以界定的;相反,变革性课程是一种在一系列可能的认知过程中做出决定的事物。

二、教学设计的重点领域

通过澳大利亚昆士兰州学校改革深度研究(Queensland School Reform Longitudinal Study),林加德(Lingard,B.)既强调了教师作为学习设计者的作用,也同达林-哈蒙(Darling-Hammond,L.)一样,突出了学习设计中的智力品质对学生成绩表现的重要性。① 在发展富有成效的教学模式的过程中,他观察到了课堂上的教学是如何避免学生的生活与社区脱节的。于是,他认为富有成效教学模式中的两个维度应为"合作性及差异性评价"与"智力品质"。②

因此,就基于信息技术的教学变革设计而言,其设计重点应围绕智力品质、合作性及差异性评价三个方面进行。

(一) 智力品质

澳大利亚认为,智力品质是一种旨在导致对重要且有实质性的概念、技能与观念产生深刻理解的教学。这样的教学将知识处理为某种东西;它不但需要积极建构,而且需要学生投入更高层次的思维,并可以实质上表达其正在学习的有关内容。③ 智力品质首先出现于澳大利亚昆士兰州教育与培训部的新基础计划(New Basic Project)中。该计划强调学习过程, 要求教师围绕新基础就以下四个范畴组织教学:① 生命路径和社会未来(Life Pathways and Social Futures),② 多元识读能力和沟通媒介(Multiliteracies and Communications Media),③ 积极的公民(Active Citizenship),④ 环境和技术(Environments and Technologies)。④

1. 智力品质的内涵

智力品质建立在真实性教学研究的基础上。纽曼(Newmann, F. M.)首先对真实性教学进行了系统的研究。他们对美国中学社会科目进行了高层次教学调查。通过研究,他们发现,"那些在上课中体现出'有课堂创见'(classroom thoughtfulness)的学生往往在要求进行批判性

---

① Darling-Hammond, L. (2006). Securing the right to learn: Policy and practice for powerful teaching and learning. *Educational Researcher*, 10(35): 7.

② Lingard, B. (2007). Pedagogies of indifference. *International Journal of Inclusive Education*, 11(3): 245 – 266.

③ http://www.curriculumsupport.nsw.edu.au/qualityTeaching/docs/QualityTeachingEpsColor.pdf.

④ http://www.focuseducation.com.au/Products/ITC/Primary_Pedagogies.pdf.

思维及说服性写作的任务中做得更好"①。

(1) 真实性教学有助于学校重构。

美国威斯康辛-麦迪森大学的学校组织及重构中心于1991—1995年开展了一项真实性教学与学校重构问题的研究。在研究中,纽曼和他的同事展示了他们关于真实性智力工作的愿景,并报告了对美国24所重构学校的研究结果。每所学校都进行了一年的广泛研究。他们观察了社会学和社会科目教师的教学,这些教师都提交了包括学生任务在内的重要的评价任务。他们对课文、任务及学生作业进行了编码,分别编为更高层次思维、深度理解、实质性对话及精细化书面沟通(根据真实性教学方式,实质性对话是与学生精细化书面沟通任务相联系的课堂观察指标。澳大利亚新南威尔士州认为,这两个方面应进行合并,称为"实质性沟通")。

纽曼等人发现,不管是小学、中学,还是高中,真实性教学方式都与学生的真实性学术能力表现密切相关。换言之,当教师提供的教学与评价强调智力品质时,学生就在基于课堂的评价中有更高的能力表现。② 纽曼等人研究同样发现,真实性教学不但可以公平地分布于拥有不同社会背景的学生中,而且可以使这些具有不同社会背景的学生也取得比较令人满意的学习结果。也就是说,当将学生的先前学业水平考虑进去的时候,不管是种族、种族地位,还是社会经济地位,真实性教学方式都不会对学生学业产生影响。③

(2) 真实性教学有助于公平教育的实现。

---

① Newmann, F. M. (1991). Classroom thoughtfulness and students' higher order thinking: Common indicators and diverse social studies. *Theory and Research in Social Education*, 19(4): 409 - 431.

② Newmann, F. M., Marks, M. M. & Gamoran, A. (1996). Authentic pedagogy and student performance. *American Journal of Education*, 104(8): 280 - 312.

③ Newmann, F. M. & Associates. (1996). *Authentic Achievement: Restructuring Schools for Intellectual Quality*. San Francisco: Jossey-Bass.

李和他的同事(Lee, V. E. ,et al.)同样进行过类似的研究。他们采用了美国全国教育深度调查(National Educational Longitudinal Survey, NELS)的数据资料。从 1988 年到 1992 年,他们选择了 800 所高中约 10000 名 8 到 12 年级学生作为研究样本。此项研究连续四年考察了影响学生参加传统学业测试(数学和科学)学习结果的因素。

此项研究同样取得了一些非常令人鼓舞的关于公平教育的发现。分析表明,真实性教学方式可以减少高社会经济地位的学生与低社会经济地位的学生在数学和科学学业上的不公平性。①②

(3) 真实性智力品质应该具有挑战性。

纽曼等人还就真实性智力品质进行过研究。他们研究了 3 年级、6 年级和 8 年级学生课堂上的写作与数学任务,以及这些学生在上述任务上的表现。然后,他们把学生在这些方面上的能力表现编码为分析性维度(更高层次思维)、学科内容维度(精深知识与深度理解)及精细化书面沟通(实质性沟通)维度。他们在研究中发现,学生的智力任务及其工作任务在这些范畴中的分值一般不高。然而,如果教师提出了更多的要求和严格的智力任务,那么在智力任务与学生工作任务之间会出现强有力的关系。也就是说,教师提供任务的智力品质越高,那么学生获得的真实性任务的层次就越高;反之,如果教师提供任务的智力

---

① Lee, V. E. , Smith, J. & Croninger, R. (1995). Another look at high school restructuring. Issues in Restructuring Schools, No. 9. Center on Organization and Restructuring of Schools, Wisconsin Center for Educational Research, University of Wisconsin, Madison, WI. http://www. wcer. wisc. edu/archives/completed/cors/Issues_in_Restructuring_schools/.

② Lee, V. E. , Smith, J. & Croninger, R. (1997). How high school organization influences the equitable distribution of learning in mathematics and science. *Sociology of Education*, 70(4): 128 – 150.

品质挑战性越低，那么学生获得的真实性任务的层次就越低。①

此外，纽曼等人还考察了教师任务的品质与学生参加标准化测试所获得的成绩水平之间的关系。在阅读与数学这两门学科测试中，他们发现，那些接受更高层次真实性任务的学生要比参加更低层次测试的学生所取得的结果要好得多。②

史密斯等人(Smith,J. ,et al.)研究了小学交互式教学与学习之间的联系问题。交互式教学包含了智力品质的一些主要要素，即更高层次思维、问题性知识、深度理解及拓展性的实质性讨论与写作(实质性沟通)。在教师对教学行动及学生标准化测试分数的报告中，他们发现了清楚而一致的证据：交互式教学方法在阅读及数学这两个学科领域的学习成就更具相关性。③

(4) 真实性教学要求教师具有更高品质。

阿韦里(Avery,P. G.)考察了一所高中5名教师的12节历史课教学。阿韦里的研究目的是了解这5名教师在多大程度上提供了真实性教学(更高层次的思维、精深的知识、深度理解及实质性沟通)。在该项研究中，所有的教师都教授为期一个月的课程，内容是关于移民。授课结束后，他们都给学生进行同样的测试，测试的内容具有智力上的挑战性。结果表明，如果教学上赋予了更高层次的智力品质，那么学生的

---

① Newmann, F. M. , Lopez, G. & Bryk, A. S. (1998). The quality of intellectual work in Chicago schools: A baseline report. Chicago: Consortium on Chicago School Research.

② Newmann, F. M. , Bryk, A. S. & Nagaoka, J. (2001). Authentic intellectual work and standardized tests: Conflict or coexistence. Chicago: Consortium on Chicago School Research.

③ Smith, J. , Lee, V. E. & Newmann, F. M. (2001). Instruction and achievement in Chicago elementary schools. Chicago: Consortium on Chicago School Research.

能力表现就会更高。①

与性别、种族地位或社会经济地位相比，教师的教学品质对学生的能力表现具有更大的影响。同时，教师的教学品质还提供了更多的证据，即真实性教学方式在社会差异方面表现出了显著相关性；该方式与旨在提高所有学生学术能力表现的公平行动方面具有一致性。阿韦里研究具有重要意义，因为所有的教师都运用了同样的评价任务，因此，它表明更高层次智力品质在教师日常教学中的重要和积极的影响。那就是说，由于教师运用了同样的任务，学生体验之间的差异就是课堂教学的质量问题了。

（5）真实性教学促进全纳性教育。

金等人（King，M. B. ，et al. ）为此提供了重要的证据。他们的研究表明，残疾学生也可以成功地参与强调高智力品质的高中学校的教与学。研究人员对四所高中的数学、写作、科学及社会等课程教师评价及学生任务作业都进行了编码。②

他们研究的主要发现是：①所有学校的教师都坚定地投入全纳教育中。然而，在对残疾生和非残疾生呈现多少真实性教学行动及给他们多少挑战性预期方面，各校之间存在很大的差别。②残疾生一般都得到与非残疾生同样的教学与评价行动。挑战性课文与评价通常提供给包括残疾生和非残疾生的混合群体。在学校中，至少部分教师都为残疾生和非残疾生提供了高智力挑战性的课文教学。提供给残疾生的教学设施没有显著影响真实性的层次。③学生的能力表现与课文及教

---

① Avery, P. G. (1999). Authentic instruction and assessment. *Social Education*, 65(6): 368 – 373.

② King, M. B., Schroeder, J. & Buckley, J. (2001). Authentic pedagogy and achievement in inclusive classrooms. Phelps, R. A., King, M. B. & Associates. (Eds.). *Authentic Learning in Inclusive High Schools: Evidence-based Practices That Make a Difference for Learners*. Madison, Wisconsin: Wisconson Center for Educational Research.

师任务的真实性程度密切相关。重要的是,接受了更高层次的真实性教学方式的残疾生与接受了更低层次教学方式的非残疾生不具有同样的能力表现,前者比后者有更好的能力表现。①

(6) 智力品质教学与低成绩背景学生学业水平呈现正相关性。

通过考查学生参加艾奥瓦州基础能力测试(Iowa Test of Basic Skills,ITBS)的结果,纽曼等人发现,在数学和写作测试中,不管是取得好成绩的学生还是取得差成绩的学生,他们都实质上从高智力品质中获益匪浅。对学生来说,要说有差异的话,那只是程度不同而已。研究发现,在数学和写作测试中,在取得良好成绩的学生与考得不好的学生里,数学考得不好的学生要比数学考得好的学生从智力品质中受益更多,而写作考得好的学生要比考得不好的学生更得益于智力品质。②

然而,整个模式却是非常简单的。正如纽曼等人所说:"如果把所有要素考虑在一起的话,这些结果表明,大量的多样化学生得益于参与高质量课堂智力作业任务。不管是原来成绩好的学生还是原来成绩不好的学生,与那些被安排了低质量任务的学生相比,通过一年的学术新课程的学习,他们都获得了更多的受益。简言之,真实性智力作业(任务)不仅丰富了儿童的教学,也丰富了所有学生的教学。"③

(7) 真实性教学涉及问题知识与元语言的发展。

在纽曼和他同事研究成果的基础上,由纽卡斯尔大学的拉德维希

---

① King, M. B., Schroeder, J. & Chawszczewski, D. (2001). Authentic assessment and student performance in inclusive schools. Research Brief 15. Madison, Wisconsin: Research Institute on Secondary Education Reform (RISER) for Youth with Disabilities. http://www.wcer.wisc.edu/riser/briefs.htm.

② Newmann, F. M., Bryk, A. S. & Nagaoka, J. (2001). Authentic intellectual work and standardized tests: Conflict or coexistence. Chicago: Consortium on Chicago School Research.

③ Newmann, F. M., Bryk, A. S. & Nagaoka, J. (2001). Authentic intellectual work and standardized tests: Conflict or coexistence. Chicago: Consortium on Chicago School Research: 27.

(Ladwig,J.)和昆士兰州大学的林加德领衔的昆士兰州学校改革深度研究(QSRLS),发展了一种称为“富有成效的教学”(productive pedagogy)的研究构念,并对富有成效的教学方式与学生学习结果之间的关系进行了分析。

特别值得一提的是,他们认为,真实性教学框架应该将智力品质拓展到问题知识和元语言。这两种要素都已成了特定教育研究的重点。实际上,问题知识与元语言可以作为良好的研究项目中的测量项目。①

对问题知识首先产生兴趣的是哈罗德·贝拉克和A.贝拉克(Berlark,H. & Berlark,A.)②,元语言则首先由澳大利亚教育社会语言学家们(Baker,C. D. & Freebody,P.;Christie,F.;Freebody,P.,Ludwig,C. & Gunn,S.)③④⑤提出。

2. 智力品质的内容和要求

澳大利亚提出,根据美国相关学者的研究成果,智力品质应该与课堂教学实践与评价任务相结合,即智力品质首先包括高层次的思维、精深的知识、深度理解、实质性沟通(也就是精细化的书面任务沟通)及与世界的联结。

但基于澳大利亚的实际,智力品质还应包括元语言、问题性知识及联结世界这些要素。澳大利亚认为:“第一,元语言及问题性知识同样

---

① Queensland School Reform Longitudianl Study. (2001). *The Queensland School Reform Longitudinal Study (QSRLS) Final Report*. Brisbane: Education Queensland.

② Berlak,H. & Berlak,A. (1981). *Dilemmas of Teaching*. London: Methuen.

③ Baker,C. D. & Freebody,P. (1989). *Children's First School Books*. Oxford: Blackwell.

④ Christie,F. (1990). Literacy for a changing world. Melbourne: Australian Council for Educational Research.

⑤ Freebody,P.,Ludwig,C. & Gunn,S. (1995). Everyday literacy practices in and out of schools in low socioeconomic urban communities. Canberra: Department of Employment,Education and Training.

是智力品质的指标；第二，联结世界可以更好地理解为教学方式维度的一个独立的指标。”①

由此，澳大利亚认为，有效语言课堂教学中的智力品质就应包括精深知识、深度理解、问题知识、高层次的思维、元语言及实质性沟通（即精细化的书面任务沟通）。

有关智力品质标准在课堂教学中的体现及评价见表6-3。

表6-3 智力品质标准在课堂教学中的体现及评价

要素	在课堂教学的具体体现	评价
精深知识	正在传递的知识不但强调话题、学科或关键学习领域内的数量较少的关键概念与观念，而且关注概念之间的关系。	评价任务不但强调话题、学科或关键学习领域内的数量较少的关键概念与观念，而且要求清楚阐明概念之间的关系。
深度理解	学生不但对关键概念展现深刻而有意义的理解，而且对那些概念之间的关系有深入的体悟。	评价任务要求学生对他们正在学习的东西有深入而非肤浅的理解。
问题知识	学生得到鼓励，多视角地提出自己的见解，并/或解决问题；同时，学生也得到鼓励，认可“知识已经被建构，因此知识对问题的解答是开放性的”观点。	评价任务要求学生从多种视角呈现或分析，并/或解决问题；同时，评价任务还要求学生展示知识的建构是如何与他们对任务的理解相联系的。
高层次的思维	学生得以周期性地参加考虑问题；学生思考的问题要涉及知识信息的组织、重组、应用、分析、综合、评估。	评价任务要求学生对知识信息进行组织、重组、应用、分析、综合、评估。

① Queensland School Reform Longitudinal Study.（2001）. *The Queensland School Reform Longitudinal Study*（*QSRLS*）*Final Report*. Brisbane：Education Queensland.

续表

要素	在课堂教学的具体体现	评价
元语言	课文讲授清楚地把知识称为或细化为某种专家语言(元语言);同时,课文讲授还经常对语言的使用及各种语境下不同语言的用法提供评述。	评价任务要求运用元语言、评述语言的运用及各种语境下不同语言的用法。
实质性沟通	学生要周期性地得到参加有关他们正在面对的概念与观念的可持续的交流活动,交流的方式可以是口头的、书面的,也可以是艺术形式的。	评价任务要求学生用一种精细而且有实质意义的方式传递他们的理解。

可见,建立在真实性教学基础上的智力品质的重点突出强调了挑战学习设计的相关要素:真实性教学要求更高层次的思维、深度知识、大量的对话及超越课堂的联结。真实性评价包含预期学生组织信息、考虑选择性、展示学科内容与过程的知识、表现细化的沟通、解决问题;而且所有评价内容既要联结超越课堂的世界,也要呈现超越课堂的受众。①

这个富有成效的教学方式为学生将自己的生活世界以有意义的方式带入课堂提供了方便之门。在大量的对话与探索问题性知识过程中,随着多元观点得以仔细考虑,通过学生对学习群体的贡献,学生的差异性得到了重视。

(二) 合作性

在以知识为本的机构中,合作的重要性可从未来工作场所(企业)的视角加以理解。在企业中,知识是一种重要的资源,并通过企业的人事部门提供给企业;企业则积极地开展竞争以吸引与留住专家型人才。②学校也可以被考虑为知识的场所(knowledge workplaces),在学校

① Lingard, B. (2007). Pedagogies of indifference. *International Journal of Inclusive Education*, 11(3): 245 - 266.

② Alvesson, M. (2000). Social identity and the problem of loyalty in knowledge-intensive companies. *Journal of Management Studies*, 37(8): 1101 - 1123.

这样的知识场所中，学生与教师运用并创造知识。“精心打造的欢迎并安排智力工作的文化组织，不仅吸引与保持着最优秀及最美好的，而且也享受下一代创新的竞争优势。”① 创新、创造力及有效解决问题的潜力得以提高的途径是通过这些专家型员工的集体努力，或在学校通过学生的集体努力而成。

沃斯森和法尔肯伯格（Woiceshyn, J. & Falkenberg, L.）认为，在追求企业目标过程中，当企业招募专家型人员时，企业既要了解相关专家的专业知识背景，也要了解这些专家的专业网络及人脉情况。在学校环境下，可以认为是学生将生活世界的多样性随身带到了课堂。然而，为充分受益于这样有价值的资源，企业与教师需要合适地设置援助性结构以促进合作：“例如，如果谷歌不是招募了大批能人并让他们自己做设计的话，假如企业没有建立显性的价值观的话，那么企业就不会是问题解决上的成功者。企业的显性价值观包括共享知识、积极培育网络资源、援助管理及技术系统。”②

真实性学习可以通过设计当代工作场所的仿真性知识、创造实践共同体来实现。在协作创造新知识的项目团队内，可持续性的学习关系得以构建。布朗（Brown, J. S.）描述了在这种真实世界环境下工作的价值：“……每个共同体本身都被嵌入了一个更广泛的认知框架中……认知框架指明了什么样的问题是有意义的，什么样的问题解决是简洁的，什么样的论点证据是可以接受的，等等。尽管认知框架是显性的，但归属于某个实践共同体后能够使学习者凭直觉就知道框架并对其进行表征。支撑该框架的是一切富有成效探究投入的观念，或者

---

① Buchen, I. H. (2006). *Futures Thinking, Learning, and Leading: Applying Multiple Intelligences to Success and Innovation*. Lanham, MD: Rowman & Littlefield Publishing Group.

② Woiceshyn, J. & Falkenberg, L. (2008). Value creation in knowledge-based firms: Aligning problems and resources. *Academy of Management Perspectives*, 22(2): 85 – 99.

是人们为实施其所想而深思熟虑地寻求其所需的任何行为。”①

换言之，通过获取不同学科的知识，以及使用群体内、组织外的专业知识，在项目完成过程中，学生发展了知识如何得以运用、创新、创造的意识。通过与学科专家的共事，学生耳濡目染了学科的文化及学科专家的世界观。在这种真实的世界性学习环境中，学生不仅理解了不同学科的人们是如何运作的，也理解了在完成复杂项目中专门学科知识是如何获得的。根据这种方法，在学科文化适应过程中，当设计的学习项目将学科专家与学生联合起来时，教师就可以被视为学习设计者和文化的中介。

（三）差异性评价

研究（Monalisa，M.，et al.；Spiers，C.；Park，A.）认为，用户市场日益加强的全球化及多样化特性是支撑人们在工作场所态度转向的一种动力。②③④ 将多样化的价值反思到当代工作场所中，学生的多样化也应该用到课堂教学中，以此来丰富所有学生的学习及，并进一步提升个体与学习的联系水平。学生之间的差异也应该加以运用，以便深化与拓宽对问题的理解，并打开学生探究的新领域。

在考察新学习中教师的角色变化时，对教与学过程中学生评价议题的考察同样重要。学生评价直接影响教与学过程中教师和学生能动性的层次；学生评价还影响教师创建的学习设计类型及学习设计课堂中实施的方式。为此，布肯主张：“学校与共同体的价值观就是考核学生。因为在学校的统计议程与人类学习的基本倾向之间，经常存在不

---

① Brown, J. S. (2006). New leraning environments for the 21st century: Exploring the edge. *Change: The Magazine of Higher Learning*, 38(5): 18 – 24.

② Monalisa, M., Daim, T., Mirani, F., et al. (2008). Managing global design teams. *Research-Technology Management*, 51(4): 48 – 59.

③ Spiers, C. (2008). The business benefits of diversity. *Management Services*, 52(2): 26 – 30.

④ Park, A. (2008). Making diversity a business advantage. *Harvard Management Update*, 13(4): 312 – 325.

匹配现象;同样,为了测试,教学经常是支离破碎与扭曲的,因此需要进行多样性的评价。如果测试的内容有点难,有点棘手,或统计结果上'站不住脚',那么,为了辅助测试,测试材料须加以设置。"①

布肯的担心也得到了其他研究人员的积极回应。②③④⑤ 从职场上看,有研究者(如,Woiceshyn,J. & Falkenberg,L.)声称,企业往往重视一定的特性,如创意、创新、问题解决及这些领域的协作关联性等。如果人们考虑同样的情况,那么对教育机构也是适用的,因此,有必要将被重视的价值观与学习目标更紧密地联结起来,并最终与对那些目标的评价更紧密地联结起来。问题的关键是,所设定的目标要真正反映共同体与学习机构的价值观,要将学习设计与这些目标联结起来,要向学习者清晰地阐述目标,并确保评价任务准确匹配这些目标。⑥

因此,任何有意义的评价都必须包含教师与学生,这样才能保证教、学及评价之间出现密切的匹配。这样的教、学及评价过程才会更准确地衡量教与学的质量,而不会衡量其他随意的特性。从教、学、评价

① Buchen,I. H. (2006). *Futures Thinking, Learning, and Leading: Applying Multiple Intelligences to Success and Innovation*. Lanham, MD: Rowman & Littlefield Publishing Group:120.

② Vickers,M. & Singh,M. (2005). Educational pedagogies, policies and politics: Some things students, parents and teachers need to know. *Australian Journal of Education*. 49(3):12 – 31.

③ Darling-Hammond, L. (2006). Securing the right to learn: Policy and practice for powerful teaching and learning. *Educational Researcher*,10(35):1 – 13.

④ McLaren, P. (2005). *Capitalists and Conquerors—A Critical Pedagogy against Empire*. Lanham,MD:Rowman & Littlefield Publishing Group:120.

⑤ Huber, M. T. (2004). *Balancing Acts: The Scholarship of Teaching and Learning in Academic Careers*. Washington, DC: American Association for Higher Education and the Carnegie Foundation for the Advancement of Teaching.

⑥ Woiceshyn,J. & Falkenberg,L. (2008). Value creation in knowledge-based firms: Aligning problems and resources. *Academy of Management Perspectives*,22(2): 85 – 89.

的过程来看,根据需要而做出的明智的设计调整,评估学习设计的效能同样是有可能的。最终,承认教师作为学习设计者的角色可能改变当前的格局,“名师也许有许多值得赞美的理由,但通常不会因为支撑课程设计与课程教学的思维质量而受到赞美”①。对学生而言,通过学习设计,目标、教学及评价得以密切联结,变得更加透明;这样的学习设计可以认为是更好地满足了多样化学生人群的需要。当学生充分理解学习目标与学习活动的预期后,他们在学习过程中就具有更大的力量,并能够更好地协商自己的具体学习旅程。

三、当代澳大利亚教学变革行动设计

（一）目的设计

针对回归基础运动,卡兰兹和科普引领了一项课程研究和行动——学习设计语言行动。学习设计语言行动依赖并拓展了人们对课程研究与开发的洞察,它是一系列长期课程研究与开发计划的集大成者,其中包括从20世纪70年代末期到20世纪80年代末期的识读能力计划(Kalantzis,M. & Cope,B. 1989),从20世纪80年代末期到20世纪90年代初期的类方法识字(Cope,B. & Kalantzis,M. 1993a,1993b),以及从20世纪90年代中期起发展的多元识读教学方法(Cope,B. & Kalantzis,M. 2000a,2000b)。实际上,学习设计语言是一个平台框架,也是一套成果发表手段;通过这些手段,教师既可以记录在建构学习体验过程中所做出的选择,也可以把握课程内容以便使学习者和其他教师共同分享课程内容。学习设计语言是一种发展某种词汇学习的尝

① Huber,M. T. (2004). *Balancing Acts: The Scholarship of Teaching and Learning in Academic Careers*. Washington, D. C.: American Association for Higher Education and the Carneigie Foundation for the Advancement of Teaching:38.

试;这样,教师可以运用它来记录地方性开发的、具有差异敏感性的课程。①

(二) 内容设计

学习设计语言认定了三个层面的分析,提出了三个层面的参考文档。学习设计语言的三大要素是:①学习要素,② 学习框架,③学习共同体,见表6-4。

表6-4 学习语言设计:总体框架

学习要素	教学
档案袋式教学:学习要素是一批连贯的学习活动和任务,如课文或一组短文。学习要素可以保存为教师资源、学习者资源,或二者兼顾。学习要素相当于教科书中的章节或教案。	学习是一种认知过程;认知是一种行动形式。在学习过程中,认知者将自己定位于可认知的状态,并通过体验、概念化、分析或应用投入其中。学习者将自己个性带入认知过程中。认知和行为得到拓展。教学即能动性认知的科学与实践。评估是对教学的衡量:它告知人们有关认知者变革的情形与程度。
学习框架	**课程**
档案袋式课程:学习框架将一系列连贯的学习要素联结在一起;这些要素包括课程、学科、基于学科的知识领域或培训计划;它可以保存成为教师资源、学习者资源,或二者兼顾。它等同于学生教科书、教师课程资源手册或教学计划。	在正规、系统性的教与学场所,教学发生于更大的框架范围内;在这样的教学框架中,投入的过程被赋予结构和顺序,且常常被内容和教学方法所限定。由此形成了区别性的学科,如语文、算术、科学、历史、社会学、经济学、体育等。评估即对课程有效性的衡量。
学习共同体	**教育**
档案袋式教育:一种学习共同体式的文档是变革性实践、研究结果及评估结果,或包含一系列学习框架的运用及评价计划。	学习发生于社区环境中。有时,学习特别设计为儿童早期学习机构、学校学习机构、技术/职业学习机构、大学学习机构、成人学习机构;有时,学习采取正规或半正规形式进行;正规或半正规学习环境基于其商业性或公共性,如把工作坊、共同体群体、家庭或公共场所当作学习场所。研究告知人们教育在某个特定环境中是如何发生作用的及发生作用的程度。

---

① Kalantzis, M. & Cope, B. (2004). Designs for learning. *E-Learning*, 1(1): 38 – 93.

在这三个层面参考框架之外，可能还包括学习来源。学习来源即在学习要素、学习框架或学习共同体文本中的内容。它可以包含图像、简短的课文、章节、多媒体资源、数据库、网页、上传和保存的文件，或在外部数字来源上，超级链接到某种学习要素、学习框架或学习共同体文档上。

1. 学习要素

学习要素层面包含教学部分所描述的核心认知乐章。

围绕认知过程的是学习目标和认知评价；通过这些学习目标和认知评价，在学生学习目标实施过程中，学习要素的有效性可以达成。在各个学习目标和学习评价领域，人们提出了两个基本问题：谁界定目标和结果？目标和结果又是什么？

在谁界定目标和结果的问题上，界定者可以是学习者自己、教师或教学设计者（如学习要素的作者），或者说，谁界定目标和结果的问题，也可以是一个或多个组成对象之间的合作与协商的结果，因为每个组成对象都在学习要素中拥有利益。

在所界定的目标和结果是什么的问题上，目标和结果可以从四个方面加以设计。用认知乐章的术语来说，这四个方面分别是：体验、概论化、分析、应用（见表6-5）。

表6-5 教学重点(1)

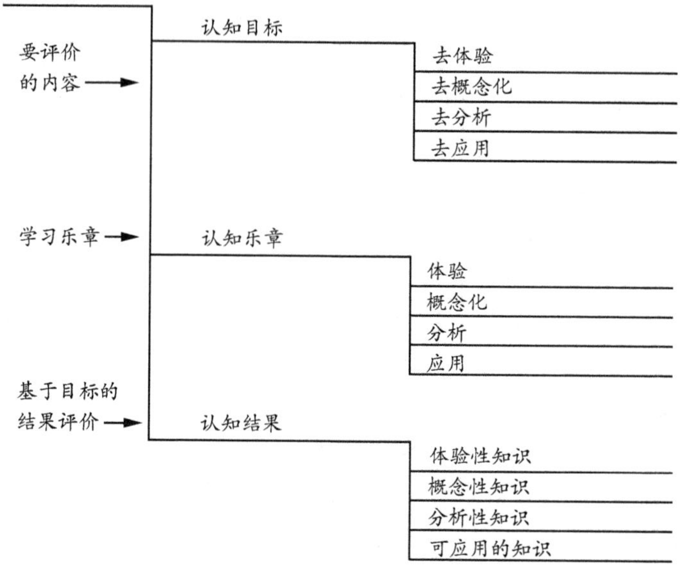

同时,围绕认知过程还有学习要素的进入点和出口点。学习重点界定了知识范畴(科目或学科领域)、学习领域(主题或话题)、学习水平(学习阶段、学年或年龄)及背景知识。在学习重点中,背景知识领域可以通过四个认知过程加以界定:背景经验、背景概念、背景分析和背景运用。背景知识不但可以提供学习的基础,还可以将学习者维持在最近发展区内(见表6-6)。

表 6-6 教学重点(2)

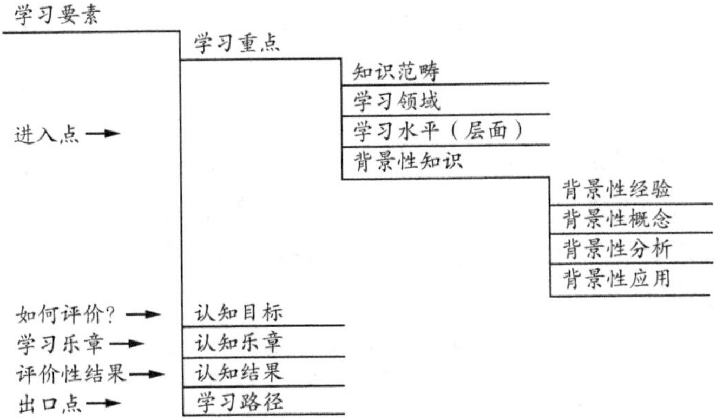

学习要素的出口点提出了学习路径的问题。实际上,它是两个问题:① 谁决定路径,② 该路径是什么。“谁决定路径”可以通过以下对象加以回答:① 学习者(他们下一步要做什么)、教师(什么时候学习变成计划驱动型),② 教学设计者。至于路径的主要内容,则可以在路径共同设计的协商性过程加以决定。

可见,学习设计语言将教学呈现为学习要素层面的各种可能性;它根本就不是规定性的,也没有必要的顺序。上述的分类性陈述是为了阐明目的而非排序。不同的要素选择及不同的顺序安排将决定特定教学风格的学习。以传统课程为例,传统的课程会强调由教学设计者和教科书决定学习重点和学习目标。由此,认知目标可以得到最优性分类,即去概念化;认知乐章可以首先涉及真实性体验新知(未知)与理论化所要求的特定学术性学科;评价则可以通过测试形式进行;这样的评价要么是教师引发的测试,要么是由教学设计者开发的、以评价任务形式出现的、与课程材料配套的测试。

传统课程的这一切可能性是有充分理由的。例如,它们可能与学科内容、学生的学习风格相关,或与被教育机构冠名为所谓的缜密的学术相关。进步主义课程的强调重点不同,变革性课程则跨越更宽泛的教学范畴。

学习要素分类反映了学习设计语言的概念性标签可以通过教师资源而得以表现。标签性概念起着标志教学的作用,这样的标签是有形的,如章节标题、符号或教学标志等。学习设计语言是以专业性教学语言来讨论学习的。

在学习者资源方面,如果概念性标签只被某些特定学习者群体理解的话,那么它们需要简单化。当它们简单化后,它们仍然描述支撑性学习的各个方面。以下对学习设计语言概念标签的诠释涉及小学的中间阶段(见表6-7)。

表6-7 小学中间层面学习要素的概念性标签诠释

学习要素	学习空间
学习重点	**我们学习的内容**
知识范畴	我们的学科
学习领域	我们的话题
学习层面	我们的班级
背景性知识	我们已经了解的内容
★ 背景性经验	★ 我所去过的地方
★ 背景性概念	★ 我已经考虑过的事情
★ 背景性分析	★ 我所持的观点
★ 背景性利用	★ 我所做过的事情
认知目标	**我们为何学习**
去体验	通过看的方式
去概念化	通过思考的方式
去分析	通过检查的方式
去应用	通过做的方式
认知乐章	**做事**
体验	看
★体验已知	★你所在的地方
★体验未知	★其他地方

续表

学习要素	学习空间
概念化	思考
★通过名称命名	★名称
★通过理论化	★联系
分析	检查
★功能性认定	★为了什么
★批判性认定	★为了谁
应用	做
★合适性应用	★将其做对
★创造性应用	★要有创造性
认知结果	**你认知的程度如何**
体验性认知	事情
概念性认知	观念
分析性认知	观点
应用性认知	做事
学习路径	**往前发展**

2. 学习框架

档案袋式学习框架层面将各种学习要素完善、连接成连贯的学习计划。该层面的核心是学习要素匹配图,从学习匹配图中,人们可以安排学习要素的顺序。典型的传统课程通过线性方式(一个话题接着一个话题,一周接着一周,一章接着一章)安排学习要素。学习设计语言正好能够使用这种类型的匹配图,它可以使用这种形式的顺序式清单。

然而,在存在差异性的学习共同体内,由于生活世界差异的动态性,学习要素匹配图可能成为学生和教师协商替代性学习导航路径的空间平台。学习者不但要会使用适合自己需要、兴趣(利益)和能力的学习要素,而且要会使用合适手段拓展自己需要、兴趣(利益)和能力的学习要素。

设定学习要素匹配图前,可以先初步设计课程重点(见表6-8),例如,界定课程范畴(科目或学科)、课程领域、课程层面及学习群体概貌。学习要素匹配图还可以随着预期成果总览的设定后加以设计,而且这些预期的课程结果可以以学习者认定的结果、教师认定的结果、教学设计者提供的结果或合作产生的协商性结果来界定。

表6-8 课程重点

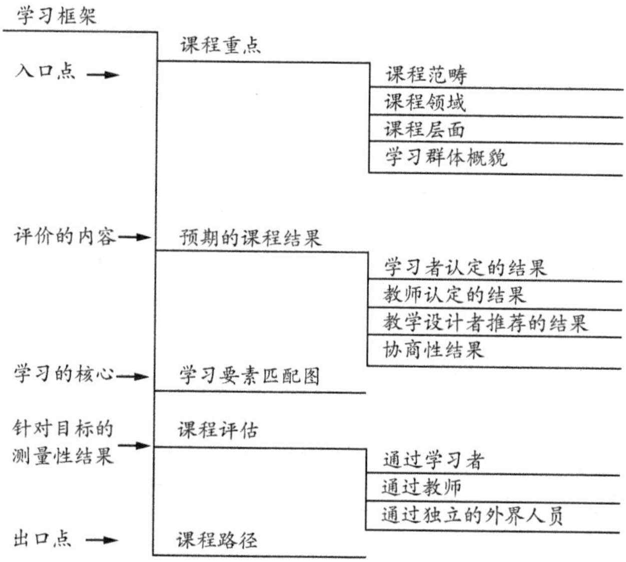

完成学习要素匹配图后,接下来勾画课程评估,或进行学习框架是否达成目标的总体分析。这涉及学习者、教师或独立的外部人员。在这里,要回答的关键问题是,学习框架在多大程度上达成了在预期学习结果中阐述的期望?

最后是关于课程路径的问题:在一个整体性学习计划领域内,什么才是合适的后续学习框架或学科(科目)?

3. 学习共同体

表6-9　教育重点

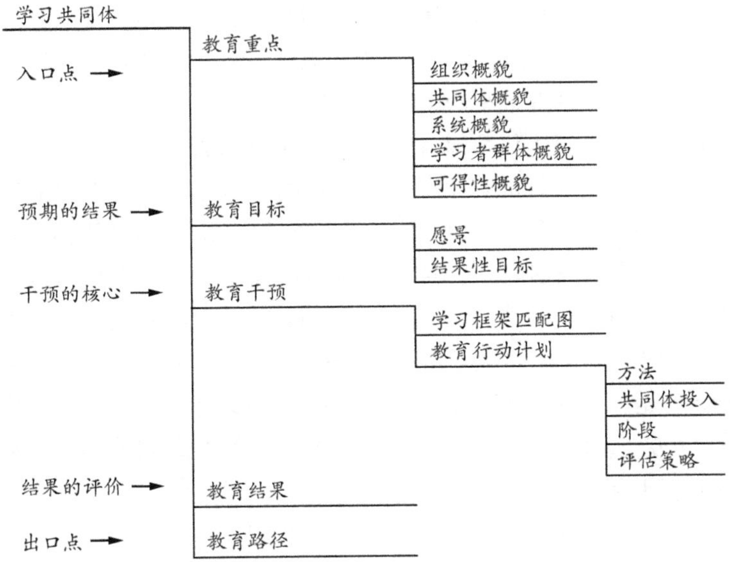

学习共同体水平的记录情况反映了将教育设计为一种积极投入学习的过程,或将教育设计为一种行动研究的反思性实践,即教育重点(见表6-9)是什么?组织概貌、共同体概貌、系统概貌、学习者群体概貌及可得性资源是什么?什么是宽泛的教育目标?愿景和结果性目标又是什么?对特定教育干预进行记录的本质特性是什么?是就现有的或新的学习计划而言,作为一种学习框架图被记录?还是就机构发展、群体能力构建或行动研究活动来看,作为一种教育行动计划被记录?在教育行动计划方面,记录的内容包括方法、共同体投入、阶段、干预的评估策略,在实际的教育结果和教育路径中,要推荐可能的后续干预措施。

(三) 实践范例

作为一种平台框架,学习设计语言并不是一种教学法。它不是一种对有效学习结构这种长期问题的单一而决定性的回答;相反,它是一系列为创造各种教学方式而构建的模块。由于学科性质、学生学习风格及学校或教师学习理念的差异性，这些教学方式可以并将出现多样性。在记录学习经验的过程中，学习设计语言只不过是一系列援助性的旗帜或标题，或者是超越其他大型的短暂性课堂教学经验、课程实施或教育共同体生活要分享的旗帜或标题。

因此，教学设计者、教师、教育工作者或学习者记录并发表自己的学习创新成果。在教学设计或学习经验时，他们可以利用这些标签，并让这些标签变成某种脚手架。他们可以以任何顺序结合使用其中的标签。这并不是说，任何标签均会产生同等的或有效的学习经验，或会合适地记录对特定学习共同体的教育干预设计。相反，它只是为了强调学习设计语言是一套可以重新组合的概念而已。这些重组的概念将允许记录其他的创新和课程框架。实际上，学习设计语言是一种开放的语言，它方便人们记录一系列宽泛的可能的教学方式、可能的课程及可能的教育干预。

以下是一组支撑学习设计语言的关键原则。

（1）学习设计语言不是一种教学方式。它是一种教育、课程与教育方式的语言，其目标是尽可能综合地给学习的各个方面赋予名称。

（2）学习设计语言并不是预设或推荐某种正确的教学方式。相反，通过所界定的教学方式的特征来区分并赋予名称的方式，它提供了一种语言。它可以指出传统课程的显著特征，即它把传统课程命名为某种严重偏向于体验性学习及概念性学习的课程。传统课程的体验性学习浸泡于新的体验中；同时，通过传统课程的概念性学习，它将概念界定和理论与学科联系在一起进行学习。此外，由于进步主义教学方式非常偏爱体验，因此，学习设计语言还可以结合进步主义教学方式赋予课程名称。在一定情况下，教学方式的选择可能是完全合适的。

（3）学习设计语言包含一系列概念标签。这些标签可以应用于学习内容的不同部分，或学习体验的各个阶段。这些概念标签通过分类学的途径加以分析呈现。尽管这些标签通过某种特定的方式加以陈列，但它们的排列并没有严格的顺序或本质性的顺序，它们只是为了清晰说明的方便而已。

（4）学习设计语言提供了一系列服务。它既是一个详细描写学习过程的脚手架，也是一个让其他教师、学习者及不同共同体分享这些学习过程的脚手架。从实际意义上看，概念标签可以分割和标志为结构性标志，成为可发表性文档。学习语言设计使学习过程的各个阶段或方面变得透明化。

（5）学习设计语言提供了学习概念词典中各个概念标签的定义。通过概念性“人行道”，各个概念的同义词可以匹配进主要的教学方法中，如学习设计匹配。针对同义词，学习设计语言的概念标签已经根据布鲁姆的教育目标分类学和库伯的体验式学习理论进行一对一的匹配。随着研究的深入，这种过程还将继续。换言之，学习设计语言可以用作实施布鲁姆教育目标分类学或库伯体验式学习的方式。或者说，在特定学习环境中，无论教师决定何种教学方式，学习设计语言均能适用。为此，人们可以严格地采用传统的方式（如直接教学法），同时针对学习语言设计将这些方式加以匹配。

（6）学习设计语言可以看作是一种清单。清单涵盖如下问题：某种特定组合学习活动的重点是什么？这些重点能否满足学习者需要？能否足以传递具体学科内容的幅度？这些重点是否可以拓展？只要可行，变革性课程包含在合适而平衡运用各种多样性的体验、概念、分析与应用的认知过程中。

总之，学习设计语言在三个层面上提供手段。在学习共同体层面上，它通过学习组织提供手段；学习组织（如中小学校、继续教育机构和高等教育机构）或学习组织中的相关单位（如部门、处室、院系）可以发布通知，开展教育变革，实施教育计划、研究及评估。在学习框架层面上，它提供课程实施的计划，即课程、科目，或为个体量身定做的学习计划。它希望把课程变革计划与成果发布给更广泛的教学设计者、课程开发者及教育工作者，使他们有选择开展工作的空间。在学习要素层面上，它提供一些开展教学方法的基本概念，即微观能动的学习经验、任务或活动。它不但是教师和课程设计者可以实施任务与发表任务的一种空间，而且还是学习者为了构建自己学习经验脚手架及互相分享学习经验而发动学习的一种空间。这三种层面上的手段可以成为相互开展行动的前提，即某种学习要素可以建立在某种学习框架的语境内，而学习框架也建立在某种学习共同体的环境中。然而，有效的行动计划既可以单独出现于其中一个层面，也可以同时出现于三个层面，还可以出现于其中任何两个层面的组合中。

为此，卡兰兹和科普为教师提供了将四种认知乐章运用到四类课堂教学中的范例。这四类课堂教学都参与了多元识读能力项目计划。第一类课型来自昆士兰州约克角的巴马加镇早期识字/科学课（见表6-10），第二类课型来自昆士兰州汤斯维尔的初中科学课（见表6-11），第三类课型来自墨尔本凯勒·唐斯的中间学年的社会学习课（见表6-12），第四类课型来自昆士兰州汤斯维尔的初中英语课（见表6-13）。①

表6-10 椰子树

体验	已知 ——椰子树在本地环境中大量种植。
概念化	(1) 通过名称命名 ——称为"sid"（不是普通意义上所用的椰子树名称）"sut""rut"。 ——科学上标识：多模式名称命名。 (2) 通过理论化 ——联系概念和概括化："Da rut I go andaum."
分析	(1) 功能性分析 ——为何我们需要了解椰子树？（在公共场所种植时会有危险） (2) 批判性分析 ——打开课本：托雷斯海峡克里奥尔语（右边）和标准英语（未显示）。你什么时候用克里奥尔说椰子树？说给谁听？什么时候用英语说椰子树？说给谁听？（市政员工将有可能产生危险的成熟的椰子从树上打下来）

① Kalantzis, M. & Cope, B. (2004a). Designs for learning. *E-Learning*, 1(1): 38－93.

续表

应用	(1) 合适性应用 ——科学性课文(右边)。 (2) 创造性应用 ——从你父母生活的地方找到更多的椰子树。 ——访问市政议会,并找到有关市政议会避免椰子自然落地造成危险的管理方法(市政议会英语)。

Coconuts:Early Literacy/Science Class,Bamaga(Cape York),Queensland.

表 6-11　电路

体验	(1) 已知 ——电的日常使用:电在我们生活中的作用是什么? (2) 未知 ——旋风模拟:如果停电一会儿,生活会有什么影响? ——用简单电路做实验。
概念化	(1) 通过科学概念命名:如电流 ——电气技师的概念:电路图,以符号式命名可视的电路元件。 (2) 通过理论化 ——发展某种解释电概念的科学理论。 ——集中电气技师的各种概念,组装电路图。
分析	批判性分析 ——将日常家庭中对电的描述与科学的及电气技师对电的描述加以比较;了解各种解释之间有什么区别,原因是什么。
应用	创造性应用 ——制作一个防盗自动警铃。 ——画一张电路图,并向电气技师解释其工作原理。 ——用科学术语解释某项科学计划发生的过程。 ——用日常语言向父母介绍防盗自动警铃的工作原理。

Junior Secondary Science Class,Townsville,Queensland.

表 6-12　社会学习

体验	未知 ——访问地方议会,并调查地方政府选举情况。
概念化	(1) 通过名称命名 ——勾勒(候选人如何获选的情景)。 ——授权(某种选举宣传单的特定部分)。 (2) 通过理论化 ——集中各种概念,描述某种政治宣传单的特征。

续表

分析	(1) 功能性分析 ——政治宣传单努力达成的目的是什么？其意图是什么？ (2) 批判性分析 ——选择性地为某个候选人说些好话。
应用	合适性应用 ——制作一张政治宣传单。

Middle Years Social Studies Class, Keilor Downs, Melbourne.

表 6-13 认知过程

体验	(1) 已知 ——带一张自己喜欢的 CD 到课堂上。 (2) 未知 ——听一首自己不熟悉风格的流行音乐。 ——阅读不同风格杂志上对音乐的评论。 ——调查其他同学所喜欢的音乐的类型。
概念化	(1) 通过名称命名 ——文本性特征：抒情性。 ——音乐性特征。 ——可视性特征：视频片段。 (2) 通过理论化 ——各种不同意义特征如何发生作用，并创作具有特定类型的歌曲。
分析	批判性分析 ——什么样的人听什么样的歌曲：摇滚音乐、电子乐、民歌。 ——唱片公司是如何营销唱片的？它们是如何服务艺术家的利益的？
应用	(1) 合适性应用 ——写一篇音乐述评。 (2) 批判性应用 ——创作歌词，作曲，表演电影片段。

Junior Secondary English Class, Townsville, Queensland.

四、结　语

总之，学习者不断发展多样化的身份，他们已经拓展了总人口观念中的多样化。这样的多样化不仅包括传统上的伦理、种族、性别与社会-经济背景，还拓展到包括基于各种生活世界体验的更细腻的个体差异；因为这样的生活世界体验影响了个体的身份认同。聚焦信息技术的学习设计的重点强调学习者的社会-文化差异，这些差异可以通过学习语境得以适应。在探索学习的社会-文化语境时，有两个条件尤其影响学习：其一是个人的身份、主体性或自我意识是否已经投入学习；其二是学习投入是否已经达到了可以拓宽自己知识视野与能力的程度。①

上述两个关键的学习条件创造了一种最佳的学习环境。在这种环境下，在将这两种关键学习条件整合在一起的学习设计的过程中，教师起到了关键作用。同时，在学习过程中，学习者被认为是积极的参与者而非是知识的消极接受者。实际上，在知识创造过程中，学习者被认为是积极的代理。在学习过程中，与多样性学习者共事并积极参与，是促进学习者创造及创新的重要要素。在为日益多样化市场开发新产品的过程中，在为基于新知识的工作场所培养学生的同时，这些都被认为是当代学习计划高度希望的特征；须知，基于新知识的工作场往往珍视创造与创新。

随着学习者能够使用信息通信技术寻找知识并交流思想，加上各种信息通信技术逐步拓展到普通公民的日常生活中，学习过程也增加了一个层面的多样性。因此，为同步适应这些技术与社会-文化变革，建立在拓展性识读能力界定上的学习设计，是多元识读能力的一个方面，反映了当代交际环境，包含了不同的社会语言及多种模式的表达。因为，在当代交际环境下，识读能力既包含语言知识，也包含在多样化环境下的有效沟通，还包含运用文本设计工具（包括文字处理、电脑排版及图像处理）。②

这不仅是学生运用知识的环境，而且是学生创造知识的环境；通过

---

① Kalantzis, M., Cope, B. & The Learning by Design Project Group. (2005). *Learning by Design*. Melbourne: Victorian Schools Innovation Commission: 42.

② Kalantzis, M., Cope, B. & The Learning by Design Project Group. (2005). *Learning by Design*. Melbourne: Victorian Schools Innovation Commission: 9.

这样的环境,学生利用各种信息资源创造出校内外受众共享的新知识产品。在这个新的交际环境下,新的合作与知识分享的可能性同样涌现,并面向校外专家与受众开放;这使得教师和学生跨越不同物理场所,甚至州和国家的边界,合作共享项目。这种发展学习设计的方法,可以鼓励教师、学生及其他有潜力的利益群体的合作与知识共享。学习设计理论中的关键要素是基于认识及文化概念的教学方式框架;正是这样有效的教学方式所运用的一些认知方式,能够将知者发展为更知者。①

① Kalantzis, M., Cope, B. & The Learning by Design Project Group. (2005). *Learning by Design*. Melbourne: Victorian Schools Innovation Commission: 71.

第七章

当代澳大利亚基于信息技术学习设计的特点

一、关注技术性信息安排

作为一种环境,信息技术赋予了教学设计更大的潜力。积极的环境往往被理解为体现人性关怀的、安全的和援助性的课堂。学生、家长及教师肯定积极的课堂环境的价值。当课堂上从援助学生转变成援助学习时,那么学生所展示出来的结果将会得到提高。

通过设计这样的教学,学生与教师将在某种强调学习技术性环境下富有成效地学习与工作。这样的教学设计不但设置了高度、明晰的预期,而且发展了教师与学生以及学生之间积极的关系。一种强有力、积极且援助性的学习环境的课堂可以促进学生学习成果的提高。

为此, 基姆和刘易斯(Kim,D. & Lewis,S.)认为,教学内容在信息设计方面要考虑以下四个特征:①视觉上的可区分性,②信息的可读性,③互动性(交互)性,④信息的可用性。[①]

有关技术性信息设计的组成维度及其设计重点见表7-1。

---

① Kim,D. & Lewis,S. (2011). Learning by design: A facilitator's curriculum guide. http://citeseerx. ist. psu. edu/viewdoc/summary?

表 7-1 技术性信息设计的组成维度及其设计重点

组成维度	设计重点
视觉上的可区分性	亲近性，联结，重复，对比，颜色。
信息的可读性	字体设计，字体大小，对比度，排版，文字量，每行的长度，概念，超级链接，微观结构，宏观结构，冗余。
互动性(交互性)	不要太晕眩，要更有效，要有趣。
信息的可用性	概念模式，清晰度，适当的线索，反馈，失误。

（一）关于视觉上的可区分性设计

在视觉设计方面，信息设计的最广泛接受原则包括页面技术(信息如何在页面中排列)，如亲近性、联结、重复及对比。在这些原则中，首要的目标是连贯性、同一性及目的性。尽管颜色在设计中可以使用重复和对比的方法，但视觉设计的重点(也是其优点)是区分标题。具体而言，页面技术设计要考虑以下五个要素。

1. 亲近性[Proximity(nearness)]

要将相关的主题安排在一起，以使这些主题看上去是一个连贯的群组，而非一串不相关的字节。互不相关的事情不能形成亲近性。将要素分组有助于使用者了解页面的结构，也方便使用者阅读，因为使用者浏览的原则是从一个相关单元(要素)到另一个单元(要素)。这样一来，使用者也容易找到自己需要的信息。

亲近性涉及对页面白色空间的理解，即对页面各种要素(单元)之间空白处的理解。如果相关主题(项目)之间留出空间(空白)，这就产生了“被困的白色空间”。这种“被困的白色空间”往往通过视觉将主题(项目)分开，从而使主题(项目)看上去似乎不相关。设计者运用白色空间来区别单元(要素)，让人们的眼睛得以休息，提供了一种清爽、不混乱的浏览页面。

需要注意的是，在单元(要素)之间要避免留出同等程度的白色空间。一个页面上要避免安排太多的独立单元(要素)。

2. 联结(将素材有序组织起来)[Alignment(line stuff up)]

人们放在网上的一切内容应该是细致的，而且是有清晰缘由的。

网上的一切内容应该与相关主题有一定的视觉联结。当事情通过某种方式有序组织得以联结时，人们脑海中就存在某种无形的联结事情的脉络，即使这些事情相隔较远。联结赋予页面一种衔接感，意味着页面看起来已经实现了组合在一起的意图。它因而就具有了某种设计者称为“同一性”的意义。

在考虑联结设计时，要尽量避免在同一个页面上出现一种以上的联结，因为一个页面上出现一种以上的联结可能会引起混淆。要避免出现数据有期徒刑(data imprisonment)。要运用联结，并利用图表而非简单的网格线来将项目进行分组，因为项目要引起关注的其实是数据。

3. 重复(再做一次)[Repetition(do it again)]

在整个片段中要对设计的某些方面进行重复，如要重复利用某种字体、某种线条、箭头、颜色、图像或某种联结。在告知使用者如何使用页面的同时，重复带来的是一致性。页眉、按钮开关、导航工具的外观颜色都应相同。之所以这样，因为重复传递了一种强有力的设计同一性或目的性。

但是，作为页面技术设计者，切记不要重复太多，否则会引起读者(学习者)的厌烦或分心。

4. 对比(让不同的事情显示差异性)[Contrast(make different things look different)]

教师需要认识到，如果他/她的页面上的项目不是完全相同，则要显示它们的差异性。要区别真正的不一样，而非只是稍微有一点差异。对比使页面看上去更有趣，且有助于凸显信息。对比包括混合使用大字符与小字符、粗线条与细线条、冷颜色与暖颜色、小图表与大图标等。

但是，教师必须深思熟虑使用对比，以形成强有力的对比。弱弱的对比不是真正的对比。

5. 颜色(要特意使用)[Color(use it deliberately)]

要使用经过精心挑选的颜色组合，因为这样的颜色组合是创造意境、突出显示或标记信息、增加活力或润饰的强有力工具。在不同文化中，不同颜色代表不同的情感，因此，不同文化对颜色的使用有明显的差异。在大多数文化中,红色象征着“停止”;在中国,红色还象征着婚姻和忠诚;在美国,红色则往往象征大胆和放荡。不同的年龄段对颜色的欣赏往往不同。在儿童网站里,相比公司网站,你会发现页面的颜色背景更多出现霓虹灯般亮丽或明亮的色彩。因此,在考虑颜色时,了解所设计的阅读对象是很重要的。

以下是一些颜色使用的提示:

● 前后鲜明对比的颜色可以形成明显效果,但也会导致读者难以找到信息或阅读。

● 过度使用颜色会降低效果。因此,要在一张页面上最大化使用明亮颜色;在有更暗淡的底色背景下,明亮的颜色不能用得太多。

● 高度反差(高对比度)可能使文本阅读有困难,要使用浅色底色,如浅绿色或黄色可以减少视频眩光。

● 为了达到高级的视觉效果,使用自然界的本色组合往往效果良好。

● 色调因所用的监视器质量不同而差异巨大。有可能的话,要在高质量的监视器上检测颜色,看看各种颜色是否搭配协调。

● 使用颜色来强化上述提到的重复及对比的概念。使用太多的颜色可能会损害页面的同一性。许多设计者一般选用三种基本颜色进行搭配,且一直坚持使用其选择的三种基本颜色。

总之,正如基姆和毗努伊勒(Kim, D. & Penuel, W.)所说,在设计页面时,用一两种经过精心挑选的图表来描述观点,往往比放尽可能多的图表的效果更好。颜色的设计还要考虑使用者,因为她/他需要时间来聚焦页面上的每一个单元(要素)。如果用太多的单元(要素)来服务于同样的目的,那么使用者的浏览速度就被迫慢下来,最后会对网站感到失望。换言之,一切都有存在的理由;如果它不能服务于某种目的,那就去掉它。少即是多。[1]

(二)关于可读性设计

除了视觉上的可区分性设计外,可读性也是设计的一个重要方面。不少设计利用文本来传递某种信息,不管是一本小册子还是一张广告牌,利用文本作为媒介表达设计时,它们必须具有文本的物理与组织特性。人类的感觉在理解文本及阐述文本的过程中起着很大的作用。因此,把握影响读者理解的文本单元(要素),是有效设计者拥有的关键能力。以下列出的是一系列基本的和先进的设计原则。

1. 字号

字号不是一个简单的问题。字号需要根据读者与文本进行调整,了解读者阅读文本所使用的电子产品的分辨率的大小也同样重要。一般认为,字号为 11 磅的分辨率阅读速度最快。

2. 字体

教师在考虑字体设计时,应特别关注以下几点。

(1)相比大写灯芯体,衬线体更容易阅读。

一种英文衬线体字体是 Times New Roman,一种英文大写灯芯体字体是 Arial。由于衬线体字母在有些地方有“底线”及区别性的螺旋状,读者容易分辨。

(2)混合字体很少具有可读性。

同一网页页面使用太多字体可能使阅读困难。整个网页要尽量使用一致性的字号及字体类型。这有助于读者预期接下来阅读的内容。

(3)黑体字使人注意。

由于黑体字抓住了读者的注意力,因此一定要谨慎使用,太多黑体字体会冲淡效果。

(4)斜体字让读者花更长时间阅读。

---

① Kim, D. & Penuel, W. (2000). *Technology Access and Learning Opportunities in Community Technology Centers: A Study of Promising Practices and Organizational Challenges*. New York: SRI International.

若使用斜体字体，则读者在阅读文本时每分钟放慢5%的速度。

3. 对比度

文本需要足够的背景对比度，但太高的对比度则增加读者的疲倦度。因此，白色通常不是背景底色的最好选择，淡绿色或淡黄色往往是更好的背景底色。

4. 排版

左对齐的文本（右边未对齐）要比对齐的文本（左右均对齐）更容易阅读。每行的字数约为10—12个即可，这样两边留出的空白是合适的。段落之间清晰的标志是缩进和间距。必须有足够的行间距以便使文本清晰易读。

5. 文字量

一般而言，文字量越大，文本阅读就越困难。文字量应该适合目标要求。

6. 每行的长度

每行不能太长也不能太短。对大多数典型的网站而言，以字号为11磅为例，每行应该有10—12个字。

7. 概念

如果认知负荷不是过度的话，则文本是可读的。即使只是非正式性的，设计者也必须预估读者的认知程度。既不要让读者因为已经认知了的信息而昏昏欲睡，也不要排除读者可能希望认知的信息。

8. 超链接

使用者应该能够在使用超链接后返回网站中（因为链接框架可能使之变得复杂）。如果不需要相关链接的话，就不要把链接放进去。对网页而言，要努力避免使用下画线，因为下画线可能与超链接混淆。要避免使用诱人的细节；除非必要，否则当使用完全没有必要的诱人细节时，诱惑读者打开其他领域或页面可能会减少可读性。

9. 微观结构

在组织层面，阅读困难的文本是长句。长句是句中有句，既有被动语态，且被动语态中有嵌入分句。

10. 宏观结构

文本的组织方式应反映其目的。如果文本详细说明的是问题或问题解决方案,那么设计者应该将文本分为问题及问题解决两大部分。

11. 冗余

要避免冗余的文本及其他类似图片。应该减少媒介使用的数量。如果多媒体对文本是冗余的话,那么它就干扰了文本努力给读者传递的信息。

(三) 关于互动性设计(交互式设计)

互动性设计包含两个步骤:一是问题综合解决的方案,二是问题解决方案的有效性检测。前者一般简单称为用户界面设计,后者则称为可用性设计。库伯(Cooper,A.)的研究关注了用户的目标,并将用户目标表达为良好用户界面设计。通过目标-指向设计,设计者关心的是用户的目标内容。库伯认为,界面设计的互动性应考虑三点:①不要太眩晕,②要更有效,③要有趣。①

为此,为确保设计者达成目标,人们在考虑页面设计互动性时,应针对以下问题寻找反馈:设计何用?谁用该设计?使用的频率如何?用多久?对数据完整性的考虑有多重要?对可学性考虑有多重要?

为使页面设计具有更大的互动性,教师需要尽可能考虑视觉信息处理的策略。须知,相比文字,人类加工信息的过程往往通过视觉加工更佳。通过视觉处理信息,不但速度更快,而且可以看作是一个整体,并处于语境中。基于这样目的的设计方式将从关注网站的图表转为关注互动性(交互性)的可视性,因为:①可视性展现了内容,②运用视觉信息处理模式有助于指导使用者。

(四) 关于可用性设计

可用性设计即以用户为中心的设计,它主要关注用户对设计交互的检测,它要求设计者意识并关注人们与事情是如何互动的。由于人

---

① Cooper, A. (1995). *About Face: The Essentials of User Interface Design*. Foster, CA: IDG Books.

们会犯错误,而且经常因错误而受到指责,因此可用性设计承认人们的错误可能是不良设计导致的。为弥补人们与不良设计交互(互动)的情况,诺尔曼(Norman,D. A.)开发了一套满足用户可理解性及可用性的设计原则。①

(1) 概念模式。

重要的是一开始就应给用户(使用者)提供设计的概念模式。概念模式即展示某种连贯而一致的系统影像的心理图像;连贯而一致的系统影像在展现操作规则与结果过程中具有一致性。

(2) 清晰度。

满足用户(使用者)的第二个原则是创建清晰可见的合适单元(要素)。清晰度即用户(使用者)仅通过查看设备就能知晓设备状态及其他行动的能力。这意味着正确的部件是清晰易见的,而且它们传递了正确的信息,并连接到自然设计中。

(3) 适当的线索。

创建清晰可见的文本,能为用户提供适当的线索。适当的线索属于用户希望做的事情与可能做的事情之间的良好匹配。通过合并合适的清晰度平衡(要么是可视性的,要么是通过声音提示),用户能够决定行动与结果。

(4) 反馈。

为保证连续性地运用设计,设计中必须将即时且持续进行的反馈提供给用户。反馈即是给用户发送有关行动已经实际实施,且结果已经完成。如果希望事情(文本)得以连续使用,就要将设计者的行动与结果充分而连续地反馈给用户。

(5) 失误。

学习者在使用计算机时每天都会出现失误。这些失误实际上指的是人们原打算做某件事,最终却发现自己在做另一件事。诺尔曼描述

---

① Norman,D. A. (1988). *The Design of Everyday Things*. New York: Basics Books:52 -53.

了六种不同的失误情形：①撷取性失误(capture errors)，这种失误出现的时机是，某种频繁实施的行为突然替代了原本打算实施的行动。例如，你去卧室换衣服准备吃晚饭，结果却躺在床上了。②描述性失误(descriptive errors)，原本打算实施的行动与其他可能的行动有不少共性。行动是具体的，但预期的结果却有可能是含糊的、有歧义的。描述性失误通常导致正确的行动用在错误的对象上。例如，你在咖啡中加完糖后，本应把糖放回抽屉中，却把它放入冰箱中。③数据干扰失误(data-driven errors)，一种自主性行为是数据驱动的，它却由出现的感观数据所激发。例如，你叫餐厅把它的地址发给你母亲，最后你还是给母亲打了电话告诉她餐厅地址。④行动联想式失误(associative-action errors)，这些是由行动激发的内部思想与联想。例如，电话铃与敲门同时响起标志着需要去迎接某人，但人们做出的反应却是各异的。⑤动作缺失失误(loss-of-action errors)，即在一系列序列性步骤中忘记了某个步骤。例如，你去卧室找东西，却在这过程中忘记要做什么。⑥模式失误(mode-errors)，这些失误主要出现在设备的操作模式不同时，某种模式的行动合适性在其他模式中表示不同的含义。例如，在时间模式中，某个按键可以开灯，但在停止模式中，这个按键可能重启停止键。

总之，在进行可用性设计时，教师要努力应对设计中出现的挑战，不要将审美放在第一位，并要切记自己并不是用户。[①]

二、强调更高质量的专业教师

（一）教师的关键作用

教师在培养学生走向成功并引领富有成效生活的过程中承担着重

① Lynch, P. J. & Horton, S. (1999). *Web Style Guide: Basic Design Principles for Creating Web Sites*. New Haven, CT: Yale University Press.

要的责任。事实表明:教师的有效性对学生具有强有力的影响。[①] 同时,人们形成了广泛共识:在学校内,教师质量是影响学生成绩最重要的单一因素。[②] 有效的教师可以是一种激励来源;同样重要的是,当年轻人对继续深造、工作及生活做出选择时,有效的教师可以为年轻人提供可依赖而一致的影响。

无论是在国际上,或者是在地方层面,各国(地区)的相关教育系统都在制订教师的专业标准,并以此来吸引、培养、认可及留住高质量的教师。一方面,制订教师的专业标准可以指导专业性的学习、实践及参与;另一方面,制订教师的专业标准可以促进教师质量的提高,并有助于公众对教师职业的积极的评价。

此外,教师专业标准有助于教学的专业化,并因此提高专业的现状。教师专业标准还可用作专业绩效模式的基础,有助于保证教师展现自己专业知识、专业实践及参与的水平。

教师标准同样表明了专业性学习目标的发展方向,为教师提供通过此标准来判断学习者学习成功的框架,援助了自我反思及自我评估。[③] 教师可以运用此标准来认可自己当下的及发展中的能力、专业抱负及成绩。

(二)澳大利亚教师教学标准的构成维度

正如澳大利亚《提高教师质量的国家性伙伴关系》与《墨尔本宣言》中所提出的,提高教师质量既是澳大利亚努力提高学生成绩的关

---

① Hattie, J. (2003). Teachers make a difference: What is the research evidnece? Australian Council for Educational Research Annual Conference, Melbourne, 19 – 21 October 2003.

② Organisation for Economic Co-operation and Development (OECD). (2005). *Teachers Master: Attracting, Developing and Retaining Effective Teachers*. Paris: OECD Publishing.

③ Yinger, R. J. & Hendricks-Lee, M. S. (2000). The language of standards and teacher education reform. *Educational Policy*, 14 (1): 94 – 106. http://epx.sagepub.com/content/14/1/94.

键改革组成部分,也是澳大利亚拥有世界级教育系统的保证。“澳大利亚学校最大的资源就是教师。一方面,教师的支出占据了学校教育支出中的绝大部分;另一方面,教师对学生的影响却又是最大的。事实上,教师对学生的学习影响之大是远超过其他任何教育计划或政策的影响的。”①

正因为如此,受澳大利亚教育、早期儿童发展及青年事务部长理事会的委托,澳大利亚教学与学校领导力研究所(Australian Institute for Teaching and School Leadership, AITSL)于2009年10月开始对《澳大利亚教师教学标准》(“Australian Professional Standards for Teachers”)进行研制。该标准的研制工作历时一年多,于2010年12月年由澳大利亚教育、早期儿童发展及青年事务部长理事会授权发布。②

实际上,该标准是《墨尔本宣言》后要实施的具体行动,它描述了未来一个时代所有澳大利亚年轻人的渴望。标准的具体描述代表着对整个澳大利亚教师有效的、实际的分析。该标准包括对教师的知识、实践及专业参与的综合描述;教师认证与注册当局、业主及专业协会也运用这样的标准来对教师进行描述。每种描述均告知了教师在各个生涯阶段所要求的知识、实践及专业参与情况。对6000多名教师进行的广泛而有效的验证,确保了每个标准描述都经过了专业的修改与润饰。

该标准对高质量教学的关键要素进行了描述,预期教师要认知的职业生涯四个阶段的知识及要掌握的能力:毕业生能力水平、精通能力水平、高度娴熟能力水平及专业引领能力水平。③ 这四个阶段的标准说明教师发展的专业性知识是一个连续体,从本科培养延续到成为课

---

① Jensen, B. (2010). *What Teachers Want: Better Teacher Management*. Melbourne: Grattan Institute: 5.

② Australian Institute for Teaching and School Leadership. (2011). *Australian Professional Standards for Teachers*. https://www.aitsl.edu.au/.

③ Australian Institute for Teaching and School Leadership. (2011). *Australian Professional Standards for Teachers*. https://www.aitsl.edu.au/.

堂教学实践示范者乃至专业的引领者：①毕业生标准（Graduate Standards）将强化初任教师教育计划的认证问题。通过认证的毕业生将有资格在各州及中央地区注册任教。②精通标准（Proficient Standards）将用于强化注册为全日制教师的过程，并支持全国一致性的教师认证的要求。③高度娴熟标准（Standards of Highly Accomplished）。④引领标准（Standards of Lead）为自愿性认证（voluntary certification）。

该标准将教学领域分为三大层面：专业知识、专业实践、专业参与，各个部分相互联系、相互依存。这三大层面可以细分为七个标准，它们勾勒了教师应该掌握的知识及能力要求。表7-2是《澳大利亚教师教学标准》的构成维度。

表7-2 《澳大利亚教师教学标准》的构成维度

教学领域	标准	重点范畴及指标描述
教学专业知识	标准1.了解学生及其学习方式 标准2.了解内容及教学方式	参阅相应生涯阶段的标准
教学专业实践	标准3.规划并实施有效的教与学 标准4.创造并维持援助性且安全的学习环境 标准5.开展评估，提供反馈，报告学生的学习情况	参阅相应生涯阶段的标准
教学专业参与	标准6.参与专业学习 标准7.参与同事、家长/监护人及社区学习	参阅相应生涯阶段的标准

（三）教学领域的构建维度

针对《墨尔本宣言》，澳大利亚认为，教学专业知识、教学专业实践及教学专业参与应成为有效课堂教学的基本维度。

关于教学专业知识维度，澳大利亚希望：①教师利用一系列专业知识与研究来应对教育语境中的学生需要。②教师充分了解学生（包括学生多样化的语言、文化及宗教背景）。教师了解学生进入课堂前就已经习得的经验是如何影响学生的后续学习的。教师了解如何将课文结构化以便满足学生的身体、社会及智力发展和个性特征需要。③教师了解所教授的学科与课程内容。他们了解、理解与所从教的课程计划相关的基本概念、结构及探究过程。教师理解构成其学习与教学计划中有效的、发展性的、合适的策略，并运用这样的知识构建对学生而言有意义的内容。④教师通过教学实践，在自己的学科领域内发展学生的识读能力与算述能力。教师还能够运用信息与通信技术来将学生的学习模式进行语境化，并拓展学生学习的深度。

关于教学专业实践维度，澳大利亚认为：①教师能够使学习变得有吸引力并得到重视。教师既能够创建并维持安全、全纳且具有挑战性的学习环境，而且能够实施公平、公正的行为管理计划。他们运用先进的交流技术手段。②教师有大量的有效教学策略，并运用这些策略来实施设计良好的教学计划。教师周期性地评估其教学实践的各个方面，以保证他们满足学生的各种学习需要。教师诠释并运用学生评价数据来诊断学习障碍，并激发学生挑战自我，提高学习成绩。③教师在教与学的各个阶段有效地运作，其中包括规划学习与评估、设计学习计划、开展评估、提供学生学习的反馈、向家长/监护人员报告学生的学习情况。

关于教学专业参与维度，澳大利亚提出：①教师建立有效学习的模式。他们识别自己的学习需要，分析、评估、拓展自己在集体或个体方面的专业性学习需要。②在与学生、同事、家长/监护人及社区的各种互动中，教师表现出尊重与专业主义。教师对家长/监护人的需要具有敏感性，并能够就学生的学习进行有效的沟通。③为丰富学生的教育环境，教师珍视参与课堂内外的学校共同体的机会。教师理解学生与学校、家庭及社区之间的联系。

（四）教学领域的四个重点范畴

教学领域有重点范畴，体现为四个生涯阶段的专业性能力。四个生涯阶段提供了教师在整个生涯过程中专业发展的基准。每一个生涯阶段的指标描述代表了教师不断提高的知识水平、实践水平及专业性参与水平。重点范畴及指标描述是各个生涯阶段高质量教学的组成部分。有效教师能够综合并应用上述知识、实践及专业性参与指标，以便创造学习需要的教学环境。以下是四个重点范畴。

1. 毕业生教师的教学标准

第一阶段针对毕业生的教学能力标准。毕业生教师聚焦以下方面:①他们已经完成了初任教师教育的资质认证。颁发资质证书意味着他们已经达到了毕业生教师的标准。②他们成功完成了初任教师教育后,毕业生教师拥有了规划与管理学生学习计划的必要条件。他们展示了自身对学生身体、文化、社会、语言及智力知识的理解。他们理解全纳教学的原则,理解鉴别性教学策略,从而满足了学生各个阶段学习的需要。③他们理解自己的学科、课程内容及教学策略。他们能够设计满足课程要求的各种教案,完成评价及学生报告。他们能诠释评价数据,以便评估学生学习并修订教学实践。他们知道如何选择并应用及时而合适的反馈来改进学生的学习。④他们展示构建学生档案袋评价,管理学生行为的实践性知识。在从事学校及系统性课程与法定要求范围内,他们知道如何援助学生的幸福与安全。⑤他们理解以下各个方面的重要性,即工作要合乎道德伦理,要与同事、外部专业人员及社区代表协作,还要为学校做出贡献。教师有效地、有意识地、自信地理解与家长/监护人合作的策略,并承认他们在学生教育中的作用。

2. 精通型教师教学标准

精通型教师聚焦以下方面:①他们满足全日制注册的要求,理解在教育教学的七个标准。②他们为学生创造有效的教与学经验。他们认识学生的独特背景,并调整教学以满足学生的具体需要。他们发展安全、积极且富有成效的学习环境,鼓励学生积极参与。③他们设计并实施满足课程、评价及报告要求的参与性教学计划。他们运用反馈与评价来分析、援助学生的知识及理解。精通型教师运用一系列资源(包括学生学习结果)来评估自己的教学,从而调整自己的计划以便更好地满足学生的需要。④他们积极参与自己的专业。通过采用来自同事的建议,他们规划并评估自己的专业学习需要。⑤团队成员。他们与同事协作,对自己教学实践的教育议题的不足做出积极改正。他们与学生、同事、家长/监护人及社区成员进行有效沟通。他们在各种论坛上表现出专业性且符合道德。

3. 高度娴熟型教师教学标准

高度娴熟型教师具备以下方面:①他们具有高度影响力、且有能力的课堂实践者,他们周期性地独立或合作工作,以此来改善自己及同事的实践。他们属于学校中的博学、积极的成员。②他们对同事的学习做出贡献。他们可能还承担指导、咨询或引领的角色。他们定期举办并参与有关有效教学的讨论,以此来提高学生的学习结果。③他们为学生提供最大化学习体会,途径是理解学生的背景、个体特性及影响学生学习的要素。他们为同事提供(其中包括职前教师)援助的策略,并以此来创造积极而富有成效的学习环境。④他们拥有在自己责任范畴内学科与课程内容的深度知识。他们与同事共事,共同规划、评估并修订教学计划,并以此来提高学生的学习结果。他们对自己专业内容领域或通识教育领域的最新发展现状,保持清醒的认识,并时刻跟踪。⑤他们擅长分析学生评价数据,并运用数据分析来改进自己的教与学。⑥他们积极建立环境,从而为同事的专业学习与实践提供最大化的机会。他们监控自己的专业学习需要,并将自己的专业学习需要联结到学生的学习需要上。⑦他们随时注意行为符合伦理道德。他们的人际交往及呈现能力得到高度发展。他们与学生、同事、家长/监护人及社区成员进行有效的沟通。

4. 专业引领型教师教学标准

专业引领型教师的教学得到高度认可:①他们的教学能力被同事、家长/监护人及社区成员认可,并尊重为示范性教师。随着时间的推移,他们展现出一致性及创新性的教学实践。在学校内外,他们发轫并引领聚焦于提高所有学生教育机会结果的行动。他们建构全纳性的学习环境,以便满足来自不同语言、文化、宗教及社会-经济背景的学生的需要。他们致力于提高自己的教学实践,并与同事分享自己的经验。②在运用发展知识、实践及专业性参与他人的活动的同时,他们擅长辅导同事与职前教师。他们促进同事的创造(创意)、创新性思维。他们应用技能与深度知识及理解来传递有效的教学与学习机会,并与同事及职前教师分享信息。通过激励同事提高自己的专业实践的方式,他们展示了一种高度有效的教与学之间的关系。③通过评估与修改计划、分析学生评价数据资料、考虑家长/监护人的反馈，他们实施过程引领以提高学生的行为表现。在这过程中，他们结合了当下有效教与学研究的综合分析。④在共同体中，他们代表着学校及教学职业的水平。这样的教师专业、行为符合伦理道德，是校内外均令人尊重的个体。

表 7-3、表 7-4 及表 7-5 分别描述了各个重点领域的标准。

表 7-3　教学专业知识标准

标准一：了解学生及其学习方式				
重点范畴	毕业生教师	精通型教师	高度娴熟型教师	专业引领型教师
1.1 学生的身体、社会、智力发展及其特性	展现对学生的身体、社会与智力发展及学生特性的认识与理解；同时，还展示上述各种要素是如何影响学生的学习的。	运用基于学生身体、社会与智力发展及特性的策略来提高学生的学习结果。	从一系列灵活而有效的教学策略选项中选择以便适应学生身体、社会与智力发展及他们的特性。	引领同事选择与制订教学策略，以便提高学生的学习结果，途径是运用对学生身体、社会与智力发展及对他们特性的认识。
1.2 了解学生的学习方式	展现对学生学习方式及其对教学启示的认知与理解。	研究学生的学习方式及对他们的建议，对教学计划进行结构化。	运用研究及工作场所知识，拓展对学生学习方式的理解。	运用研究及有关学生学习方式和工作场所的知识，引领教学计划有效评估。
1.3 具有多样化的语言、文化、宗教及社会-经济背景的学生	展示回应学生的学习优势及需要的教学策略知识；学生的学习优势与需要来源于多样化的语言、文化、宗教及社会-经济背景。	设计与实施教学策略，回应来源于多样化的语言、文化、宗教及社会-经济背景的学生学习优势及需要。	援助同事发展有效地适应来源于多样化的语言、文化、宗教及社会-经济背景的学生学习优势及需要的教学策略。	运用专家及社区（共同体）的知识及经验，评估与修改学习及教学计划，以便满足具有多样化的语言、文化、宗教及社会-经济背景的学生需要。

续表

标准一：了解学生及其学习方式				
重点范畴	毕业生教师	精通型教师	高度娴熟型教师	专业引领型教师
1.4 教授土著与托雷斯海峡岛民学生的策略	理解文化、文化认同及语言背景对来自托雷斯海峡岛民背景学生教育的影响，展示宽广的知识与理解。	设计与实施有效的回应托雷斯海峡岛民学生的地方社区（共同体）及文化背景、语言背景与历史等教学策略。	运用并援助来自社区（共同体）代表的知识，提供建议与援助同事向托雷斯海峡岛民学生实施有效的教学策略。	制订援助托雷斯海峡岛民学生公平及持续参与的教学计划，途径是通过协作性关系投入社区代表与家长/监护人（活动）中。
1.5 进行区别化教学以便满足跨越所有能力范畴学生的特定学习需要	展示进行区别化教学的知识与理解，以便满足跨越所有能力范畴学生的特定学习需要。	设计结合区别化策略的教学活动，以便满足跨越所有能力范畴学生的特定学习需要。	运用学生评价数据，评估跨越所有能力范畴学生的特定学习需要的、具有区别性的学习及教学计划。	引领同事评估跨越所有能力范畴学生的特定学习需要的、具有区别性的学习及教学计划的有效性。
1.6 援助残疾学生完全参与的策略	展示法规要求及宽广的教学策略的知识与理解，援助残疾学生参与及学习。	设计与实施教学活动，援助残疾学生参与及学习，并适应相关的政策及法规要求。	与同事合作，共同使用专家知识及相关的政策与法规，以制订援助残疾学生参与及学习的教学计划。	发轫并引领学校政策评估，以援助残疾学生投入及充分参与，并确保学生的投入和参与符合法律规定及系统政策。

标准二：了解内容及教学方式				
重点范畴	毕业生教师	精通型教师	高度娴熟型教师	专业引领型教师
2.1 教学领域的内容及教学策略	展示对教学领域内容与教学策略中的概念、材料及结构等知识的理解。	利用教学领域内容与教学策略制订参与性的教学活动。	运用内容与最新的教学策略综合性知识，援助同事发展与实施参与性的学习与教学计划。	引领校内发轫性行动计划以评估与改进内容和教学策略；同时，通过运用有效的、基于研究的学习与教学计划，展示示范性学科教学。

续表

标准二:了解内容及教学方式				
重点范畴	毕业生教师	精通型教师	高度娴熟型教师	专业引领型教师
2.2 内容选择与组织	将内容组织到某个有效的学习及教学顺序中。	将内容组织到连贯且顺序良好的学习及教学计划中。	在内容选择、组织及学习与教学计划传递过程中,展现创新性的实践。	引领运用综合性知识的发韧性行动计划,以完善内容的选择及顺序安排,并进入连贯而有组织的学习及教学计划中。
2.3 课程、评价及报告	运用对课程、评价及报告要求的知识来设计学习顺序安排及教案。	运用对课程、评价及报告要求的知识,设计、实施学习及教学计划。	运用对课程、评价及报告要求的最新知识及了解,援助同事规划与实施学习及教学计划。	运用对课程、评价及报告要求的综合性知识,引领同事制订学习与教学计划。
2.4 理解并尊重土著与托雷斯海峡岛民,促进土著与非土著澳大利亚人的和谐(和解)	展示土著与托雷斯海峡岛民宽广的历史、文化、语言的知识及对其理解与尊重。	为学生提供机会,让他们发展对土著与托雷斯海峡岛民历史、文化、语言的理解与尊重。	为学生提供机会,让他们发展对土著与托雷斯海峡岛民历史、文化、语言的理解与尊重,并援助同事。	引领援助同事的发韧性行动计划,途径是为学生提供机会,让他们发展对土著与托雷斯海峡岛民历史、文化、语言的理解与尊重。
2.5 识读能力与算术策略	认知(知道)并理解识读能力与算术教学策略及其在教学领域的应用。	应用有效教学策略的知识与理解,援助学生的识读能力及算术成绩。	援助同事实施有效的教学策略,提高学生的识读能力及算术成绩。	监控并评估学校的教学策略的实施情况,运用研究本位的知识与学生数据来提高学生的识读能力及算术成绩。
2.6 信息通信技术(ICT)	实施旨在将ICT应用于拓展学生课程学习机会的教学策略。	运用有效教学策略,将ICT整合到学习及教学计划中,以使所选择的内容关联并有意义。	将高水平的教学知识能力模式化;同时,与同事合作共同运用ICT来完善自己的教学实践,并使内容关联、有意义。	引领并援助校内同事选择并将ICT整合到有效的教学策略中,从而拓展所有学生的学习机会及内容知识。

表 7-4 教学专业实践标准

标准三:规划并实施有效的教与学				
重点范畴	毕业生教师	精通型教师	高度娴熟型教师	专业引领型教师
3.1 建立挑战性学习目标	选择提供具有不同能力及特性学生的可实现的、具有挑战性的学习目标。	为所有学生设置显性、具有挑战性且可实现的学习目标。	为所有学生发展不低的预期,途径是对学习目标模式化并设定挑战。	展示示范性的实践及高预期,并引领同事去鼓励学生追求其教育各个方面的具有挑战性的目标。
3.2 规划、构建与安排学习计划	运用对学生学习内容及有效策略的知识及了解来规划课文顺序。	规划与实施结构良好的、学生参与并促进他们学习的计划或课文顺序。	与同事共同规划、评估并修饰学与教的计划,以创造富有成效的、让所有学生都参与的学习环境。	展示示范性实践,并引领同事去规划、实施及考察其学习与教学计划的有效性,以便发展学生的知识、理解与能力。
3.3 运用教学策略	包含一系列教学策略。	选择并运用相关的教学策略来发展知识、技能(能力)、问题解决及批判性与创造性思维。	援助同事选择与运用有效的教学策略来发展知识、技能(能力)、问题解决及批判性与创造性思维。	与同事合作来考察、修饰并拓展其教学策略选项,以便使学生能够运用知识、技能(能力)、问题解决及批判性与创造性思维。
3.4 选择并运用资源	展示对包括 ICT 在内的、能让学生参与学习的一系列资源的知识(了解)。	选择、创造及运用包括 ICT 在内的能让学生参与学习的一系列资源。	辅助同事去选择、创造及运用一系列广泛的包括 ICT 在内的能让学生参与学习的资源。	将示范性技能(能力)模式化;同时,为了方便教师在校内外运用,引领同事选择、创造并评估包括 ICT 在内的资源。

续表

标准三:规划并实施有效的教与学				
重点范畴	毕业生教师	精通型教师	高度娴熟型教师	专业引领型教师
3.5 使用有效的课堂沟通	展示一系列言语与非言语交际策略,以援助学生的投入。	运用有效言语与非言语交际策略,以援助学生的理解、参与、投入及成绩。	辅助同事选择一系列广泛的言语与非言语交际策略,以援助学生的理解、参与、投入及成绩。	通过范例展示并引领全纳性言语与非言语交际,途径是运用协作性策略与语境性知识来援助学生的理解、投入及成绩。
3.6 评估并完善教学计划	为提高学生学习结果,展示可以用来评估教学计划的宽泛的策略性知识。	运用证据(包括学生反馈及学生评价数据)完善规划,评估个人的教与学计划。	通过运用学生反馈、学生评价数据、课程知识及工作场所实践惯例,与同事合作,共同考察当下的教与学计划。	运用多种证据资源(包括学生评价数据、课程文件、学习实践,以及来自家长/监护人、学生及同事的反馈),执行定期的教与学考察计划。
3.7 让家长/监护人参与教育过程	描述一系列广泛的策略,让家长/监护人参与教育过程。	规划家长/监护人合适且符合语境的关联性机会,让他们参与孩子的学习。	与同事共事,一起为家长/监护人提供合适且符合语境的关联性机会,让他们参与孩子的学习。	发轫建立计划的语境性关联;这样的计划一方面使家长/监护人参与孩子的学习,另一方面涵盖更宽泛的学校教学重点及活动。

续表

标准四:创造并维持援助性而安全的学习环境				
重点范畴	毕业生教师	精通型教师	高度娴熟型教师	专业引领型教师
4.1 援助学生的参与	认定援助全纳性学生参与及投入课堂活动中的策略。	建立并实施全纳性与积极的互动活动,融入并援助所有学生的课堂活动。	将有效实践模式化,支持同事实施融入并援助所有学生的全纳性策略。	通过范例展示并引领如何创造整个学校的全纳性学习环境,途径是考察全纳性策略,探究新的融入,并援助所有的学生。
4.2 管理课堂活动	展示组织课堂教学活动,并提供明晰指令的能力。	建立并维持秩序及可行的日常活动,以便为学生创造用于学习的环境。	模式化并与同事共享一系列灵活的课堂管理策略项目,以保证所有学生得以投入有目的的活动中。	发轫策略并引领同事实施有效的课堂管理,促进学生担负自己的学习责任。
4.3 管理挑战性行为	展示管理挑战性行为的实际可行的方法性知识。	通过建立并与学生协商明晰的预期来管理挑战性行为;同时,迅速、公平并有尊重地解决纪律问题。	发展并与同事共享一系列灵活的行为管理策略项目,途径是运用专家知识及工作场所经验。	引领与实施行为管理发轫性行动,以援助同事拓宽他们的系列策略。
4.4 维持学生安全	描述援助学生在学校与/或系统、课程及法规要求内的幸福与安全的策略。	通过实施学校与/或系统、课程及法规要求,保证学生在学校范围内的幸福与安全。	发轫并承担责任,实施当下的学校与/或系统、课程及法规要求,并以此保证学生幸福与安全。	通过当下的学校与/或系统、课程及法规要求,评估学生幸福政策与安全工作实践的有效性;同时,援助同事升级其实践惯例。
4.5 安全、有责且符合伦理地运用 ICT	展示对所提供的用于援助安全、有责且伦理性运用 ICT 于学与教中的关联问题与策略的理解。	合并策略以促进安全、有责且伦理性地运用 ICT 于学与教中。	模式化并援助同事发展策略,以促进安全、有责且伦理性地运用 ICT 于学与教中。	考察或实施新政策与策略,以保证安全、有责且伦理性地运用 ICT 于学与教中。

续表

标准五：开展评估，提供反馈，报告学生的学习情况				
重点范畴	毕业生教师	精通型教师	高度娴熟型教师	专业引领型教师
5.1 评价学生学习	展示理解评价策略(包括非正式和正式的、形成性和终结性的学生学习评价方法)。	发展、选择及运用非正式和正式的、形成性和终结性的评价学生学习的策略。	发展与应用一系列综合的评价策略，以诊断学习需要，遵从课程要求，并援助同事去评估其评价方法的有效性。	评估学校评价政策与策略以援助同事，途径是运用评价数据来诊断学习需要，遵从课程、系统与/或学校评价要求，以及运用一系列评价策略。
5.2 向学生提供学习反馈	展示有关学生及时、合适的学习方面反馈的理解。	向学生提供有关其学习目标的及时、有效且合适的反馈。	根据一系列有效策略，基于对各个学生当下需要的见多识广且及时的判断，选择策略来提供目标性反馈，以便学生渐进性学习。	将示范性实践模式化，并发轫计划来援助同事去应用一系列及时、有效且合适的反馈策略。
5.3 使判断前后一致、具有可比性	展示对评价审核及其应用的理解，以便援助一致性、具有可比性的学生学习的判断。	理解并参与评价审核活动，以援助一致性、具有可比性的学生学习的判断。	组织、评价、援助一致性、具有可比性的学生学习判断的审核活动。	引领并评估审核活动，以保证一致性、具有可比性的学生学习判断，满足课程及学校或系统要求。
5.4 解读学生数据	展示评估学生学习及修订教学实践的评价数据诠释能力。	识别干预措施，修订教学实践，运用评价数据分析与评估学生对科目/内容的理解。	根据学与教的评估，识别干预措施，修订内部教学实践与外部学生评价，与同事共用数据。	运用内部与外部学生评价数据，协调学生行为表现及学习计划评估，以便改善教学实践。
5.5 报告学生成绩	展示对向学生与家长/监护人报告的一系列策略的理解，显示对保持正确且可靠的学生成绩记录目的的理解。	运用正确且可靠的记录，向学生与家长/监护人清楚、正确及有尊重性地报告学生成绩。	就学生学习及成绩，与同事一起构建面向学生与家长/监护人的正确、有信息内涵、及时的报告。	评估与修改校内报告及绩效机制，以满足学生、家长/监护人及同事的需要。

表7-5　教学专业参与标准

标准六:参与专业学习				
重点范畴	毕业生教师	精通型教师	高度娴熟型教师	专业引领型教师
6.1 识别并规划专业性学习需要	展示在专业学习中对澳大利亚教师专业标准的理解。	运用澳大利亚教师专业标准及同事的建议来认定与规划自己的专业学习。	分析澳大利亚教师专业标准,以便规划个人专业发展目标、援助同事认定并实现个人发展目标,支持职前教师改进教学实践。	运用澳大利亚教师专业标准的综合知识来规划、引领、制订专业学习政策及计划,以应对同事与职前教师专业学习的需要。
6.2 参与专业性学习并完善实践	理解有关教师合适的专业学习资源。	针对专业需要及学校与/或系统的发展重点,在学习中参与知识升级及实践。	通过参与相关批评研究,规划专业学习,投入高质量的目标性机会以改善实践,并提供职前教师合适的位置。	发轫协作性关系以拓展学习机会,参与研究,并为职前教师提供高质量的机会与位置。
6.3 参与同事(活动)并完善实践	寻求并应用来自管理者与教师的建设性、旨在提高教学实践的意见反馈。	促进合作性讨论,并应用来自同事的、旨在提高专业知识与实践的建设性意见反馈。	发轫并参与同事的系列论坛式专业讨论;开展论坛式专业讨论,旨在评估指向于提高专业知识与实践及学生教育结果的实践。	在校内或专业性学习网络上实施专业性对话以便提高学生的教育结果。专业性学习网络的信息来源于反馈、当下研究与实践的分析。
6.4 运用专业性学习,提高学生的学习结果	展示理解基础的理论、持续专业学习及其对提高学生学习(结果)的启示。	执行旨在应对所识别的学生学习需要的专业学习计划。	和同事一起评估为应对学生学习的需要而进行的教师专业发展学习活动的有效性。	倡导、参与并引领策略,以援助同事高质量的、专业性的、聚焦于提高学生学习结果的学习机会。

续表

标准七：参与同事、家长/监护人及社区学习				
重点范畴	毕业生教师	精通型教师	高度娴熟型教师	专业引领型教师
7.1 满足专业性伦理及责任	理解并应用通过伦理语码描述的关键原则及教师职业行为（教学专业行为）。	满足由管理当局、系统及学校制订的伦理语码及行为。	保持高度的伦理标准，援助同事诠释伦理语码，并在所有学校与社区（共同体）语境中行使理性判断。	将示范伦理行为模式化，在所有涉及学生、同事及社区（共同体）事务处理过程中，行使有理有据的判断。
7.2 遵守法规、行政管理及组织的要求	理解在学校各个阶段面向教师的相关的法规性、管理性及组织性的政策与过程。	执行相关的法规性、管理性、组织性及专业性的要求、政策与过程，并理解其启示。	援助同事考察并诠释相关的法规性、管理性及组织性的要求、政策与过程。	发轫、制订并实施相关政策与过程，以援助同事执行与理解现行的、新的法规性、管理性、组织性及专业性的职责。
7.3 参与家长/监护人（活动）	理解与家长/监护人建立有效、有意识、亲密性联结的策略。	与家长/监护人建立、维持、尊重儿童学习与幸福的协作关系。	在涉及儿童学习及幸福方面，展示与家长/监护人各方面沟通上的适应性。	识别、发轫并构建机会，让家长/监护人参与儿童的学习及学校优先发展的教育重点。
7.4 参与专业性教学网络及更广泛的共同体	在拓展教师的专业知识与实践过程中，理解外部专业人员与社区（共同体）代表的作用。	参与专业性与社区（共同体）网络及论坛，拓展知识，改进实践。	促进专业性网络与协会建设，构建与更广泛社区（共同体）富有成效的联结，以改进教学与学习。	在专业性及社区性（共同体性）网络中承担领导作用，援助同事参与外部学习机会。

总之，正如有些学者（Barber, M. & Mourshed, M.）所说，尽管各校在执行构念与环境上存在很大的差异，由于澳大利亚教师专业标准的高绩效性，因此，澳大利亚仍然强力关注教学的改进，教学对学生的成

绩产生了直接的影响。①

三、聚焦个性化的学生学习

（一）个性化学习的重要性

早在2004年，英国教育与技能部就提出了“儿童与学习者五年战略”（Five-Year Strategy for Children and Learners）。该战略的一个主要目的就是发展个性化学习，即“每一个学生应该在其校内获得适合自己的卓越的教学；他们得到的卓越教学应该以他们的知识背景为基础，定制化其所想，并帮助他们实现充分潜能”②。

作为英联邦成员国的澳大利亚奉行的是实用主义哲学③。维多利亚州的教育与早期儿童发展部也于2007年指出，由于个性化学习仍然处于初期阶段，人们对于该学习方式能否取得整体成功的证据还很少。尽管如此，仍有大量的证据表明，个性化学习方法的许多组成部分已经在不同的环境下取得了成功。实际上，2007年《澳大利亚未来学校教育》就认定个性化学习对学校教育的关键作用。

同样，澳大利亚昆士兰州的崔德威（Treadwell，M.）也将教育比作其他“技术手段”。他指出，当技术达到了效率的极限，涌现的是基于革新的新技术手段而非“现代技术的迭代”。例如，飞行技术就是在不断地转型：从乘气球开始，接着到滑翔飞行，后来到动力飞翔，然后到喷气发动机，最后到超音速发动机。相比之下，学校已经“回归”到基础技能与标准化测试阶段，而非跳入新范式时期。他提出，如果澳大利亚希望实质性提高教育质量的话，那么“碌碌无为显然不是（国家的）选

---

① Barber，M. & Mourshed，M.（2007）. *How the World's Best-performing School Systems Come Out on Top*. London：McKinsey & Company：13.

② Department for Education and Skills.（2004）. *A National Conversation about Personalised Learning*，*UK*. http：//www. teachernet. gov. uk/publications/PLbooklet.

③ 王斌华.（1996）. 澳大利亚教育. 上海：华东师范大学出版社：iii.

择,除非(国家)希望故意授权学习者一套已经不适合形势的能力、技能、知识及学习信念;更何况这样一套的能力、技能、知识及学习信念与21世纪已经完全没有关联性了”。正因为如此,他很有信心地指出,澳大利亚的教育已经到了关键时刻;如果教育范式不转型的话,澳大利亚将就无法提高业绩。为此,他断定,不管国家投入多少资金到教育系统,也不管国家付出多少努力来完善教育系统,国家也没有多少可能性实现实质性业绩增长。①

在他看来,新的教育范式必须建立在互联网技术上,并将成为个性化学习方法的基础。为此,他提出,教师将能为每个学习者提供一种更具有目标性的学习环境,从而使学习机会通过合适的语境、媒介及概念性方法来满足学习者需要。崔德威还认为,技术让教育工作者满足了对每个具体学生需要的关照,因为技术让“资优学习者、有特殊需要的学习者及有特定学习困难的学习者都得到了合适的资源及沟通手段;这些资源与沟通途径在不增加教育工作者工作负担的情况下,能够为学习者的学习提供个性化课程计划”②。

为此,崔德威认为,在基于信息技术的新教育范式中,其所提供的教与学应是全年无休的。教与学的时间应是全天候的;教与学的地点也是形式多样的,可以是家庭、学校,物理的、虚拟的,世界上任何地方都可以是学习的场所。只要时间和地点方便,教师就可以与学生及家长交流,也可以提供个性化的满足各个学习者需要的功课及家庭作业。在这样的环境下,学习者就成为教学系统的中心,教学则围绕年轻人的学习方式而发生着改变。③

---

① Treadwell, M. (2009). *The Conceptual Age and the Revolution*. Sydney: Angus & Robertson Bookworld: 3.

② Treadwell, M. (2009). *The Conceptual Age and the Revolution*. Sydney: Angus & Robertson Bookworld: 5.

③ Treadwell, M. (2009). *The Conceptual Age and the Revolution*. Sydney: Angus & Robertson Bookworld.

尽管没有使用“个性化学习”这个术语，哈格里夫斯和雪莉（Hargreaves, A. & Shirley, D.）还是描述了一种新的教育范式，即教育的第四条道路（The Fourth Way），第四条道路包含了许多个性化的重要方面。①

他们将20世纪60年代教育的第一条道路（The First Way）描述为“福利国家教育制度”。教育第一条道路的改革，出现了使命感与乐于变革的意愿，但在质量与实施上出现了广泛的差异性。到了美国的里根时代和英国的撒切尔时代，促进并形成了教育的第二条道路。第二条道路鼓励企业驱动，提高通过市场与国家的控制，促进个体的责任。第二条道路加大了贫富的差距，而且开始了职业动机的崩溃及教师留任与领导力恢复的危机。政府业绩目的驱动了高度利益相关的标准化，促使教学赋予激情和乐趣，但增加了教师的工作负担与教育领导者的脆弱性。②

教育改革的第三条道路出现于20世纪90年代。从某种程度上看，第三条道路的教育改革措施既吸取了前两条道路的优点，采取了折中性行动，但又超越了前两次改革行动。教育改革的第三条道路的结果产生了美国的特许学校及英国的特殊教育学校。在教师的工作指向于发展专业性学习共同体的同时，政府将更多的资金投入资源与基础设施建设中。改革也取得了一些短期性效果，如提高了教育结果，提高了政治对教育的介入程度，等等。但教育改革的第三条道路兴起了标准化测试，强化了科层管理制度，提高了利益相关人员的绩效责任，增加了大量的日常文书工作，因此，这一方面导致了教育者的狂热变革，另一方面在提高教育结果上却收效甚微。

哈格里夫斯和雪莉提出的教育改革的第四条道路，最大限度地吸

---

① Hargreaves, A. & Shirley, D. (2008). The fourth way: Changes next exit. *Educational Leadership*, 10(19): 89 – 100.

② Hargreaves, D. (2004). *Personalised Learning: Next Steps in Working Laterally*. http://www.schoolsnetwork.org.uk/uploads/documents/4402.pdf.

收了前三次教育改革的优点，并从芬兰教育的高度业绩范例中吸取了营养。通过第四条道路，他们致力于发展一种新的系统。通过这种系统，公众深度参与并投入所有学生的教育中；学生成为变革的伙伴，他们要投入自己的学习及学习选择中；学校要对其学校及所在的社区中所有学生的发展负集体责任；教育领导者与教师是变革的最终仲裁者。

为此，皮尔森(Pearson)认为，如果澳大利亚要实现史上最宏大抱负的话，那么包括与相关方面形成联系的形成性评价等在内的教育技术必须以某种更个性化的方式服务于学习者。与形成性评价形成联系的方面包括：教学、学习管理系统、纵向数据系统、灵活而适应性的内容传递、操作性标准、教师、专业发展、各种不同机构等 。可见，皮尔森主张的一个强有力的基础就是有效运用技术与学生成绩提高存在着积极关联性。尽管该发现建立在数量有限的研究基础之上，且不少研究还属于质性研究，但是，源于运用技术而得到更积极学习结果的研究相比以往要多得多，而且正呈上升趋势。同时，澳大利亚还应通过更个性化及具体化的方式为学习者传递内容，并发展其能力，技术正在深入学生个性化学习的内容之中。① 以下是一些具体的方式：①利用多媒体提供适合学生学习风格的内容路径；②将教学步伐调适至学习者；③提供任何时间/任何地点的教学；④提高内容与学生感兴趣及目标的相关性；⑤让学生参与，增加他们用在任务上的时间，培养学生通过游戏、研究性学习、移动式学习等发展批判性思维；⑥提供适合基于学生先备知识的诊断性测试及形成性评价；⑦识别学生学习中的错误观念，并提供补救方案；⑧提供独特的个性化学习社会网络、同伴学习及合作；⑨允许教师为具体学生定制教学计划上；⑩学生根据自己学习进步情况进行自我检测，以使他们的学习更有动机，更加自主；⑪为学生的主导性

---

① Pearson Issue Paper. (2009). *Personalised Learning: The Nexus of 21st Century Learning and Educational Technologies*. http://search. pearson. com/_search/search. cfm? col = ped&webhost = http% 3A% 2F% 2Fwww. pearsoned. com&qt = personalized + learning.

学习风格搭建合适的内容脚手架。

2003 年,澳大利亚北方中央地区教育实验室[North Central Regional Educational Laboratory(NCREL) 2003]实施了一项包括 42 个子研究的元分析,约 7000 名学生参与了该研究。该研究的主题是考察技术对学生的认知、情感及行为的影响。研究发现,技术与这三个方面之间关系呈正相关性,研究的平均积极效应范围为 0.410。①

一份由全球 IT 和网络行业的领导者思科(Cisco)资助的研究报告表明,当技术得以有效实施时,学习出现显著提高。②尽管他们研究报告的考察面不一定非常全面,但它确实显示了一些值得鼓舞的结果(见表 7-6)。

表 7-6　不同教育技术手段的学习方式与研究类型的研究发现

技术类型	学习类型									
	基本技能		更高层次思维		信息与技术(ICT)		合作/参与性学习		学习环境	
	表达	相关性/描述	表达	相关性/描述	表达	相关性/描述	表达	相关性/描述	表达	相关性/描述
交互白板	+/-	+		+	+	+	+/-	+	+	+
课堂反应系统	+	+		+/-		+/-	+	+		+
电子游戏	+	+	+/-			+	+	+	+	+
刺激物		+	+/-	+		+	+	+	+/-	+
模式化		+	+	+	+	+		+		+
增强现实	+	+		+		+		+		+
虚拟世界	+/-	+		+		+		+		+

① Independent Schools Queensland. (2010). Personalised learning revisited: Is technology the answer? *Briefings*, 14(8): 1 – 8.

② Lemke, C., Coughiin, E. & Reifsneider, D. (2009). *Technology in Schools: What the Research Says: An Update*. Cluver City, CA: Commissioned by Cisco.

续表

技术类型	学习类型									
	基本技能		更高层次思维		信息与技术(ICT)		合作/参与性学习		学习环境	
	表达	相关性/描述	表达	相关性/描述	表达	相关性/描述	表达	相关性/描述	表达	相关性/描述
移动设备	+	+		+		+		+		+
计算器	+/-	+/-								
1:1学生电脑配备	+/-		+/-	+/-			+/-	+/-		
虚拟学习	+/-	+	+		+	+	+	+	+	+
数据形象化/分析工具	+	+	+	+		+				+
计算机辅助教学(CAI)	+/-	+/-	+/-	+/-		+		+		+
教育电视	+	+		+	+	+	+	+	+	+

来源:Lemke, C., Coughiin, E. & Reifsneider, D. (2009). *Technology in Schools: What the Research Says: An Update.* Cluver City, CA: Commisioned by Cisco.

当然,他们(Lemke, C., et al.)也认为,如果在课堂教学中进行有关技术运用的研究,并能提供积极的学生学术结果,那么,学校就有可能处于将技术广泛应用于个性化学习的"临界点"上。

总之,技术已经为无法从传统途径获得教育或不希望接受教育的学生提供了接受教育的机会。在线学分课程、虚拟学校教育、混合式线上与线下学校课程等,都为年轻人提供了更多选项,或者说为年轻人提供了更多的个性化教育机会。

(二)个性化学习的组成要素

澳大利亚认为,个性化学习不是个人性学习(Personalised learning is not individualised learning)。换言之,个性化学习不是简单地将课程、教学及评价加以调整以适应个体的学习。相反,个性化学习涉及:①将学习者置于系统的中心;②围绕学习者塑造模式;③对每个学习者提出高预期;④围绕学习者学习方式开展教学;⑤促进学习超越课堂;⑥重点关注学习技能与策略(元认知)的培养;⑦在保持核心课程的同时,通过教育系统提供清晰的学习路径;⑧使独立学习与合作学习相结合;⑨运用学习需要及年轻人的才能指导决策;⑩让个体诠释学校教育的目标及价值观念。①实际上,这十大要素既构成了良好的教与学的要求,也因此成为澳大利亚昆士兰州所认可的个性化学习五大关键要素的基础:①学习评价,②有效教与学策略,③课程权利与选择,④学校组织,⑤超越学校的强有力伙伴关系。②

个性化学习依赖对具体学生优势与劣势的真正了解;为此,了解学生的优缺点就成为开展学习评价的一个关键之处。若要认定学生的学习需要,关键是要运用数据与对话来对学习者的学习进行评价。

个性化学习需要教与学的策略,以此来培养学习者的能力与信心。对教师而言,重点是要关注其教学本领、学科专业化及学习经验管理。由此,为传递学生知识、培养学生关键学习能力、适应不同学生的学习节奏,教师需要重点关注班级整体性、小组性及个体性的教与学和 ICT 策略;学生也要聚焦于自己的学习能力与学习能量。

个性化学习需要课程权利与选择。通过课程权利与选择,教育系统传递的是与学生个体成长相关联的有广度的学习及灵活的学习路径。

在州与国家课程作为学生课程权利与选择基础的同时,教师有能力将学生的探究和热情与灵活地丰富和拓展的基础性课程进行综合。这同样意味着,在为学生提供一系列多样化的学习路径时,学生获得了一系列广泛的学术性课程、职业性课程,且课程的时间安排灵活。

个性化学习要求学校领导与教师创造性考虑学校组织的设置,以

---

① http://www.ttrb.ac.uk/ViewArticle2.aspx? Keyword = sue + field&SerachOption = And&SerachType = keyword&refineExpand = 1&ContentId = 12406,2/9/2010.

② Independent Schools Queensland. (2010). Personalised learning revisited: Is technology the answer? *Briefings*, 14(8): 1 – 8.

便最合适地支持高质量的教与学，也确保学生的行为表现与幸福都得到帮助。为确保学生接受持续性的良好教育，可能需要重塑劳动力概念，提高计划性，安排时间对教师进行评价，等等。

个性化学习需要建立超越学校的强有力的伙伴关系，以便推动课堂教学质量的提高，消除影响学习的障碍，从而援助学生的幸福。这意味着学校要建立起与家长、监护人员的强有力伙伴关系，以便让家长与监护人员更加紧密地关注其孩子的学习，帮助学校完善学生的行为，并提高学生的到课率。强有力的伙伴关系包括以下内容：①运营好常规性的家长工作坊；②发展强有力的地方机构代理；③整合孩子的服务，途径是将家庭援助、社会关怀及健康服务与教育整合在一起，以帮助所有的孩子，所整合的服务要特别用于帮助残疾孩子。①

（三） 实现个性化学习的路径

哈格里夫斯（Hargreaves，D.）认为，个性化学习有九种路径：①课程，②建议与指南，③学习评价，④学会学习，⑤新技术，⑥劳动力培养，⑦学校组织与设计，⑧导师，⑨学生话语权。②

第一，课程也许是最明显的个性化学习的路径。通过拓展给学生开拓课程选择的机会，同时拓展学生学习地点的选择，学生能够选择逐步满足自己需要的学习课程。

第二，由于提供了课程选择机会，必然牵涉风险的增加。风险就是学生可能做出考虑不周全的选择及/或过早封闭其他选项机会。因此，对学生和家长来说，完善建议与指南系统是关键。建议与指南系统的完善，不仅对具体学习规划至关重要，而且对帮助选择课程及职业意向也至关重要。

第三，学习评价是一种复杂的形成性评价。学习评价的核心是形

---

① Department for Education and Skills. (2004). *A National Conversation about Personalised Learning*, *UK*. http://www.teachernet.gov.uk/publications/PLbooklet.

② Hargreaves, D. (2004). Personalising learning: Next steps in working laterally. http://www.schoolsnetwork.org.uk/uploads/documents/4402.pdf.

成一种新型的理解教师教育与学生学习之间的关系。通过关系的理解,人们获得反馈。从反馈中,人们不仅了解学生在学习任务过程中的所作所为,而且更多了解如何进一步帮助学生更有效地学习,更好地促进教师调整自己的教学,从而为学生学习做出贡献。学习评价不仅有助于学生掌握内容,而且还有助于让学生考虑自己的学习。

第四,学习评价提升了学生学会学习的能力。学会学习路径既提高了学生的学习成绩及独立性,也激发了学生的学习动机,还让他们感到为了自己的未来而投入继续学习的责任和权利。动机和独立学习能力对于个性化学习来说是至关重要的,因为动机和独立学习能力既减少了对教师的依赖性,也提高了学生对自己学习的把控能力。

第五,新技术赋予学生更多控制权及更大程度地获得资源与内容的机会,以满足自己的具体需要。此外,新技术还赋予学生更多的独立性,因为新技术的特点是用途多样,使用地点灵活,学习方式灵活且个性化。

第六,新技术成为促进劳动力培养方式变革的催化剂。不管是在社区层面,还是在学校层面或课堂层面,它都将促进教育劳动力结构和功能的变革。

第七,劳动力变革同样改变了学习与那些援助学生学习的人员之间的关系。学习与援助学生学习人员之间的关系发生了变化,因此不能再简单地称为"教师与施教"关系了。导师与辅导已经成为成人学习者常见的术语;如果学习要实行个性化的话,导师与辅导也有可能变得日益重要。实际上,在英国,外部学习导师是为不投入学习的学生而援助的重要系统。培养作为"同伴指导者"的学生导师同样重要。

第八,正在发生变化的劳动力特性及新技术也成为驱动学校设计及组织变革的因素。传统学校是在学校围墙内为不同年龄段同伴设计教学。个性化学习既重新考虑教与学的方式、时间及地点,也重新考虑施教的内容。

第九,对个性化学习而言,最有力的潜在的路径是学生话语权。尽管学生是学校教育的核心,但学校通常不咨询他们有关学校教学的意见。一边倡导个性化学习,一边不涉及学生,这样的学习过程是毫无意义的。

应该说,尽管现实中还可能存在许多个性化学习过程路径,但在现实中,以上九种路径却可能是更合理的,因为:①不同的主题适用于不同的学校及不同的课堂;②从一定形式上看,主题已经成为当前专业发展实践的组成部分;③主题需要来自主任教师强有力的领导力,这样的领导力是以分布式领导力形式出现的;④每个主题都能提高学生学习动机,促进学生投入学习;⑤没有一所学校能在每一个主题上都处于领导地位。因此,学习者可以通过任何一个路径开展个性化学习,因为这九条路径是相互关联的。

当然,以上路径在实施过程中有一定的合理性,但正如哈格里夫斯所提出的,教师在实施个性化教学中必须努力克服一些技术问题:①如何根据个体网络(学校网络与教师网络)的需要与偏好,从这些路径中开始创造革新性网络;②如何将这些不同的网络编织在一起,创建一个整体性的、互相衔接版的个性化网络;同时,这种版本的个性化学习的网上资源还可供其他人利用。① 教师还必须对个性化学习的观念持开放的态度。

尽管存在种种挑战,美国、英国、新西兰、加拿大、芬兰、新加坡等国家(地区)在个性化学习方面已经取得了进展。芬兰提高了所有学生的学习成绩,尤其是在国际性测试中,芬兰学生的识字、数学及科学等三门课程的成绩表现已经连续几年居世界前列。因此,澳大利亚没有理由不实施变革,这些国家(地区)的成功经验能够给澳大利亚实施个性化学习提供有效的经验与借鉴。

哈格里夫斯和雪莉是这样描述芬兰和新加坡的教育变革对澳大利亚的启示和作用的:为努力发展一种创造性及灵活的知识经济,芬兰的做法是发展了一种重要而更分权化的教育系统。如今芬兰已经拥有了

---

① Hargreaves, D. (2004). Personalising learning: Next steps in working laterally. http://www.schoolsnetwork.org.uk/uploads/documents/4402.pdf.

广大的地方性课程……即使教师的收入水平仅仅达到工业化国家教师的平均数,但芬兰教师的保留率不低,因为他们的条件良好……根据宽泛的教学指南,各个城市的高素质教师与他们最了解的学生共同创造课程。到目前为止,由其他国家(地区)人们设计的课程传递完全不适应芬兰教师。芬兰的班级规模极少超过20人,芬兰教师对自己的学生充分了解…… 他们(学生)接受了必要而慷慨的专业化援助。由于芬兰有这样的教育优势条件,教师为教育质量奋斗,且不经意间提高了所有学生的学习成绩。校长们可以共享其他学校资源,且感到有责任为本地区所有学生负责。换言之,校长们感觉其责任对象不仅仅包括自己学校的学生,还应包括本地区其他学校的学生……校长往往招聘自本校;实际上,若从教育系统外招聘校长,那将是非法的。评价方式大多属于诊断性评价,且大多是校内评价。外部绩效(评价)是保密的,且执行的是以样本绩效为基础的评价;外部绩效评价仅仅监控办学目的(目标),不对具体学生、教育工作者或学校进行制裁。

在芬兰这样的制度下,由于没有外部绩效责任与标准化测试的压力,教师就拥有时间照顾每个学生。即使做出教育决策,那也属于地方及学校层面的;学校也因此能够做出如何最合适地满足学生需要的决策。每所学校都能够开发出一门适合学生、家庭及学区的个性化课程。学校还对资优学生与识读及算术课程差的学生实施专家性援助,并关注到具体学生,聚焦到他/她的需要。

同样,新加坡也被认为是世界上最具结构化及教育最成功的国家之一。该国的教育正在走向个性化,其教育改革重点聚焦于学生的具体需要。新加坡要求,所有教师必须腾出10%的时间,免费准备旨在提高学生(学习)动机与创造性的独立课程教案。①

① Hargreaves, A. & Shirley, D. (2008). The fourth way: Changes next exit. *Educational Leadership*, 10(10): 89 - 100.

四、结　语

总之,在20世纪,出现了一系列在创造意义和再创造意义途径上的变革形式。这些变革首先围绕摄影及其衍生产品上,而且随着21世纪以来数字表征技术的广泛应用,变革的速度将大大加快。①这些正在发生变革的表征途径体现了多样化的特征,并赋予人类以意义。②

第一,近6000年来,随着书写文字成为一种权利来源,以及近500年来这种权利成为人们十分关注的问题后,摄影技术表征手段(如平版印刷、电影制作、模拟电视)开始恢复影像的力量,并将书面文本与影像交替运用,从字符到像素又减少了文本意义基本模块单元的生产,数字技术加快了这个过程。电视显示屏不断地滚动显示越来越多的字幕,杂志和报纸以某种方式从中编排影像和文本。所有这些发展在凸版印刷时代就没那么容易实现了。在听的方面,先是电话和电台,然后是与数字时代更密切的听实现了高保真。与更早时期的书信和备忘录相比,随着电话、电子邮件及其他通信技术的发展,出现了更富有成果、流畅的口语;同时,数字文本的声音合成将文本从可读性转成了可听性。

第二,以英语为例,在其标准化、同质化及同化时代后,即使受美国控制的全球性语言正在从内部出现分歧,且分歧速度似乎不断加快,但这样的分歧速度却不如美国的冒险主义那么快,方向和相关性正好相反。亚文化的社会语言、同伴文化、时尚、第二语言使用者及地方性区域语言的迂回放射性团体等,正使英语变得越来越缺少互相理解,而非越来越多地相互理解。它们似乎通过新都市无限的电视频道、主流电

---

① Cope, B. & Kalantzis, M. (2003). *Text-Made Text.* Melbourne: Common Ground.

② Kalantzis, M. & Cope, B. (2004b). A short history of meaning. *International Journal of the Humanities*, 2(3): 2245 – 2250.

台、网络社区及人与人交汇点进行交流。人们正在回到某种深度的分歧性和多样性，而且由于人们没有使用第一语言，故一种传示意义—接受意义关系的流动性就无法观察。①②

第三，尽管全球性英语自诩要扩张为帝国语言，但新的表征途径悖论般使之回归成为激进的多元语言主义，如建立基于机器翻译的数十个语种的客服中心。机器翻译的可能性为某种特定程序语言的有界性提供了解决方案，如通用编译系统 Unicode；须知，目前的通用编译系统 Unicode 对于字母顺序、表意文字及大大小小的字符集无法探查，因为它们都被加工成一样的东西。问题是，为何这样的客服中心没有成百上千的语言而仅仅是那数十种语言呢？这些在世界英语之城发展起来的技术手段，使维持并复兴目前处于边缘性的第一语言成为一项更容易、更加可以达成的任务。③

第四，新媒体要比凸版印刷更容易得到。换言之，新媒体的成本更低廉，即使是业务人员，也会非常方便地操作。到目前为止，由于许多新媒体成为新的、数字性分水岭的牺牲品，对于力图将智力资产变成一种新形式的私有资产的都市权力机构来说，在其系统的中心，它们既拥有不少通过开放资源技术投入其中的天才，也拥有许多投入维持某种创造性共同空间智力财产的天才。④⑤在意义的创造和分布途径上公

---

① Cope, B. & Kalantzis, M. (2000b). *Multiliteracies: Literacy Learning and the Design of Social Futures*. London: Routledge.

② Cope, B. & Kalantzis, M. (1997). *Productive Diversity: A New Approach to Work and Management*. Sydney: Pluto Press.

③ Cope, B. & Gollings, G. (2001). *Multilingual Book Production: Technology Drivers across the Book Production Supply Chain, from the Creator to the Consumer* (C-2-C Series). Melbourne: Common Ground.

④ Lessig, L. (2001). *The Future of Ideas: The Fate of the Commons in a Connected World*. New York: Random House.

⑤ Williams, S. (2002). *Free as in Freedom: Richard Stallman's Crusade for Free Software*. Sebastapol, CA: O'Reilly.

然挑战工业现代性逻辑的同时,它们的发展趋势要么使电子意义更容易朝着自由化发展,要么在诸如数字印刷这样的物理媒体上出现顺利的经济规模。从制造意义上看,后一种现实将使小规模的文化和狭隘的意义变得像大众文化和同质化一样可行。

今天,尽管人们讨论的历史性叙事是通感、分歧性、多元语言主义及深度多样化的故事,但从其方式上看,它根本不是一种真正意义上的回归。未来将与人们的任何过去有巨大的差异。一种新的通感、多样性、主观能动性的更新,以及采取新的能力将成为主体而非令人焦虑的对象。所有这些即是当今正在涌现的认识论和生活世界的组成部分。尽管出现开始时的错误,存在短暂的误判,出现一些抵触和退化,但目前也许存在一些改变人类的空间。不管如何,有一点,人们是可以确定无疑的,即未来将与过去有巨大的差异。

第八章
当代澳大利亚基于信息技术的学习设计对中国的启示

一、加强学习设计理论素养的培养

变革是教育发展过程中永恒的主题。实际上，当下教育面临的许多破坏性变革要比自19世纪大众教育以来的任何时期都多得多。这些变革——全球化、社会多样化的出现，新技术的运用，新类型学习者的出现——共同挑战着众所周知的教育基本原则。尤其是随着新类型学习者的出现，他们希望成为知识创造和群体认同的代理者，而不是接受知识内容传递的容器。卡兰兹和科普从现代的过去时、最近的现代时及新学习时期三个方面总结了不同时期教育研究关键性挑战。① 表8-1即变革中的教育各个学习领域在不同时期的特性。

表8-1　变革中的教育各个学习领域在不同时期的特性

变化中的教育	现代的过去时	最近的现代时	新学习时期
新学习	现代教育一直是怎样的	现代教育正在出现的特征	为了最近未来的教育
学校生活	说教式教育	真实性教育	变革性教育
为了工作的学习	福特制	后福特制	产出多样性

① Kalantzis, M. & Cope, B. (2012). *New Learning: Elements of a Science of Education*. 2nd Edition. Cambridge: Cambridge University Press.

续表

变化中的教育	现代的过去时	最近的现代时	新学习时期
学习公民	民族主义	新自由主义	公民多元主义
学习者特性	从排斥到同化	认可	全纳
学习的本质	行为主义	智力发展与建构主义	社会认知主义
知识和学习	知识权威服从性	知识相对主义	技能(或才能)
教学与课程	模仿性	综合性	自反性,反思性
工作中的学习共同体	科层性教育	自我管理性教育	协作性教育
测量学习	测试智能和记忆	基于标准的测量	协同性反馈

来源:Kalantzis,M. & Cope,B.(2012). *New Learning:Elements of a Science of Education*. 2nd Edition. Cambridge: Cambridge University Press:ii.

为迎接新时代、新挑战,学校与教师必须对学习设计变革有一种新的视野。换言之,他们必须进一步培养学习设计变革理论素养。在这方面,澳大利亚的做法就值得借鉴。①

(一) 对新时代教育变革设计能力意识的培养

1. 充分认识新时代教育工作者的作用

澳大利亚认为,教育工作者可以通过以下的线上线下学习予以提升自己的教育变革设计的意识。

(1) 彼得斯知识经济论的核心观点内容,可参阅:Peters, M. A. (2001). Education policy research and the global knowledge economy. *Access: Critical Perspectives on Cultural and Policy Studies in Education*, 19 (2): 90 - 101. 或参见: http://newlearningonline.com/new-learning/chapter-1-new-learning/%20peters-on-the-knowledge-economy/.

(2) 知名政治领导者论教育的内容。就澳大利亚而言,以下一些知名政治家或人士论教育变革的表述是值得学习的。

① http://newlearningonline.com/new-learning.

① 后种族隔离的南非第一任黑人总统纳尔逊·曼德拉论教育的内容,可参阅:Mandela, Nelson. (1997). Speech by President Nelson Mandela at the Education Africa, Presidential and Premier Education Awards, Pretoria, 22 November 1997. South African Government Information. 或参见: http://newlearningonline. com/new-learning/chapter-1-new-learning/political-leaders-speaking-of-education-nelson-mandela.

② 缅甸国务资政、诺贝尔和平奖得主昂山素季论教育的讲话,具体内容可参阅:Suu Kyi, Aung San. (2011). A centenary dialogue with Aung San Suu Kyi. 30 May 2011. www. hku. hk/cpaoesite/press/ASSKeng. pdf. 或参见:http://newlearningonline. com/new-learning/chapter-1-new-learning/political-leaders-speaking-of-education-aung-san-suu-kyi.

③ 利比里亚前总统、诺贝尔和平奖得主埃伦·约翰逊·瑟利夫论教育的内容,可参阅: Sirleaf, Ellen Johnson. (2011). Education is fundamental to progress and development. CEP Graduation Ceremony for the Economic Empowerment of Adolescent Girls and Young Women Project. 28 February 2011. http://www. findthatfile. com/search-80846623-hPDF/download-documents-2011022-president-keynote-address-epag-graduation.pdf.htm. 或参见: http://newlearningonline. com/new-learning/chapter-1-new-learning/political-leaders-speaking-of-education-ellen-johnson-sirleaf.

④ 约旦王后拉尼娅· 阿卜杜拉论教育的谈话,可参阅:Queen Rania Al Abdullah. (2012). Educating ourselves out of inequality. OECD Forum, Paris, France. 22 May 2012. http://www. queenrania. jo/media/speeches/her-majesty-queen-rania-al-abdullah-keynote-address-oecd-forum-paris-france. 或参见: http://newlearningonline. com/new-learning/chapter-1-new-learning/political-leaders-speaking-of-education-queen-rania-al-abdullah.

2. 认识新学习时期的创新之处

(1)《不能输掉未来》视频,可参见:http://newlearningonline. com/new-learning/chapter-1-new-learning/no-future-left-behind.

(2) 麦克马洪论教育经济学,可参阅:McMahon, Walter W.

(1998). Supporting evidence 1. 2: The economics of knowledge. *New Learning: A Charter for Change in Education*. College of Education, University of Illinois at Urbana-Champaign. http://education. illinois. edu/newlearning/knowledge-society. html. 或参见:http://newlearningonline. com/new-learning/chapter-1-new-learning/mcmahon-on-the-economics-of-education.

(3)《Web 2.0:世界就是这样悄无声息地互联起来的》视频,可参见: http://newlearningonline. com/new-learning/chapter-1-new-learning/web-2.0-the-machine-is-us-ing-us.

(4)卡兰兹与科普的著作《学习的新手段——在破坏性变革环境下合作》,可参阅:Kalantzis, M. & Cope, B. (2012). *New Tools for Learning: Working with Disruptive Change*. Cambridge: Cambridge University Press. 或参见: http://newlearningonline. com/new-learning/chapter-1-new-learning/kalantzis-and-cope-new-tools-for-learning-working-with-disruptive-change.

(5)《当下 K—12 年级学生的愿景》视频,可参见: http://newlearningonline. com/new-learning/chapter-1-new-learning/a-vision-of-k-12-students-today.

(6)学习詹姆斯 · 吉所著《网络游戏有益心灵发展》的论述,可参阅:Gee, J. P. (2005). *Why Video Games Are Good for Your Soul*. Melbourne: Commom Ground Publishing. 或参见:http://newlearningonline. com/new-learning/chapter-1-new-learning/james-gee-video-games-are-good-for-your-soul.

3. 认识如何为了社会未来的教育变革设计

(1)阿斯莫夫所著《他们拥有的乐趣》,可参阅: Asimov, Isaac. (1951/1973). The fun they had. *The Best of Isaac Asimov*. New York: Doubleday. 或参见: http://newlearningonline. com/new-learning/chapter-1-new-learning/the-fun-they-had.

(2)参考瓦格纳所著《全球性成绩差距》,可参阅:Wagner, Tony. (2008). *The Global Achievement Gap: Why Even Our Best Schools Don't Teach the New Survival Skills Our Children Need—And What We Can Do*

About It. New York: Basic Books. 或参见:http://newlearningonline. com/new-learning/chapter-1-new-learning/wagner-the-global-achievement-gap.

（3）参考卡兰兹和科普所著《教育变革宪章》,可参阅:Kalantzis, M. & Cope, B. (2012). New learning: A charter for change in education. *Critical Studies in Education*, 53(1):83 – 94. 或参见:http://newlearningonline. com/new-learning/chapter-1-new-learning/kalantzis-and-cope-a-charter-for-change-in-education/.

（二）对学校生活存在问题及特征意识的培养

澳大利亚认为,学校生活中存在的问题可以通过现代的过去时、最近的现代时及新学习时期的学习加以区分;为此,教育机构和教师可以有针对性地加以学习与理解。澳大利亚提出,倘若说教式教育是一种现代的过去时,真实性教育是一种最近的现代时,那么基于信息时期的新时期教育则是一种变革式教育。不同的教育及其特征可以通过学习不同代表性人物的代表作而得到了解。

1. 认识"说教式教育:现代的过去时"学校教育存在的问题

教育机构和教师可以通过阅读一些名人或作者在童年时期学习经历的叙述来了解说教式教育存在的一些通病。

（1）英国前首相温斯顿·丘吉尔童年学习经历,可参阅:Churchill, Winston. (1930/1960). *My Early Life*. London: Oldhams. 或参见:http://newlearningonline. com/new-learning/chapter-2/winston-churchills-school-days.

（2）李恩富童年时代学习经历,可参阅:Lee, Yan Pho. (1887/1914). When I was a boy in China. *The World's Story: A History of the World in Story, Song, and Art*. Tappan, E. M. (Ed.). Boston, MA: Houghton Mifflin. 或参见:http://newlearningonline. com/new-learning/chapter-2/yan-pho-lees-school-days.

（3）乔治·奥威尔童年学习经历,可参阅:Orwell, George. (1968). Such were the joys. *The Collected Essays, Journalism and Letters of George Orwell, Volume 4: In Front of Your Nose, 1945 – 1950*. Harmondsworth,

Middlesex：Penguin. 或参见：http://newlearningonlin e. com/new-learning/chapter-2/george-orwells-school-days.

（4）《维持课堂纪律》视频，可参阅：http://newlearningonline. com/new-learning/chapter-2/maintaining-classroom-discipline.

（5）查尔斯·达尔文童年学习经历，可参阅：Darwin，Charles.（1892）. *The Autobiography of Charles Darwin and Selected Letters*. New York：D. Appleton and Company. 或参见：http://newlearningonline. com/new-learning/chapter-2/charles-darwins-school-days.

（6）查尔斯·狄更斯对格雷更先生的介绍，可参阅：Dickens，Charles.（1854）. *Hard Times*. London：Bradbury & Evans. 或参见：http://newlearningonline. com/new-learning/chapter-2/charles-dickens-introduces-mr-gradgrind.

（7）奥德烈·罗尔蒂童年学习经历，可参阅：Lorde，Audre.（1982）. *Zami：A New Spelling of My Name—A Biomythography*. Trumansburg，NY：Crossing Press. 或参见：http://newlearningonline. com/new-learning/chapter-2/audre-lordes-school-days.

（8）圣雄甘地童年学习经历，可参阅：Gandhi，Mahatma.（1949）. *Gandhi，An Autobiography*. London：Phoenix Press. 或参见：http://newlearningonline. com/new-learning/chapter-2/mahatma-gandhis-school-days.

（9）《13 乘 7 等于 28》视频，可参见：http://newlearningonline. com/new-learning/chapter-2/13-times-7-is-28.

2. 认识"真实性教育：最近的现代时"的特征

教育机构与教师可以学习以下方面的表述来加深理解。

（1）让-雅克·卢梭论埃米尔教育，可参阅：Rousseau，Jean-Jacques.（1762/1914）. *Emile，or Education*. London：J. M. Dent & Sons Ltd. 或参见：http://newlearningonline. com/new-learning/chapter-2/jean-jacques-rousseau-on-emiles-education.

（2）玛丽亚·蒙台梭利论免费的自然教育，可参阅：Montessori，Maria.（1964/1912）. *The Montessori Method*. New York：Schocken

Books. 或参见：http://newlearningonline. com/new-learning/chapter-2/maria-montessori-on-free-natural-education.

(3) 约翰·杜威论进步主义教育,可参阅：Dewey, John. (1938/1963). *Experience and Education*. New York: Collier Books.

—. (1915/1956). *The School and Society*. Chicago: University of Chicago Press. 或参见：http://newlearningonline. com/new-learning/chapter-2/john-dewey-on-progressive-education.

(4)《早期的进步主义教育》视频,可参见:http://newlearningonline. com/new-learning/chapter-2/early-progressive-education.

(5) A. S. 尼尔的夏山学校,可参阅:Neill, A. S. (1962). *Summerhill*. Harmondsworth, UK: Pelican. 或参见：http://newlearningonline. com/new-learning/chapter-2/a. s. -neills-summerhill.

(6) 泰戈尔在桑提尼克坦学校的经历,可参阅:Tagore, R. (1925/1961). Talks in China. Amiya Chakravarty (Ed.). *A Tagore Reader*. Boston: Beacon Press.

—. (1906/1961). The problem of education. *Towards Universal Man*. London: Asia Publishing House.

—. (1917/1961). My school. *A Tagore Reader*. Amiya Chakravarty. (Ed.). Boston: Beacon Press.

Elmhirst, L. K. (1925/1961). Siksha-Satra. *Rabindranath Tagore, Pioneer in Education: Essays and Exchanges between Rabindranath Tagore and L. K. Elmhirst*. Tagore, R. & Elmhirst, L. K. (Eds.). London: John Murray. 或参见：http://newlearningonline. com/new-learning/chapter-2/rabindranath-tagores-school-at-shantiniketan.

(7) 科恩论进步主义教育,可参阅：Kohn, A. (2008). Progressive education: Why it's hard to beat, but also hard to find. *Independent School*. http://www. alfiekohn. org/teaching/progressive. htm. 或参见:http://newlearningonline. com/new-learning/chapter-2/kohn-on-progressive-education.

(8) 批判进步主义教育,可参阅：Evers, W. M. (1998). How

progressive education gets it wrong. *Hoover Digest*, No. 4. http://www.hoover.org/publications/hoover-digest/article/6408. 或参见: http://newlearningonline.com/new-learning/chapter-2/a-critique-of-progressive-education.

3. 认识"变革式教育:新学习时期"的特征

(1) 比尔·盖茨论美国学校的学习,可参阅:Gates, Bill. (2005). Remarks on education. *National Education Summit on High Schools*. Washington, DC.

(2) 美国罗得岛遇见学校的"一次一个(one student at a time)"理念,可参见: http://www.bigpicture.org; http://newlearningonline.com/new-learning/chapter-2/the-met-no-classes-no-grades-and-94-graduation-rate.

(3) 班级作业,可参阅: Smith, H., Kalantzis, M. & Cope, B. (2006). *Australian Research Council Digital Literacies Project.* Unpublished Manuscript. http://www.eprints.qut.edu.au. 或参见: http://newlearningonline.com/new-learning/chapter-2/class-work.

(4) 卡兰兹与科普所著《学习旅程》, 可参见: http://newlearningonline.com/new-learning/chapter-2/kalantzis-and-cope-a-learning-journey.

(5)《儿童的自主式学习》视频,可参见: http://newlearningonline.com/new-learning/chapter-2/children-learning-on-their-own.

(6) 新西兰基督城发现者一号学校, 可参见: http://www.discovery1.school.nz/; http://newlearningonline.com/new-learning/chapter-2/discovery-1-christchurch.

(7) 伊文·伊里奇论去学校化,可参见: Illich, I. (1973). *Deschooling Society*. Harmondsworth, UK: Penguin. 或参见: http://newlearningonline.com/new-learning/chapter-2/ivan-illich-on-deschooling.

(8) 肯·罗宾森《论学校如何扼杀学生的创意》视频,可参见: http://newlearningonline.com/new-learning/chapter-2/ken-robinson-on-how-schools-kill-creativity.

(9) 自主完成任务,可参阅: Burrows, P., et al. (2006). *Data from*

the Australian Research Council Learning by Design Project. Unpublished Manuscript. 或参见：http://newlearningonline. com/new-learning/chapter-2/i-did-it-all-by-myself.

（10）保尔·弗雷尔论解放者的教育，可参阅：Freire, P.（1972）. *Pedagogy of the Oppressed.* Harmonsdworth, UK: Penguin. 或参见：http://newlearningonline. com/new-learning/chapter-2/paulo-freire-on-education-that-liberates.

（11）《心灵的课堂》视频，可参见：http://newlearningonline. com/new-learning/chapter-2/classrooms-of-the-heart.

（三）对为了工作的学习设计能力意识的培养

1. 了解"福特主义：现代的过去时"的教育特征

（1）亨利·福特论福特汽车的历史，可参阅：Ford, H.（1923）. *My Life and Work.* Sydney: Angus & Robertson. 或参见：http://newlearningonline. com/new-learning/chapter-3/henry-ford-on-his-car-factory.

（2）弗雷德里克·温斯洛·泰勒论科学管理，可参阅：

Wrege, C. D. & Greenwood, R. G.（1991）. *Frederick W. Taylor, The Father of Scientific Management: Myth and Reality.* Homewood, Illinois: Business One Irwin.

Clutterbuck, D. & Crainer, S.（1990）. *Makers of Management: Men and Women Who Changed the Business World.* London: Macmillan.

Taylor, F. W.（1911）. *The Principles of Scientific Management.* New York: Harper & Brothers. 或参见：http://newlearningonline. com/new-learning/chapter-3/frederick-winslow-taylor-on-scientific-management.

（3）卡尔·马克思与弗里德里希·恩格斯论工业资本主义，可参阅：Marx, K. & Engels, F.（1848/1973）. Manifesto of the Communist Party. Fernback, D.（Ed.）. *Karl Marx, Political Writings: The Revolutions of 1848.* Harmondsworth, UK: Penguin. 或参见：http://newlearningonline. com/new-learning/chapter-3/karl-marx-and-fredrich-engels-on-industrial-capitalism.

（4）迈克尔·福柯论现代机构的动力，可参阅：Foucault, M.

(1979). *Discipline and Punish: The Birth of the Prison*. New York, NY: Vintage Books. 或参见: http://newlearningonline.com/new-learning/chapter-3/michel-foucault-on-the-power-dynamics-in-modern-institutions.

(5) 1900年的澳大利亚墨尔本里士满学校,可参阅:McCalman, J. (1984). *Struggletown: Public and Private Life in Richmond, 1900 – 1965*. Melbourne: Melbourne University Press. 或参见: http://newlearningonline.com/new-learning/chapter-3/going-to-school-in-richmond-1900.

(6)《职业女性》视频,可参见: http://newlearningonline.com/new-learning/chapter-3/women-in-the-workforce.

2. 认识"后福特主义:最近的现代时"的教育特征

(1) 从装配线到即时,可参阅: Lanigan, C. S. (2007). From assembly line to just-in-time: Preparing a capable workforce for the knowledge economy. *CIO*. http://www.cio.com/article/107162/. 或参见: http://newlearningonline.com/new-learning/chapter-3/from-assembly-line-to-just-in-time.

(2) 皮埃尔和赛伯论柔性专业化,可参阅:

Sabel, C. F. (1982). *Work and Politics: The Division of Labour and Industry*. Cambridge: Cambridge University Press.

Piore, M. J. & Sabel, C. F. (1984). *The Second Industrial Divide: Possibilities for Prosperity*. New York: Basic Books. 或参见: http://newlearningonline.com/new-learning/chapter-3/after-fordism-piore-and-sabel-on-flexible-specialisation.

(3) 彼得斯和华特曼所著《追求卓越》,可参阅: Peters, T. J. & Waterman Jr., R. H. (1984). *In Search of Excellence: Lessons from America's Best-Run Companies*. New York: Harper & Row Publishers. 或参见: http://newlearningonline.com/new-learning/chapter-3/peters-and-waterman-in-search-of-excellence.

(4) 杜威论积极工作者的教育,可参阅: Dewey, J. (1916/1966). *Democracy and Education: An Introduction to the Philosophy of Education*.

New York: Free Press. 或参见: http://newlearningonline.com/new-learning/chapter-3/dewey-on-education-for-active-workers.

(5) 理查德·桑内特论工作的新灵活性,可参阅:Sennett, R. (1998). *The Corrosion of Character: The Personal Consequences of Work in the New Capitalism*. New York: Norton. 或参见:http://newlearningonline.com/new-learning/chapter-3/richard-sennett-on-the-new-flexibility-at-work.

3. 认识"富有成效的多样性:新学习时期"的教育特征

(1) 富有成效的多样性案例分析,可参阅: Riley, C. (2010). *Meet the Teacher and Students in the Financial Literacy Project*. 或参见: http://newlearningonline.com/new-learning/chapter-3/productive-diversity-case-studies.

(2) 丹尼尔·贝尔论后工业社会,可参阅:Bell, D. (1999). *The Coming of Post-Industrial Society*. New York: Basic Books. 或参见: http://newlearningonline.com/new-learning/chapter-3/daniel-bell-on-the-post-industrial-society.

(3) 增田米治论信息社会,可参阅: Masuda, Y. (1980). *The Information Society and Post-Industrial Society*. Washington: World Future Society. 或参见: http://newlearningonline.com/new-learning/chapter-3/yoneji-masuda-on-the-information-society.

(4) 彼得·德鲁克论新知识管理,可参阅:Drucker, P. F. (1993). *Post-Capitalist Society*. Oxford: Butterworth Heinemann. 或参见:http://newlearningonline.com/new-learning/chapter-3/peter-drucker-on-the-new-knowledge-manager.

(5) 詹姆斯·吉论新的工作场所的需求,可参见: http://newlearningonline.com/new-learning/chapter-3/gee-on-the-needs-of-new-workplaces.

(6)《在谷歌工作》,可参阅: Schmidt, E. & Varian, H. (2006). Google: Ten golden rules. *Newsweek Special Edition: Issues 2006*. 或参见: http://newlearningonline.com/new-learning/chapter-3/working-at-google.

（7）《面向知识社会的教育》，可参阅：Friedman，T. L.（2006）. The exhausting race for ideas. *Newsweek Special Edition*：*Issues 2006*. 或参见：http：//newlearningonline. com/new-learning/chapter-3/educating-for-the-knowledge-society.

（8）戴维森论为了新工作的新学习，可参阅：Davidson，C. N.（2011）. *Now You See It*：*How the Brain Science of Attention Will Transform the Way We Live*，*Work and Learn*. New York：Viking. 或参见：http：//newlearningonline. com/new-learning/chapter-3/davidson-on-new-learning-for-new-work.

（9）《80's/90's 后的工作》视频，可参见：http：//newlearningonline. com/new-learning/chapter-3/generation-y-at-work.

（10）《该我们对他们尽责》，可参阅：Burrows，P.，et al.（2006）. Data from the Australian Research Council "Learning by Design Project". Unpublished Manuscript. 或参见：http：//newlearningonline. com/new-learning/chapter-3/its-our-responsibility-to-engage-them.

（四）对公民学习设计能力意识的培养

1. 认识"民族主义：现代的过去时"的教育特征

（1）乔治·奥威尔著《1984》，可参阅：Orwell，G.（1949/2003）. *Nineteen Eighty-Four*. New York：Plume. 或参见：http：//newlearningonline. com/new-learning/chapter-4/george-orwell-1984.

（2）盖尔纳论民族的意义，可参阅：Gellner，E.（1983）. *Nations and Nationalism*. Ithaca，NY：Cornell University Press. 或参见：http：//newlearningonline. com/new-learning/chapter-4/gellner-on-the-meaning-of-nation.

（3）安德森论民族即"想象的共同体"，可参阅：Anderson，B.（1991）. *Imagined Communities*：*Reflections on the Origin and Spread of Nationalism*. London：Verso. 或参见：http：//newlearningonline. com/new-learning/chapter-4/anderson-on-the-nation-as-imagined-community.

（4）约翰·杜威论公立学校的同化作用，可参阅：Dewey，J.（1916/

1966). *Democracy and Education: An Introduction to the Philosophy of Education*. New York: Free Press. 或参见: http://newlearningonline.com/new-learning/chapter-4/john-dewey-on-the-assimilating-role-of-public-schools.

(5)《美国国籍,1955》视频,可参见: http://newlearningonline.com/new-learning/chapter-4/american-citizenship-1955.

(6) 埃莉诺·罗斯福论如何学会成为公民,可参阅:Roosevelt, E. (1930). Good citizenship: The purpose of education. *Pictorial Review*. 或参见: http://newlearningonline.com/new-learning/chapter-4/eleanor-roosevelt-on-learning-to-be-a-citizen.

2. 认识"新自由主义:最近的现代时"的教育特征

(1) 亚当·斯密论无形的手,可参阅: Smith, A. (1776/1976). *An Inquiry into the Nature and Causes of the Wealth of Nations*. Oxford: Clarendon Press. 或参见: http://newlearningonline.com/new-learning/chapter-4/adam-smiths-invisible-hand.

(2) 赫伯特·斯宾塞论适者生存,可参阅:

Spencer, H. (1884/1992). *The Man versus the State*. Indianapolis, IN: Library of Economics and Liberty.

—. (1862). *First Principles*. §133.

或参见: http://newlearningonline.com/new-learning/chapter-4/herbert-spencer-on-the-survival-of-the-fittest.

(3) 罗纳德·里根论小政府,可参阅: Reagan, R. (1989). Ronald Reagan's farewell address to the nation. Reagan Presidential Library. Simi Valley, CA. http://www.reaganlibrary.com/reagan/speeches/farewell.asp. 或参见: http://newlearningonline.com/new-learning/chapter-4/ronald-reagan-on-small-government.

(4) 玛格丽特·撒切尔的《根本没有社会这样的东西》,可参阅: Thatcher, M. (1987). Interview for "Woman's Own" ("No Such Thing as Society"). *Margaret Thatcher Foundation: Speeches, Interviews and Other*

Statements. London. 或参见：http://newlearningonline. com/new-learning/chapter-4/margaret-thatcher-theres-no-such-thing-as-society.

（5）邓小平论中国特色社会主义，可参阅：Deng，Xiaoping.（1984）. Building socialism with a specifically Chinese character. *The People's Daily*. Beijing. 或参见：http://newlearningonline. com/new-learning/chapter-4/deng-xiaoping-socialism-with-chinese-characteristics.

（6）大卫·哈维著《新自由主义简史》，可参阅：Harvey，D.（2005）. *A Brief History of Neoliberalism*. Oxford：Oxford University Press. 或参见：http://newlearningonline. com/new-learning/chapter-4/david-harvey-a-brief-history-of-neoliberalism.

（7）麦克拉伦论学校生活，可参阅：McLaren，P.（2003）. *Life in Schools：An Introduction to Critical Pedagogy*. Boston：Pearson Education. 或参见：http://newlearningonline. com/new-learning/chapter-4/mclaren-on-life-in-schools.

3. 认识"公民多元主义：新学习时期"的教育特征

（1）公民多元化的案例分析，可参阅：Rachael，R.（2010）. "Champagne，lunch and horror … writing a learning element" and "Beauty Is in the Eye of the Beholder". http://rachael. blog. l-by-d. com/. 或参见：http://newlearningonline. com/new-learning/chapter-4/civic-pluralism-case-studies.

（2）哈贝马斯论全球化与治理，可参阅：Habermas，J.（1998）. Learning by disaster：A diagnostic look back on the short twentieth century. *Constellations*，5（3）：307 – 320. 或参见：http://newlearningonline. com/new-learning/chapter-4/habermas-on-globalisation-and-governance.

（3）汉迪论联邦制和原则，可参阅：Handy，C.（1994）. *The Age of Paradox*. Boston：Harvard Business School Press. 或参见：http://newlearningonline. com/new-learning/chapter-4/handy-on-federalism-and-subsidiarity.

（4）希尔顿与巴内特论全球化、民主与恐怖主义，可参阅：Hilton，I.

& Barnett, A. (2005). *Democracy and Open Democracy*. London: Open Democracy. 或参见: http://newlearningonline.com/new-learning/chapter-4/hilton-and-barnett-on-globalisation-democracy-and-terrorism.

(5) 查尔斯·泰勒论多元文化主义政治,可参阅: Taylor, C. (1994). *Multiculturalism: Examining the Politics of Recognition*. Princeton: Princeton University Press. 或参见:http://newlearningonline.com/new-learning/chapter-4/charles-taylor-on-the-politics-of-multiculturalism.

(6) 澳大利亚政府社会公共服务宪章,可参阅: Department of Immigration and Multicultural Affairs. (1998). *Charter of Public Service in a Culturally Diverse Society*. Canberra: DIMA. 或参见: http://newlearningonline.com/new-learning/chapter-4/the-charter-of-public-service-in-a-culturally-diverse-society-australian-government.

(7)《新学习是喧闹的》,可参阅: Burrows, P. (2006). Data from the Australian Research Council "Learning by Design Project". Unpublished Manuscript. 或参见: http://newlearningonline.com/new-learning/chapter-4/new-learning-is-noisy.

(五) 对学习者学习特性意识的培养

1. 认识学习者的属性及个性来源的意义

(1) 埃德蒙德·胡塞尔论生活世界,可参阅: Husserl, E. (1954/1970). *The Crisis of European Sciences and Transcendental Phenomenology*. Evanston: Northwestern University Press. 或参见:http://newlearningonline.com/new-learning/chapter-5/edmund-husserl-on-the-lifeworld.

(2) 皮埃尔·布尔迪厄论文化资本,可参阅:Bourdieu, P. (1984). *Distinction: A Social Critique of the Judgment of Taste*. Cambridge, MA: Harvard University Press.

—. (1973). Cultural reproduction and social reproduction. Brown, R. (Ed.). *Knowledge, Education and Social Change: Papers in the Sociology of Education*. Tavistock, UK: Tavistock Publications. 或参见: http://newlearningonline.com/new-learning/chapter-5/pierre-bourdieu-on-culturalcapital.

2. 认识"从排斥到融合:现代的过去时"的教育特征

(1) 亚里士多德论不平等,可参阅: Aristotle. *Politics*. The Internet Classics Archive, MIT. http://classics.mit.edu/Aristotle/politics.html. 或参见: http://newlearningonline.com/new-learning/chapter-5/aristotle-on-inequality.

(2) 鲍尔斯和金蒂斯论美国的学校教育,可参阅: Bowles, S. & Gintis, H. (1976). *Schooling in Capitalist America: Education Reform and the Contradictions of Economic Life*. New York: Basic Books. 或参见: http://newlearningonline.com/new-learning/chapter-5/bowles-and-gintis-on-schooling-in-the-united-states.

(3) 皮亚杰论儿童发展阶段,可参阅: Piaget, J. (1976). *An Introduction to Jean Piaget through His Own Words*. Sarah F. Campbell (Ed.). New York: John Wiley & Sons, Inc. 或参见: http://newlearningonline.com/new-learning/chapter-5/piagets-stages-of-child-development.

(4) 南非种族隔离教育,可参阅: Morrow, W. E. (1990). Aims of education in South Africa. *International Review of Education*, 36: 171 - 181.

Gilmore, D., Soudien, C & Donald, D. (1999). Post-apartheid policy and practice: Educational reform in South Africa. *Education in a Global Society: A Comparative Perspective*. Kas, M., Winzer, M. & Majorek, C. (Eds.). Boston: Allyn and Bacon. 或参见: http://newlearningonline.com/new-learning/chapter-5/apartheid-education.

(5) 厄瓜多尔华欧拉尼教会学校,可参阅: Rival, L. (1996). Formal schooling and the production of modern citizens in the Ecuadorian Amazon. Levinson, B., Foley, D., & Holland, D. *The Cultural Production of the Educated Person*. (Eds). Albany, NY: State University of New York Press. 或参见: http://newlearningonline.com/new-learning/chapter-5/a-missionary-school-for-the-huaorani-of-ecuador.

(6) 威廉·拉波夫论非洲裔美国人的英语,可参阅: Labov, W.

(1972). *Language in the Inner City: Studies in the Black English Vernacular*. Philadelphia: University of Pennsylvania Press. 或参见: http://newlearningonline.com/new-learning/chapter-5/william-labov-on-african-american-english-vernacular.

(7) 同化移民,可参阅: New South Wales Department of Education. (1951). Helping the new Australian child. *The Education Gazette*. 或参见: http://newlearningonline.com/new-learning/chapter-5/assimilating-migrants.

(8) 让-雅克·卢梭论教育哲学,可参阅: Rousseau, Jean-Jacques. (1762/1914). *Emile, or Education*. London: J. M. Dent & Sons Ltd. 或参见: http://newlearningonline.com/new-learning/chapter-5/jean-jacques-rousseau-on-sophys-education.

(9) 凯瑟琳·比彻论女性教师的角色,可参阅: Beecher, C. (1829). *Suggestions Respecting Improvements in Education: Presented to the Trustees of the Hartford Female Seminary, and Published at Their Request*. Hartford, CN: Packer & Butler. 或参见: http://newlearningonline.com/new-learning/chapter-5/catharine-beecher-on-the-role-of-women-as-teachers.

(10) 玛丽·沃斯通克拉夫特论女权,可参阅: Wollstencraft, M. (1792). *A Vindication of the Rights of Woman: With Structures on Political and Moral Subjects*. London: J. Johnson. 或参见: http://newlearningonline.com/new-learning/chapter-5/mary-wollstonecraft-on-the-rights-of-woman.

(11) 西蒙娜·德·波伏娃著《第二性》,可参阅: De Beauvoir, S. (1952/1993). *The Second Sex*. New York: Knopf. 或参见: http://newlearningonline.com/new-learning/chapter-5/simone-de-beauvoir-the-second-sex.

3. 认识"认知:最近的现代时"的教育特征

(1) 巴塞尔·伯恩斯坦论局限语码和复杂语码,可参阅: Bernstein, B. (1971). *Class, Codes and Control: Theoretical Studies Towards a Sociology of Language*. London: Routledge & Kegan Paul. 或参见: http://newlearningonline.com/new-learning/chapter-5/basil-bernstein-on-restricted-and-elaborated-codes.

（2）西蒙娜·德·波伏娃论妇女解放，可参阅：De Beauvoir, S. (1952/1993). *The Second Sex*. New York: Knopf. 或参见：http://newlearningonline.com/new-learning/chapter-5/simone-de-beauvoir-on-emancipating-women.

（3）康奈尔论性别角色和男性气质，可参阅：Connell, R. W. (2005). *Masculinities*. Sydney: Allen and Unwin. 或参见：http://newlearningonline.com/new-learning/chapter-5/connell-on-gender-roles-and-masculinity.

（4）卡兰兹和科普论多样化复杂性，可参阅：Kalantzis, M. & Cope, B. (2009). Learner differences: Determining the terms of pedagogical engagement. *Beyond Pedagogies of Exclusion in Diverse Childhood Contexts*. Mitakidou, S., Tressou, E., Swadener, B. B. & Grant, C. A. (Eds.). New York: Palgrave Macmillan. 或参见：http://newlearningonline.com/new-learning/chapter-5/kalantzis-and-cope-on-the-complexities-of-diversity.

（5）斯波克博士论宽容性儿童教养，可参阅：Spock, B. (1958). *Child and Baby Care*. London: The Bodley Head. 或参见：http://newlearningonline.com/new-learning/chapter-5/dr-spock-on-permissive-child-rearing.

4. 认识"全纳性：新学习时期"的教育特征

（1）卡兰兹和科普论学习的条件，可参阅：Kalantzis, M. & Cope, B. (2005). *Learning by Design*. Melbourne: Victorian Schools Innovation Commission. 或参见：http://newlearningonline.com/new-learning/chapter-5/kalantzis-and-cope-on-the-conditions-of-learning.

（2）全纳教育案例分析，可参见：http://newlearningonline.com/new-learning/chapter-5/inclusive-education-case-studies.

（3）布朗诉美国教育委员会最高法院裁决，可参阅：KTWU/Channel 11. (2004). Black/White and Brown: Brown versus the Board of Education of Topeka, USA. 或参见：http://newlearningonline.com/new-learning/chapter-5/brown-v.-board-of-education-us-supreme-court-judgment.

（4）《种族歧视》视频，可参见：http://newlearningonline.com/new-learning/chapter-5/addressing-racism.

（5）马丁·路德·金的《我有一个梦想》，可参见：http://usinfo.state.

gov/usa/infousa/facts/democrac/38. htm. 或参见:http://newlearningonline. com/new-learning/chapter-5/martin-luther-king-i-have-a-dream.

（6）博韦论残疾人的障碍,可参阅: Bowe, F. (1978). *Handicapping America: Barriers to Disabled People*. New York: Harper & Row. 或参见: http://newlearningonline. com/new-learning/chapter-5/bowe-on-barriers-to-disabled-people.

（7）通用学习设计,可参见: CAST. (2011). *Universal Design for Learning Guidelines Version 2.0*. Wakefield, MA: Author. http://www. udlcenter. org/aboutudl/udlguidelines.

（8）康奈尔论性别角色的变化,可参阅: Connell, R. W. (2005). *Masculinities*. Sydney: Allen and Unwin. 或参见:http://newlearningonline. com/new-learning/chapter-5/connell-on-changing-gender-roles.

（9）佛伦对非洲数学课堂的观察,可参阅:Verran, H. (2001). *Science and an African Logic*. Chicago: University of Chicago Press. 或参见: http://newlearningonline. com/new-learning/chapter-5/verran-observes-a-mathematics-classroom-in-africa.

（10）多样性的设计,可参阅: Burrows, P. ,et al. (2006). Data from the Australian Research Council "Learning by Design Project". Unpublished Manuscript. 或参见:http://newlearningonline. com/new-learning/chapter-5/designing-for-diversity.

（11）赫伯特论原住民教育,可参阅: Herbert, J. (1998). Making the links. *Making the Links: Aboriginal Pedagogy Conference*. Department of Education, Western Australia. 或参见:http://newlearningonline. com/new-learning/chapter-5/herbert-on-aboriginal-pedagogy.

（12）卡兰兹与科普著《应对学习者多样性的七种方式》,可参阅: Kalantzis,M. & Cope,B. (2009). Learner differences: Determining the terms of pedagogical engagement. *Beyond Pedagogies of Exclusion in Diverse Childhood Contexts*. New York: Palgrave Macmillan. 或参见:http://newlearningonline. com/new-learning/chapter-5/kalantzis-and-cope-seven-ways-to-address-learnerdifferences.

（六）对学习本质特性意识的培养

1. 了解“行为主义：现代的过去时”教育特征

（1）华生论心理科学，可参阅：Watson, J. B. (1914). *Behavior: An Introduction to Comparative Psychology*. New York: Henry Holt and Company. 或参见：http://newlearningonline.com/new-learning/chapter-6/watson-on-the-science-of-psychology.

（2）《巴甫洛夫的狗》，可参阅：Pavlov, I. P. (1941). The conditioned reflex. *Lectures on Conditioned Reflexes: Vol. 2 Conditioned Reflexes and Psychiatry*. Gantt, W. H. (Ed.). New York: International Publishers. 或参见：http://newlearningonline.com/new-learning/chapter-6/pavlovs-dog.

（3）斯金纳的行为主义，可参阅：Skinner, B. F. (1968). *The Technology of Teaching*. New York: Meredith Corporation. 或参见：http://newlearningonline.com/new-learning/chapter-6/skinners-behaviourism.

（4）行为主义下的学习，可参阅：Smith, M. K. (1999). The behaviourist orientation to learning. *The Encyclopedia of Informal Education*. www.infed.org/biblio/learning-behavourist.htm. 或参见：http://newlearningonline.com/new-learning/chapter-6/behaviourism-goes-to-school.

（5）比奈的智力测验，可参阅：Binet, A. (1905/1916). New methods for the diagnosis of the intellectual level of subnormals. *The Development of Intelligence in Children*. Binet, A. & Simon, T. (Eds.). New York: D. Appleton and Company. 或参见：http://newlearningonline.com/new-learning/chapter-6/binets-intelligence-test.

（6）戈达德论智商，可参阅：Goddard, H. (1920). *Human Efficiency and Levels of Intelligence*. Princeton, NJ: Princeton University Press. 或参见：http://newlearningonline.com/new-learning/chapter-6/goddard-on-iq.

（7）耶基斯论军队的智力测验，可参阅：Gould, S. J. (1981). *The Mismeasure of Man*. New York: W. W. Norton. 或参见：http://newlearningonline.

com/new-learning/chapter-6/yerkes-army-intelligence-tests.

2. 认识“大脑的发展:最近的现代时”的教育特征

(1) 戴维森论脑基础,可参阅: Davidson, C. N. (2011). *Now You See It: How the Brain Science of Attention Will Transform the Way We Live, Work and Learn*. New York: Viking. 或参见: http://newlearningonline.com/new-learning/chapter-6/davidson-on-brain-basics.

(2) 皮亚杰论儿童发展,可参阅: Piaget, J. (1971). *Psychology and Epistemology: Towards a Theory of Knowledge*. Harmondsworth, UK: Penguin. 或参见: http://newlearningonline.com/new-learning/chapter-6/piaget-on-child-development.

(3) 平克论语言的本能,可参阅: Pinker, S. (1995). *The Language Instinct*. New York: HarperPerennial. 或参见: http://newlearningonline.com/new-learning/chapter-6/pinker-on-the-language-instinct.

(4) 布兰斯福德、布朗及库克论学习的方式,可参阅: Bransford, J. D., Brown, A. L. & Cocking, R. R. (2000). *How People Learn: Brain, Mind, Experience and School*. Washington, D. C.: National Academy Press. 或参见: http://newlearningonline.com/new-learning/chapter-6/bransford-brown-and-cocking-on-how-the-brain-learns.

(5) 乔姆斯基论智商与不平等,可参阅: Chomsky, N. (1972). I. Q. Tests: Building blocks for the new class system. *Rampart*: 24 – 30. 或参见: http://newlearningonline.com/new-learning/chapter-6/chomsky-on-iq-and-inequality.

3. 认识“社会认知主义:新学习时期”的教育特征

(1) 社会认知主义个案研究,可参见: http://cglearner.com/learning_element/show_both/8.html. 或参见: http://newlearningonline.com/new-learning/chapter-6/social-cognitivism-case-studies.

(2) 维果斯基论语言与思维,可参阅: Vygotsky, L. (1934/1986). *Thought and Language*. Cambridge, MA: MIT Press. 或参见: http://newlearningonline.com/new-learning/chapter-6/vygotsky-on-language-and-

thought.

（3）坎兹论语言学习，可参阅：Donald，M.（2001）. *A Mind So Rare：The Evolution of Human Consciousness.* New York：W. W. Norton. 或参见：http://newlearningonline. com/new-learning/chapter-6/kanzi-learns-language.

（4）特伦斯·迪肯论象征性的物种，可参阅：Deacon，T. W.（1997）. *The Symbolic Species：The Co-evolution of Language and the Brain.* New York：W. W. Norton. 或参见：http://newlearningonline. com/new-learning/chapter-6/deacon-on-the-symbolic-species.

（5）克里斯蒂安论学习物种的唯一性，可参阅：Christian，D.（2004）. *Maps of Time：An Introduction to Big History.* Berkeley，CA：University of California Press. 或参见：http://newlearningonline. com/new-learning/chapter-6/christian-explains-the-uniqueness-of-the-learning-species.

（6）唐纳德论人类意识的进化，可参阅：Donald，M.（2001）. *A Mind So Rare：The Evolution of Human Consciousness.* New York：W. W. Norton. 或参见：http://newlearningonline. com/new-learning/chapter-6/donald-on-the-evolution-of-human-consciousness.

（7）詹姆斯·吉论情境认知，可参阅：Gee，J. P.（2010）. *New Digital Media and Learning as an Emerging Area and "Worked Examples" as One Way Forward.* Cambridge，MA：MIT Press. 或参见：http://newlearningonline. com/new-learning/chapter-6/gee-on-situated-cognition.

（8）杭德里克著《意识论》，可参阅：Honderich，T.（2004）. *On Consciousness.* Edinburgh：Edinburgh University Press. 或参见：http://newlearningonline. com/new-learning/chapter-6/honderich-on-consciousness.

（9）温格论实践共同体中的学习，可参阅：Wenger，E.（1998）. *Communities of Practice：Learning，Meaning and Identity.* Cambridge：Cambridge University Press. 或参见：http://newlearningonline. com/new-learning/chapter-6/wenger-on-learning-in-communities-of-practice.

（10）莱夫与温格论情境学习，可参阅：Lave，J. & Wenger，E.

(1991). *Situated Learning: Legitimate Peripheral Participation*. Cambridge: Cambridge University Press. 或参见: http://newlearningonline.com/new-learning/chapter-6/lave-and-wenger-on-situated-learning.

(11) 萨洛蒙论分布式认知,可参阅:Salomon, G. (1993). No distribution without individuals' cognition: A dynamic interactional view. *Distributed Cognitions: Psychological and Educational Considerations*. Salomon, G. (Ed.). Cambridge: Cambridge University Press. 或参见:http://newlearningonline.com/new-learning/chapter-6/salomon-on-distributed-cognition.

(12)《狼孩子》,可参阅: Candland, D. K. (1993). *Feral Children and Clever Animals: Reflections on Human Nature*. Oxford: Oxford University Press. 或参见: http://newlearningonline.com/new-learning/chapter-6/the-wolf-children-of-godamuri.

(13) 玛丽卡和克里斯蒂论雍古族人的认知和学习方式,可参阅: Marika-Mununggiritj, R. & Christie, M. J. (1995). Yolngu metaphors for learning. *International Journal of the Sociology of Language*, 113:59 – 62. 或参见: http://newlearningonline.com/new-learning/chapter-6/marika-and-christie-on-yolngu-ways-of-knowing-and-learning.

(14) 加德纳论多元智能,可参阅: Gardner, H. (1993). *Multiple Intelligences: The Theory in Practice*. New York: Basic Books. 或参见: http://newlearningonline.com/new-learning/chapter-6/gardners-multiple-intelligences.

(七) 对知识与学习能力意识的培养

1. 了解"知识投入:现代的过去时"的教育特征

(1) 安萨里论知识的来源,可参阅: Al-Ghazzali, A. H. (2001). *Deliverance from Error and Mystical Union with the Almighty*. Washington, D. C.: Council for Research in Values and Philosophy. 或参见: http://newlearningonline.com/new-learning/chapter-7/al-ghazzali-on-the-sources-of-knowledge.

(2) "9・11"与永恒恩典学校,可参阅: Schweber, S. (2006).

Fundamentally 9/11: The fashioning of collective memory in a Christian school. *American Journal of Education*, 112: 392 – 417. 或参见: http://newlearningonline. com/new-learning/chapter-7/9-11-at-eternal-grace-school.

(3) 约翰·洛克论人类理解,可参阅: Locke, J. (1690). *An Essay Concerning Human Understanding*. 或参见: http://newlearningonline. com/new-learning/chapter-7/john-locke-on-human-understanding.

(4) 伊本·图菲利论经验中的知识,可参阅: Tufayl, I. (c. 1170/1907). *The Awakening of the Soul*. London: The Orient Press. 或参见:http://newlearningonline. com/new-learning/chapter-7/ibn-tufayl-on-knowledge-from-experience-and-the-discovery-of-the-creator.

(5) 笛卡尔"我思故我在"思想,可参阅:Descartes, R. (1637). *Discourse on the Method of Rightly Conducting the Reason, and Seeking Truth in the Sciences*.

—. (1641/1911). *Meditations on First Philosophy*. Cambridge: Cambridge University Press. 或参见:http://newlearningonline. com/new-learning/chapter-7/descartes-i-think-therefore-i-am.

(6) 伊曼努尔·康德论理解中的原因作用,可参阅: Kant, I. (1781/1933). *Critique of Pure Reason*. London: Macmillan. 或参见: http://newlearningonline. com/new-learning/chapter-7/immanuel-kant-on-reasons-role-in-understanding.

(7) 亚里士多德论更高形式的知识,可参阅:Aristotle. (350 BC). *Nicomachean Ethics*. The Internet Classics Archive, MIT. http://classics. mit. edu/Aristotle/nicomachean. html. 或参见: http://newlearningonline. com/new-learning/chapter-7/aristotle-on-higher-forms-of-knowledge.

(8) 马修·阿诺德论认知"世界上最深邃的思考和最精炼的话语",可参阅: Arnold, M. (1869). *Culture and Anarchy: An Essay in Political and Social Criticism*. Oxford: Project Gutenberg. 或参见:http://newlearningonline. com/new-learning/chapter-7/matthew-arnold-on-learning-the-best-which-has-been-thought-and-said.

(9) E. D. 赫希论文化素养,可参阅: Hirsch, E. D. (1988). *Cultural Literacy: What Every American Needs to Know*. New York: Vintage Books. 或参见: http://newlearningonline.com/new-learning/chapter-7/e.d.-hirsch-on-cultural-literacy.

2. 认识"知识相对主义:最近的现代时"的教育特征

(1) 塞克斯都·恩披里克著《持怀疑态度的人,不是教条》,可参阅:Empiricus, S. (c. 200). *Outlines of Pyrrhonism*. 或参见: http://newlearningonline.com/new-learning/chapter-7/sextus-empiricus-the-sceptic-on-not-being-dogmatic.

(2) 尼采论真理的不可能性,可参阅: Nietzsche, F. (1901/1968). *The Will to Power*. New York: Vintage Books.

—. (1873/1954). On truth and lies in the nonmoral sense. *The Portable Nietzsche*. Walter Kaufmann (Ed.). New York: Viking Press.

—. (1888/1915). Twilight of the idols. *Complete Works of Friedrich Nietzsche*. Oscar Levy (Ed.). Edinburgh: T. N. Foulis.

或参见: http://newlearningonline.com/new-learning/chapter-7/nietzsche-on-the-impossibility-of-truth.

(3) 维特根斯坦论使用语言创造意义的方式,可参阅: Wittgenstein, L. (1958). *Philosophical Investigations*. New York: Macmillan. 或参见: http://newlearningonline.com/new-learning/chapter-7/wittgenstein-on-the-way-we-make-meanings-with-language.

(4) 理查德·罗蒂论真理与语言,可参阅: Rorty, R. (1989). *Contingency, Irony and Solidarity*. Cambridge: Cambridge University Press. 或参见: http://newlearningonline.com/new-learning/chapter-7/richard-rorty-on-truth-and-language.

(5) 阿罗诺维茨和吉鲁论后现代主义教育,可参阅: Aronowitz, S. & Giroux, H. (1991). *Postmodern Education: Politics, Culture and Social Criticism*. Minneapolis, MN: University of Minnesota Press. 或参见: http://newlearningonline.com/new-learning/chapter-7/aronowitz-and-giroux-on-

postmodern-education.

（6）蒂姆·明钦《史诗级圣战风暴》视频，可参见：http://newlearningonline. com/new-learning/chapter-7/storm-by-tim-minchin.

（7）乔治·佩尔大主教论相对主义的独裁，可参阅：Pell, G.（2005）. The dictatorship of relativism：Address to the national press club. Canberra. 或参见：http://newlearningonline. com/new-learning/chapter-7/george-pell-on-the-dictatorship-of-relativism.

3. 认识"知识技能：新学习时期"的教育特征

（1）苏格拉底的反讽答辩，可参阅：Plato.（c. 399 – 347 BC）. *The Apology* [*Defense*] *of Socrates*. Wikisource. 或参见：http://newlearningonline. com/new-learning/chapter-7/socrates-defence.

（2）胡塞尔论科学在生活世界中的任务，可参阅：Husserl, E.（1954/1970）. *The Crisis of European Sciences and Transcendental Phenomenology*. Evanston：Northwestern University Press. 或参见：http://newlearningonline. com/new-learning/chapter-7/husserl-on-the-task-of-science-in-and-of-the-lifeworld.

（3）知识技能：个案分析，可参见：http://newlearningonline. com/new-learning/chapter-7/knowledge-repertoires-case-studies.

（4）卡兰兹与科普著《调色板的教学选择》，可参见：http://newlearningonline. com/new-learning/chapter-7/kalantzis-and-cope-a-palette-of-pedagogical-choices.

（5）《他们的知识比我们意识的要多得多》，可参阅：Burrows, P., et al.（2006）. Data from the Australian Research Council "Learning by Design Project". Unpublished Manuscript. 或参见：http://newlearningonline. com/new-learning/chapter-7/they-knew-much-more-than-we-realised.

（八）对教学与课程变革设计能力意识的培养

1. 了解"模仿：现代的过去时"的教育特征

（1）亚里士多德论模仿，可参阅：Aristotle.（1653）. Metropolitan Museum of Art, New York. http://www. ibiblio. org/wm/paint/auth/

rembrandt/1650/aristotle-homer. jpg.

Aristotle. (350 BC). *Poetics.* The Internet Classics Archive, MIT. 或参见: http://newlearningonline. com/new-learning/chapter-8/aristotle-on-mimesis.

(2) 圣本尼迪克论教师和教学,可参阅: St. Benedict. (c. 530/1949). *The Holy Rule of St. Benedict.* 或参见: http://newlearningonline. com/new-learning/chapter-8/st-benedict-on-the-teacher-and-the-taught.

(3) 塞耶著《学习表达》,可参阅: Thayer, V. T. (1928). *The Passing of the Recitation.* Boston: D. C. Heath. Quoting from Elizabeth Mayo, "A Manual of Elementary Instruction". 或参见: http://newlearningonline. com/new-learning/chapter-8/thayer-learning-about-bark.

(4) 孔子论如何成为一个博学的人,可参阅: Confucius. *The Analects.* MIT Internet Classics Archive.

—. *The Great Learning.* The Internet Classics Archive, MIT. 或参见: http://newlearningonline. com/new-learning/chapter-8/confucius-on-becoming-a-learned-person.

(5) 中国东风(汽车)公司幼儿园的一个早晨,可参阅: Tobin, J., Wu, D. & Davidson, D. (1989). *Preschool in Three Cultures: Japan, China and the United States.* New Haven: Yale University Press. 或参见: http://newlearningonline. com/new-learning/chapter-8/a-morning-at-the-dong-feng-kindergarten.

(6)《他们为何要往后看他们》,可参阅: Cuban, L. (1993). *How Teachers Taught: Constancy and Change in American Classrooms, 1890 - 1990.* New York: Teachers College Press. 或参见: http://newlearningonline. com/new-learning/chapter-8/why-should-they-look-behind-them.

(7) 迈克尔·阿普尔论课程思想,可参阅: Apple, M. W. (1979). *Ideology and Curriculum.* London: Routledge. 或参见:http://newlearningonline. com/new-learning/chapter-8/michael-apple-on-ideology-in-curriculum.

(8) 日本的补习学校,可参阅: Peak, L. (1992). Formal pre-

elementary education in Japan. *Japanese Educational Productivity*. Leestma, R. & Walberg, H. (Eds.). Ann Arbor, MI: The University of Michigan Press. 或参见: http://newlearningonline.com/new-learning/chapter-8/a-japanese-cram-school.

2. 了解"综合:最近的现代时"的教育特征

(1) 福禄贝尔论游戏是青少年学习的一种主要方式,可参阅: Froebel, F. (1895/1985). *Friedrich Froebel's Pedagogics of the Kindergarten: Or, His Ideas Concerning the Play and Playthings of the Child*. New York: D. Appleton. 或参见: http://newlearningonline.com/new-learning/chapter-8/froebel-on-play-as-a-primary-way-of-learning-for-young-children.

(2) 塞耶论如何使课程相关联,可参阅: Thayer, V. T. (1928). *The Passing of the Recitation*. Boston: D. C. Heath. 或参见: http://newlearningonline.com/new-learning/chapter-8/thayer-on-making-curriculum-relevant.

(3) 丽莎 · 戴尔皮特论权力与教学, 可参阅: Delpit, L. D. (1988). The silenced dialogue: Power and pedagogy in educating other people's children. *Harvard Educational Review*, 58: 280 – 298. 或参见: http://newlearningonline.com/new-learning/chapter-8/lisa-delpit-on-power-and-pedagogy.

(4) 布鲁纳的教学理论,可参阅: Bruner, J. S. (1966). *Toward a Theory of Instruction*. Cambridge, MA: Harvard University Press. 或参见: http://newlearningonline.com/new-learning/chapter-8/bruners-theory-of-instruction.

(5)《你们设计教学动作,只不过你们还没有给动作命名而已》,可参阅: Burrows, P., et al. (2006). Data from the Australian Research Council "Learning by Design Project". Unpublished Manuscript. 或参见: http://newlearningonline.com/new-learning/chapter-8/moves-you-make-you-havent-given-names-to.

3．了解“反思性：新学习时期”的教育特征

（1）反思性学习的案例分析，可参见：http://newlearningonline.com/e-learning. 或参见：http://newlearningonline.com/new-learning/chapter-8/reflexive-learning-case-studies.

（2）克雷斯论意义和能动性，可参阅：Kress, G. (2000). Design and transformation: New theories of meaning. *Multiliteracies: Literacy Learning and the Design of Social Futures*. Cope, B. & Kalantzis, M. (Eds.). London: Routledge.

（3）维果斯基论最近发展区，可参阅：Vygotsky, L. S. (1978). *Mind in Society: The Development of Higher Psychological Processes*. Cambridge, MA: Harvard University Press.

（4）瑞吉欧·埃米利亚论教育原则，可参阅：Edwards, C., Gandini, L. & Forman, G. (1993). *The Hundred Languages of Children: The Reggio Emilia Approach to Early Childhood Education*. Norwood, NJ: Ablex.

（5）卡兹登论教学编织，可参阅：O'Brien, J. (2001). Children reading critically: A local history. *Negotiating Critical Literacies in Classrooms*. Comber, B. & Simpson, A. (Eds). Mahway, NJ: Erlbaum.

Cazden, C. B. (2006). Connected learning: "Weaving" in classroom lessons. Pedagogy in Practice 2006 Conference. University of Newcastle.

（6）学习设计认知过程，可参阅：Luke, A., Cazden, C., Lin, A. & Freebody, P. (2003). *The Singapore Classroom Coding Scheme, Technical Report*. Singapore: National Institute of Education, Center for Research on Pedagogy and Practice.

Vygotsky, L. S. (1978). *Mind in Society: The Development of Higher Psychological Processes*. Cambridge, MA: Harvard University Press.

Vygotsky, L. S. (1934/1986). *Thought and Language*. Cambridge, MA: MIT Press.

Luria, A. R. (1976). *Cognitive Development: Its Cultural and Social*

Foundations. Cambridge, MA: Harvard University Press.

Kalantzis, M. & Cope, B. (2005). *Learning by Design.* Melbourne: Victorian Schools Innovation Commission.

(7)《兰昂地区学校集团的学习设计》视频，可参见：http://newlearningonline.com/new-learning/chapter-8/learning-by-design-in-the-lanyon-cluster.

(8)《他不知道自己过去所不懂得的内容》，可参阅：Burrows, P., et al. (2006). Data from the Australian Research Council "Learning by Design Project". Unpublished Manuscript. 或参见：http://newlearningonline.com/new-learning/chapter-8/he-didnt-know-what-he-didnt-know.

(9)《你需要考虑一下》，可参阅：Burrows, P., et al. (2006). Data from the Australian Research Council "Learning by Design Project". Unpublished Manuscript. 或参见：http://newlearningonline.com/new-learning/chapter-8/you-need-to-think-about-it.

(10)《让学习者自己去思考》，可参阅：Burrows, P., et al. (2006). Data from the Australian Research Council "Learning by design Project". Unpublished Manuscript. 或参见：http://newlearningonline.com/new-learning/chapter-8/coaxing-learners-to-think-for-themselves.

（九）对工作中的共同体变革设计能力意识的培养

1. 了解"科层性：现代的过去时"的教育特征

(1) 马克斯·韦伯论科层制，可参阅：Weber, M. (1922/1968). *Economy and Society: An Outline of Interpretive Sociology.* New York: Bedminster Press. 或参见：http://newlearningonline.com/new-learning/chapter-9/max-weber-on-bureaucracy.

(2) 罗莎贝斯·莫斯·坎特论学校领导的培育，可参阅：Kanter, R. M. (1972). The organization child: Experience management in a nursery school. *Sociology of Education*, 45: 186 - 212. 或参见：http://newlearningonline.com/new-learning/chapter-9/rosabeth-moss-kanter-on-nursery-school-bureaucracy.

（3）《不让一个孩子掉队》，可参阅：President Signs Landmark. No Child Left Behind. Education Bill, Hamilton High School, Hamilton, Ohio. 8 January 2002. http://www.whitehouse.gov/news/releases/2002/01/20020108 – 1.html. 或参见：http://newlearningonline.com/new-learning/chapter-9/no-child-left-behind.

（4）柯恩论标准化测试，可参阅：Kohn, A. (2000). *The Case Against Standardized Testing: Raising the Scores, Ruining the Schools.* Portsmouth, NH: Heinemann. 或参见：http://newlearningonline.com/new-learning/chapter-9/kohn-on-standardised-tests.

（5）塞耶论教师行政领导，可参阅：Thayer, V. T. (1928). *The Passing of the Recitation.* Boston: D. C. Heath. 或参见：http://newlearningonline.com/new-learning/chapter-9/thayer-on-the-teacher-bureaucrat.

2. 了解"自我管理：最近的现代时"的教育特征

（1）简·亚当斯的赫尔馆，可参阅：Addams, J. (1990). *Twenty Years at Hull-House.* Urbana, IL: University of Illinois Press. 或参见：http://newlearningonline.com/new-learning/chapter-9/jane-addams-hull-house.

（2）《课堂民主化》视频，可参见：http://newlearningonline.com/new-learning/chapter-9/practicing-democracy-in-the-classroom.

（3）弗里德曼论学校教育券，可参阅：Friedman, M. (1975). *There's No Such Thing as a Free Lunch.* LaSalle, IL: Open Court. 或参见：http://newlearningonline.com/new-learning/chapter-9/friedman-on-school-vouchers.

（4）卡德威尔与斯宾克斯论自我管理学校，可参阅：Caldwell, B. J. & Spinks, J. M. (1988). *The Self-Managing School.* London: Falmer Press. 或参见：http://newlearningonline.com/new-learning/chapter-9/caldwell-and-spinks-the-self-managing-school.

（5）富兰论学校领导力，可参阅：Fullan, M. (2003). *The Moral Imperative of School Leadership.* Thousand Oaks, CA: Corwin Press. 或参见：http://newlearningonline.com/new-learning/chapter-9/fullan-on-school-leadership.

（6）基普计划：休斯敦的3D学校，可参见：http://newlearningonline.com/new-learning/chapter-9/kipp-3d-academy-houston.

3．认识“协作性：新学习时期”的教育特征

（1）合作教育个案分析，可参见：http://newlearningonline.com/new-learning/chapter-9/collaborative-education-case-studies.

（2）虚拟高中，可参阅：Chaika, G.（1999）. Virtual high schools: The high schools of the future? *Education World*. 或参见：http://newlearningonline.com/new-learning/chapter-9/virtual-high-schools.

（3）詹姆斯·吉论电子游戏与学习，可参阅：Gee, J. P.（2004）. *Situated Language and Learning: A Critique of Traditional Schooling*. London: Routledge.

—.（2006）. Are video games good for learning? *Technical Paper*. Madison, WI: Games and Professional Simulation Group, University of Wisconsin. 或参见：http://newlearningonline.com/new-learning/chapter-9/gee-on-video-games-and-learning.

（4）未来学校，可参阅：Hurdle, J.（2006）. Philadelphia opens high-tech school of the future. Reuters, 7 September.

Assures, T.（2006）. Microsoft's high-tech high. *CBS News*, October 7.

Gallard, F.（2006）. The school district of Philadelphia officially opens the school of the future and celebrates the first day of school. *The School District of Philadelphia*.

或参见：http://newlearningonline.com/new-learning/chapter-9/the-school-of-the-future.

（5）变革教育组织与领导力，可参见：http://newlearningonline.com/new-learning/chapter-9/reforming-educational-organisation-and-leadership.

（6）运用行动研究提高教育结果，可参阅：

Kemmis, S. & McTaggart, R.（1988）. *The Action Research Planner*. Melbourne: Deakin University Press.

Kemmis, S. & Wilkinson, M.（1988）. Participatory action research and the study of practice. *Action Research in Practice: Partnership for Social Justice in Education*. Atweh, B., Kemmis, S. & Weeks, P. (Eds). London: Routledge. http://education.qld.gov.au/students/advocacy/equity/gender-sch/action/action-cycle.html. 或参见：http://newlearningonline.com/new-learning/chapter-9/using-action-research-to-improve-education.

(7) 学习设计项目，可参见：http://newlearningonline.com/new-learning/chapter-9/the-learning-by-design-project.

(8)《我们谈的是教学，不是琐事》，可参阅：Burrows, P., et al. (2006). Data from the Australian Research Council "Learning by Design Project". Unpublished Manuscript. 或参见：http://newlearningonline.com/new-learning/chapter-9/we-talk-about-teaching-not-trivia.

(9) 同事援助的作用，可参阅：Burrows, P., et al. (2006). Data from the Australian Research Council "Learning by Design Project". Unpublished Manuscript. 或参见：http://newlearningonline.com/new-learning/chapter-9/the-role-of-collegial-support.

(10) 反思与专业性对话时机，可参阅：Burrows, P., et al. (2006). Data from the Australian Research Council "Learning by Design Project". Unpublished Manuscript. 或参见：http://newlearningonline.com/new-learning/chapter-9/time-for-reflection-and-professional-dialogue.

(11) 成为好教师即成为好的学习者，可参见：http://newlearningonline.com/new-learning/chapter-9/being-a-good-teacher-is-being-a-good-learner.

（十）对学习评价的变革设计能力意识的培养

1. 了解"测试智力与记忆：现代的过去时"的教育特征

(1) 古尔德论对人的错误测量，可参阅：Gould, S. J. (1981). *The Mismeasure of Man*. New York: Norton. 或参见：http://newlearningonline.com/new-learning/chapter-10/gould-on-the-mismeasure-of-man.

(2) 波帕姆关于考试类型的探讨，可参阅：Popham, W. J. (2011). *Classroom Assessment: What Teachers Need to Know*. Sixth Edition. Boston: Pearson Education, Inc. 或参见：http://newlearningonline.com/new-

learning/chapter-10/popham-on-the-types-of-test.

（3）戴维森阐述标准化考试的简短历史，可参阅：Davidson，C.（2011）. *Now You See It：How the Brain Science of Attention Will Transform the Way We Live，Work，and Learn*. New York：Viking. 或参见：http://newlearningonline. com/new-learning/chapter-10/davidson-a-short-history-of-standardised-tests.

（4）加里森论标准化测试的起源，可参阅：Garrison，M. J.（2009）. *A Measure of Failure：The Political Origins of Standardized Testing*. Albany：State University of New York Press. 或参见：http://newlearningonline. com/new-learning/chapter-10/garrison-on-the-origins-of-standardised-testing.

（5）高勒兹论教育测试的启示，可参阅：Koretz，D.（2008）. *Measuring Up：What Educational Testing Really Tells Us*. Cambridge，MA：Harvard University Press. 或参见：http://newlearningonline. com/new-learning/chapter-10/koretz-on-what-educational-testing-tells-us.

2. 认识"标准化测量：最近的现代时"的教育特征

（1）达林-哈蒙等论真实性评价，可参阅：Darling-Hammond，L.，Ancess，J. & Falk，B.（1995）. *Authentic Assessment in Action：Studies of Schools and Students at Work*. New York：Teachers College Press. 或参见：http://newlearningonline. com/new-learning/chapter-10/darling-hammond-et-al. -on-authentic-assessment.

（2）克莱论课堂观察调查，可参阅：Clay，M. M.（2000）. *An Observation Survey：Of Early Literacy Achievement*. Portsmouth，NH：Heinemann. 或参见：http://newlearningonline. com/new-learning/chapter-10/clay-on-observation-surveys.

（3）麦吉恩论《不让一个孩子掉队法案》的背景，可参阅：McGuinn，P. J.（2006）. *No Child Left Behind and the Transformation of Federal Education Policy，1965－2005*. Lawrence，KS：University Press of Kansas. 或参见：http://newlearningonline. com/new-learning/chapter-10/mcguinn-on-the-origins-of-no-child-left-behind.

（4）史蒂文斯论规则，可参阅：Stevens，D. D. & Levi，A. J.（2005）. *Introduction to Rubrics：An Assessment Tool to Save Grading Time，Convey Effective Feedback，and Promote Student Learning*. Sterling，VA：Stylus Publications. 或参见：http://newlearningonline. com/new-learning/chapter-10/stevens-on-rubrics.

（5）施万特论评价的界定，可参阅：Schwandt，T. A.（2009）. Globalizing influences on the western evaluation imaginary. *The SAGE International Handbook of Educational Evaluation*. Ryan，K. E. & Cousins，J. B.（Eds.）. Los Angeles：SAGE Publications. 或参见：http://newlearningonline. com/new-learning/chapter-10/schwandt-on-defining-evaluation.

（6）捍卫定量研究，可参阅：National Institute for Literacy.（2006）. *What is Scientifically Based Research：Using Research and Reason in Education*. Washington，DC：National Institute for Literacy. 或参见：http://newlearningonline. com/new-learning/chapter-10/in-defense-of-quantitative-research.

（7）史泰克著《捍卫定性研究》，可参阅：Stake，R.（2010）. *Qualitative Research：Studying How Things Work*. New York：Guilford Press. 或参见：http://newlearningonline. com/new-learning/chapter-10/stake-in-defense-of-qualitative-research.

3. 认识“协同反馈：新学习时期”的教育特征

（1）《协同反馈个案分析》视频，可参见：http://newlearningonline. com/new-learning/chapter-10/synergistic-feedback-case-studies.

（2）《墙上的另一块砖》视频，可参见：http://newlearningonline. com/new-learning/chapter-10/another-brick-in-the-wall.

（3）布朗等著《课堂上分布式专门知识》，可参阅：Brown，A.，et al.（1993）. Distributed expertise in the classroom. *Distributed Cognitions：Psychological and Educational Considerations*. Cambridge：Cambridge University Press. 或参见：http://newlearningonline. com/new-learning/chapter-10/brown-et-al. -distributed-expertise-in-the-classroom.

(4) 兰克希尔和诺伯尔论教师研究,可参阅:Lankshear, C. & Knobel, M. (2004). *A Handbook for Teacher Research: From Design to Implementation*. Maidenhead: Open University Press. 或参见:http://newlearningonline.com/new-learning/chapter-10/lankshear-and-knobel-on-teacher-research.

(5) 卡兰兹与科普论变革的社会、新学习,可参阅:Kalantzis, M. & Cope, B. (2006). Changing subjectivities, new learning. *Pedagogies: An International Journal*, 1:7 – 12. 或参见:http://newlearningonline.com/new-learning/chapter-10/kalantzis-and-cope-on-changing-society-new-learning.

二、促进基于信息技术的教师专业发展

(一) 开展基于信息技术的教师专业发展的必要性

知识经济中的社会与技术发展对于不同学习环境中的正规课程与计划或非正规专业发展等的重要性是不言而喻的,而高质量的教师及其专业发展在这过程中尤为重要。

第一,高质量的教师专业发展与学生的成绩表现明显相关。罗伊(Rowe, K. J.)的教育有效性的研究就特别强调教师的作用:高质量的教与学是至今为止对学校教育中学生(不管他们的性别或出身背景如何)的认知、情感及行为结果最有显著影响的因素。① 华生(Watson, L.)认同罗伊的研究发现,并提出教师在学科内容方面的专业知识、教学及学习也与学生的成绩表现关联。②

通过考察,达林-哈蒙总结说,大多数高成绩表现国家都保证教师

---

① Rowe, K. J. (2003). *The Importance of Teacher Quality as a Key Determinant of Students' Experiences and Outcomes of Schooling*. Camberwell, Victoria: ACER Press.

② Watson, L. (2005). *Quality Teaching and School Leadership*. Canberra: Teaching Australia.

有一定的时间——通常每周有10到20课时——来进行合作，制订集体计划，备课学习，同伴辅导，开发课程与评价，以及联合考察学生任务。给教师提供时间，使其参与同事的质量提升专业发展的活动。国家对教师质量的直接投资，突出强调了对教师的重视，并凸显了学习过程中教师的作用。在探索教师教学质量与学生成绩表现的复杂议题过程中，达林-哈蒙超越了具体教师的狭窄特性（如内容性知识），转而强调了高质量教学设计的有效特征，描述了一种具有挑战性的课程。通过这样的课程，教师更多投入学习与评估中，而非大量多项选择的任务中；学习与评估要求学生建构组织知识，考虑多种选择，应用所学知识，积极为自己的观点辩护。① 实际上，这是一种投入有意义学习的思维教育。

对高质量教学的强调同样反映在维克尔士和辛格（Vickers，M. & Singh，M.）的研究中。通过研究，他们对澳大利亚政府提高对教师的绩效监控水平表示关注："纵观世界，教师的工作日益受到评价网的约束。尽管部分的评价是必要的，但它确实导致了教师在面对标准化监控过程中创造力的缺失及生产力的损失，因为教师的大量精力耗费于周期性地贯穿其专业发展生涯的考核评价。"②

第二，基于信息技术的教学环境变化，拓展了教师绩效评价体系，客观上也需要教育机构不断拓展教师的专业发展。须知，在新学习中，教师的角色正在发生变化，教师业绩评价考核的价值将在很大程度上取决于教师对角色变化的清晰理解。

确实，网络技术提供了关键的可供性。对教师来说，他们必须接受新的职责，接受新的管理；而对教育机构、培训机构及新的鉴定机构来

---

① Darling-Hammond, L. (2006). Securing the right to learn: Policy and practice for powerful teaching and learning. *Educational Researcher*, 10(35): 7.

② Vickers, M. & Singh, M. (2005). Educational pedagogies, policies and politics: Some things students, parents and teachers need to know. *Australian Journal of Education*, 49(3): 23.

说,它们必须引入新的灵活性。科利斯和慕南(Collis,B. & Moonen, J.)认为,所谓灵活性,是指个人或组织在面临事物的改变或压力时,及时修改自身想法或做法的行为。① 为此,布尔当斯基和泰弗诺(Boltanski, L. & Thevenot,L.)认为,必须强调并评估由于时间与地点推移而产生的一系列不同的知识性共同体的技能;而且,强调的重点与评估的内容不应仅仅是(如果是不亚于的话)知识习得的内容。这可能导致组织中文化的冲突。网络学习环境下的组织文化可以看作是不同的价值观与态度加以应用的多元世界。② 换言之,组织文化是激发变革产生原因的一个关键变量。为此,他们描述了多元世界下教育组织变革的特点(见表 8-2)。

表 8-2　多元世界下教育组织从传统到知识经济方向的变革

多元世界	行为	价值观特征
工业世界(The Industrial World)	组织,控制,格式化,标准化(To organise,to control, to formalise, to standardize)	效率, 业绩 (Efficiency, performance)
家庭世界(The Domestic World)	实施行为,尊重传统角色作用(To behave,to respect traditional roles)	责任, 规范, 等级性原则 (Responsibility, convention, hierarchy rules)
公民世界(The Civic World)	辩论, 聚集, 信息告知 (To debate, to gather ,to inform)	小组,集体行动,集体性实体(The group, collective action, collective entities)
舆论界(The World of Opinion)	使人信服,说服他/她人(To convince, to persuade)	名誉, 可信性 (Reputation, credibility)

① Collis, B. & Moonen, J. (2001). *Flexible Learning in a Digital World: Experiences and Expectations*. London: Kogan Page.

② Boltanski,L. & Thevenot,L. (1991). *De la Justification, les Economies de la Grandeur*. Gallimard: NRF Essais.

续表

多元世界	行为	价值观特征
商人世界(The World of Merchant)	购买,销售,协商,签订协议,竞争,积累(To buy, to sell, to negotiate, to deal, to rival, to accumulate)	商业性,竞争性,对手(Business,competition,rivalry)
灵感世界(The World of Inspiration)	创造,发现,研究(To create,to discover,to research)	单一性,变革性,原创性(Singularity, innovation, originality)

据此,研究(如 Strijker,A.)认为,一种反映家庭世界的组织,如同许多教育机构一样,将不会通过网络学习模式加以变革,尽管网络学习同样反映了这样的家庭生活世界。相反,与知识经济相关的组织则更接近灵感世界。文化错位会妨碍主动行动的实现。①

换言之,大型组织中的知识共享共同体,知识管理工具与过程,以及在工作场所的有效辅导与监控的援助,是当前知识经济中富有成效参与的最佳匹配。因此有必要适应正在发生变化的企业环境;适应环境变化的必要性既是变革的强有力激励因素,也是构建新的组织性学习模式的强有力激励要素。然而,在教育中,这样的指向于知识共享、管理及共创的学习模式并不常见。为使教育变革得以发生,需要与之相适应的国家政策、鉴定过程、制度性评价与学位要求等。只有这样,才能更好地反映已经呈现的社会变革的需要。同时,在主要的教育过程方面,网络技术必须更多地为了认知原因、认知主体、认知时间、认知地点,而非仅仅为了认知内容。

因此,为促进教师对有效性与专业发展的理解,评价必须密切契合新学习中教师的角色;否则的话,就如维克尔士和辛格所认为的,评价

① Strijker, A. (2004). Reuse of learning objects in context: Human and technical perspectives. Enschede, The Netherlands: PhD dissertation, Faculty of Behavioural Sciences, University of Twente.

的作用就会适得其反,只能减少教师的创造性及生产力。①

卢克(Luke,A.)认为,基于信息技术的一个明显特征是出现了象征性商品;象征性商品是身份、生活方式、社会关系,及通过各种媒介体现的大众文化消费。随着象征性商品的不断升值,教育的概念正在发生快速变化。为此,卢克描述了这种日益出现的多样化对学校产生的影响:"当澳大利亚全国上下、东西南北各个方向的学校仍然在文化及语言的多样性争论得不亦乐乎的时候,人们正努力应对将大众媒体、世界青年文化及新技术三者融合互动的认识论的多样性。"②

然而,直至今日,这些变化对教师角色的影响还不完全清楚。由于教师努力管理这样的多样性,因此,这种日益增长的多样性已经加大了教师的工作量,其中包括满足具体学生的需要,它既增加了计划与备课及准备材料的工作量,也增加了因制订特定的行为管理计划而产生的工作量。教师工作负担的日益增加,进一步提高了学校及系统绩效的要求。

费瑟斯通认为,基于这种日益多样化的环境,教师已经成为一种新型文化中介。这种新型的文化中介"并非寻求促进一种单一的生活方式,而是致力于满足并拓展不同消费者的风格与生活方式"③。这种新角色既与教师作为内容性知识协调者的传统角色相一致,也是与教师质量相关的一个特性。然而,单纯传授内容性知识已不足以确保学生达成高质量的成绩。

第三,开展基于信息技术的学习设计变革需要进一步进行教师的

---

① Vickers, M. & Singh, M. (2005). Educational pedagogies, policies and politics: Some things students, parents and teachers need to know. *Australian Journal of Education*, 49(3): 12 – 31.

② Luke, A. (2004). Teaching after the market: From commodity to cosmopolitan. *Teachers College Record*, 106(7): 1425.

③ Featherstone, M. (2004). *Consumer Culture and Postmodernism*. London: Sage Publications.

专业发展，即需要对教师的角色定位进行新的设计。基于信息技术的学习设计中，教师要求学生探索他人的身份，学生在进入学习环境时形成了对不同世界观的理解，进而促进了学校环境的多样性。这样的目标令人向往，但要实现这样的目标需要开展复杂的学习设计，而且在学习设计上还不能把教师定位为文化专家。戈德利（Gaudelli, W.）指出了教师容易犯的错误，即教师总是努力把自己表现为文化方面的专家，而非展现真实的自己。这就出现了以下危险：其一是延续文化刻板现象，其二是学生不断增加对被错误表达及误解的文化的感觉，其三，教师逐步提供大众文化资源，以让学生投入学习过程中。然而，在运用这些资源的过程中，学习设计必须让学生的专门知识运用于对这些文化的诠释之中。为此，戈德利认为，必须设计一种课程，通过这种课程寻求培养学生生存于一个相互关联的世界里。在这样的世界里，学生对人类的价值观念、制度及行为得以通过语境并根据某种教学风格加以考察。① 设计这样的课程意味着，教师必须要将学习者看作是一个有能力的、积极的代理；同时，学习者也要尊重他人的不同观点。这就更加强调教师作为学习设计者的作用；作为学习的设计者，教师要学会培养学生必要的思维及交际能力，以便让学生投入文化交流中。

同样重要的是，在对教师的角色定位进行重新设计的过程中，人们还需要注意：教师也不要假定学生一定对大众文化中的特定产品的知识感兴趣。原因正如卡兹登（Cazden, C. B.）所说："尽管一些大众文化的术语（如音乐、电视、电影）经常被推荐为强化'相关性'和'重要性'课文的来源，虽然那些资源是有用的，但对此资源不熟悉的学生可能产生非归属感。"②

实际上，文化利益与关系从属正出现快速多样化，人们不可能想当

① Gaudelli, W. (2003). *World Class: Teaching and Learning in Global Times*. Mahwah, NJ: Lawrence Erlbaum Associates: 11.

② Cazden, C. B. (2006). Connected learning: "Weaving" in classroom lessons. Pedagogy in Practice 2006 Conference, University of Newcastle: 21.

然地认为所有学生对大众文化的同一方面都感兴趣或熟悉。人们要承认学生生活体验的重要性，因为学生的生活世界体验创造了学习环境；在这样的环境里，大众知识得以固化，并被认为是课程教育及民主素质的关键。① 同时，通过引领学生进入新的文化形式与体验，教师认识他们在拓展学生世界观中的重要作用。这再次强调了教师作为提供学习机会与资源的学习设计者的关键作用。通过提供机会与资源的学习设计，学生能够探索与挑战自己的观念，并使自己理解别人的观念。

（二）开展基于信息技术教师专业发展的途径

1. 通过公司培训模式开展教师的专业发展

在公司环境下，知识管理工具与资源在内的正规学习的益处众所周知，但不少学习仍然通过反映知识转移指向的传统模式进行。例如，不少网络学习通过计算机提供知识转移，这样学习者就不必到课堂接受专家进行的知识转移的教学。这样的学习方法加快了个性化知识转移，但不会导致知识经济中的变革。壳牌国际勘探与生产公司（Shell International Exploration and Production，Shell EP）的员工专业发展模式值得借鉴。该公司自 2002 年以来就一直运用一种网络学习方法培训员工，目前已经开设了 70 多门课程。通过这种网络学习方法，课程参与者既利用知识管理的技能和手段，也互相借鉴、学习他人在实际工作场所中的经验。②由于课程参与者有不同的背景与经验，这些差异可以改善员工的互相学习。例如，有一门课程就将有良好经验的工程师与地理学家集中在一起。在该课程中，工程师和地理学家必须在工作中以跨学科团队形式共同工作，以便识别新的油气资源。尽管每个参与者都需要更新自己的学科知识，但他们同样需要与其他无学科背景同

① Gandin, L. A. & Apple, M. W. (2004). New schools, new knowledge, new teachers: Creating the citizen school in Porto Alegre, Brazil. *Teacher Education Quarterly*, 31:189.

② Margaryan, A., Collis, B. & Cooke, A. (2004). Activity-based blended learning. *Human Resource Developemnt International*, 7(2):265 – 274.

事富有成效地工作。

公司组织的课程培训模式也称为参与式模式,分为三个阶段,具体步骤如下。

(1) 第一阶段为贡献资源与经验分享阶段。在该阶段,公司员工通过公司知识管理系统与一个共同的课程网络环境进行在岗贡献资源与经验分享。

(2) 第二阶段为集中培训阶段。在该阶段,公司员工集中进行为期一周的面对面培训,培训仍然使用网络环境,以帮助他们以跨学科团队形式共同工作。培训的内容为以跨学科团队形式识别新油气。在集中培训阶段,在网络环境下,他们通过学习他人的资源贡献来深化自己的学科知识。同时,他们还负责帮助其他无学科背景团队队员,并让他们合适地理解、诠释、透视不同职场问题。

(3) 第三阶段为评估阶段。评估建立在知识分享、知识建构及知识辅导的效率与有效性基础之上。

图 8-1 即为该公司开展的基于信息技术的员工专业发展模式。

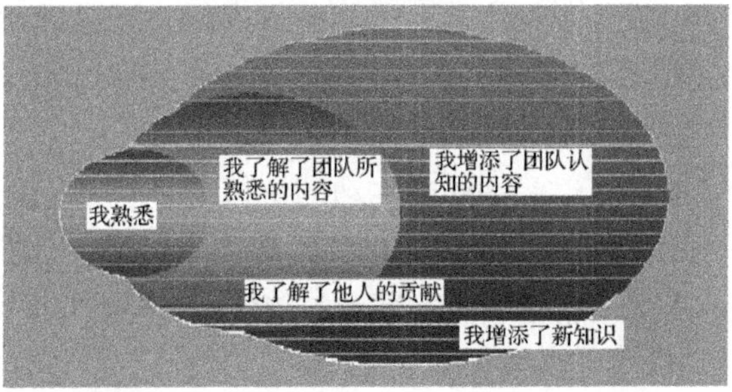

图 8-1　壳牌公司基于知识经济的公司学习模式

来源: Collis, B. (2006). E-learning and the transformation of education for a knowledge economy. http://cies. iscte-iul. pt/linhas/linha2/sociedade _ rede/pr _ htdocs _ network/apps/collis. pdf.

从该模式看,壳牌公司的这种网络学习并没有强调运用网络模块的知识转移,尽管公司提供了网络模块来援助知识构建过程。相反,公司运用网络技术主要旨在支持参与者的知识分享、知识建构及辅导活动，让每一个参与者在自己的岗位中均能有效率地使用，将组织与这些活动的评估综合起来。

2. 通过学习实践共同体模式开展教师的专业发展

鲍斯基尔等(Bowskill, N. ,et al.)通过考察最优秀的专业发展实践强调，运用电子网络于持续进行的专业发展的关键策略包括以下三个方面：①运用在线工具，使共同体内的访客与专家互动。例如，可以让访客进行嘉宾讲座，并与其他人互动。互动可以为面对面活动，也可以是为了援助他人解决具体要求的互动。②运用共享文档。共享文档可以来自在线讨论、工作场所、知识管理系统，或来自实践性共同体成员的其他形式的贡献。③通过在线资源与工具帮助的指导与辅导。①

而要实施以上这些策略，网络工具需要随时随地提供深度准入共同体的机会。须知，实际上，在特定的企业环境外的实践者持续进行的专业发展，主要还是终身学习的问题，因为在终身学习方面，可能有也可能没有专业性的鉴定机构或协会来引领学习过程。由此，构建指向学习实践共同体就变得关键了。所谓学习实践共同体，即在某个共享的人类事业中由投入于集体学习过程中形成的共同体，其成员投入于联合活动，并讨论、互相帮助、共享信息。他们构建能够使自己互相学习的关系。

这样的共同体可以促进尚未主动的个体进行学习。例如，由网络或互联网提供的文档，将仍然处于培训阶段的年轻专业人员，于动态性共同体中投入部分对话。图 8-2 展示的链接是如何将共同体实践者与

---

① Bowskill, N. , Foster, J. , Lally, V. & McConnell, D. (2000). Networked professional development: Issues for recupients and providers. Asensio, M. , Foster, J. , Hodgson, V. & McConnell, D. (Eds.). *Networked Learning 2000: Innovative Approaches to Lifelong Learning and Higher Education through the Internet*. Bailrigg, Lancaster: University of Lancaster. http://www. shef. ac. uk/education/research/RTPLandMc. shtml.

教学中的实践者及教师融合在一起。①

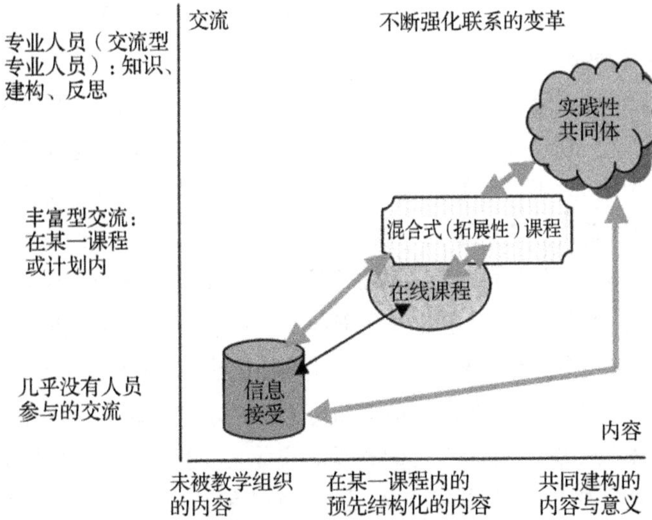

图 8-2 基于网络学习的实践共同体模式

来源：Colllis, B. & Moonen, J. (2005). Standards and assessment of e-learning. Resta, P. (Ed.). *Teacher Development and E-learning*. Paris: UNESCO.

从图 8-2 可以看到，网络学习包括两个维度：①内容，②交流。实践性共同体既利用基于知识共享的交流，也利用共同建构作为最丰富的网络学习形式。

3. 通过教师档案袋模式开展教师的专业发展

在教育领域，电子档案袋正日益被用作反思预评价的手段。在电子档案袋这个概念出现前，人们对档案袋的界定不少，例如，“有目的地收集展现学生在一个或多个领域的努力、进步及成绩的学生任务。所收集的学生任务必须包括学生的参与情况，涉及内容选择、选择标

① Colllis, B. & Moonen, J. (2005). Standards and assessment of e-learning. Resta, P. (Ed.). *Teacher Development and E-learning*. Paris: UNESCO.

准、判断优秀的标准及学生自我反思的信息”①。而电子档案袋则运用电子技术，让档案袋开发者收集并按类型组织档案袋关联资料（如视听材料、视频材料、图表材料、文本等），所收集的关联材料需要按照时间、地点及模式进行规模性使用。电子档案袋为个体评价的结果提供了全面存储介质，在适应评价手段本身潜在变化的同时，提供了在不同时间框架内，为不同业绩指标评价的机会，特别是在处理难以量化的结果指标时，尤其需要电子档案袋。

在实际学习过程中，存在着以下不同层次的电子档案袋：①关联资料档案袋，②反思性论述的关联资料档案袋，③先前的自我评价档案袋，④课程为主的档案袋，⑤计划为主的档案袋，⑥标准为主的档案袋，⑦学习者为中心的档案袋。不管如何，基于电子档案袋的教师专业发展模式不仅仅为了具体学生的利益。实际上，电子档案袋在帮助学生理解在实践中的意义的同时，还提供了个人能力成长的信息，并将成为学生后续学习资源的组成部分。②

电子档案袋要成为方便使用的资源，需要网络。由于电子档案袋用途广泛，电子档案袋的运用就成了网络学习的一种方式。

三、聚焦基于学习者学习风格的混合式学习设计

（一）混合式学习的重要性

21 世纪给学校带来了不同的挑战，不少机构通过支持新技术来应对压力。在拓展教育机会、使学习经验个性化以适应各个学习者独特需要的同时，技术在构建 21 世纪技能过程中起着至关重要的作用。此

---

① Paulson, L., Paulson, P. & Meyer, C. (1991). What makes a portfolio? *Educational Leadership*, 48(5): 60.

② Collis, B. (2006). E-learning and the transformation of education for a knowledge economy. http://cies.iscte-iul.pt/linhas/linha2/sociedade_rede/pr_htdocs_network/apps/collis.pdf.

外，当今的学生进入学校前就预先拥有了技术能力，并接受了新技术。对学习者的描述往往关注他们是否属于"数字原生代""数字移民""网络代""网络一代""快捷键运算代""千禧年一代"。不管称呼如何，在技术何时、何地、如何用于其学习课程中时，他们的预期也是不同的。作为教育机构，人们需要了解当今的学生从技术中学习什么，并如何处理技术。①

同时，研究表明，有许多因素妨碍教育中大量运用技术。例如，最近显示出来的一些因素（如信息爆炸、21 世纪技能、工作场所的需求、方便使用技术）已经加强并鼓励人们采取行动，将技术用于课堂及学习环境中。这些行动包括：①探索课程传递的效率，探索通过技术提供灵活的传递②；②提供定制化教育计划，以满足具体学习者需要的技术能力③；③不断运用因特网与万方网以获得信息与交流。学习技术的快速发展，特别是因特网的使用和基于网络的交流，已为教师和学生提供了许多机会探究最合适的教与学的方法，也为他们提供了为了完成某一给定任务而需要的教与学的方法组合。因特网技术的发展与更快的因特网链接已经使通过因特网传递更大量的远程学习得以实施。这些技术同样改变了教学范式。这种从教转移到学的范式已经鼓励将权利从教师转移到学生身上。由于以上原因，教育机构正利用技术的优势改善与学生的沟通交流，通过学习 21 世纪需要的技能与相关知识而提高学习的质量。通过因特网传递教育已经呈现越来越重要的作用，因此，学校机构在 21 世纪前 10 年里更多的是关注在线学习。

---

① Oblinger, D. & Hawkins, B. (2005). The myth about e-learning. We don't need to worry about e-learning anymore. *Educause Review*, 40(4): 14 – 15.

② Oliver, R. & Short, G. (1996). The western Australian telecentres network: A model for enhancing access to education and training in rural areas. *International Journal of Educational Telecommunications*, 2(4): 311 – 328.

③ Kennedy, D. & McNaught, C. (1997). Design elements for interactive multimedia. *Australian Journal of Educational Technology*, 13(1), 1 – 22.

通过计算机网络、交互网、互联网，在线学习让学习者获得教育内容，并拥有一到两种与其他学习者或教师交流的方式。在线学习通过数字设备（如光驱、DVD、计算机及移动电话等）提供了快速、方便且灵活的途径来获得各种内容。虽然在线学习具有灵活互动、运用各种媒体等优势，但在涉及在线学习上仍然存在不少障碍。① 这些问题既有技术上的（如设计基于视频、动画或模仿的内容，因为低宽带网络而经常运用视频会议），也有社交性的（如缺少人员互动）。但是，面对面的教育使需要有指导的社交互动成为可能。有的研究强调，应该考虑技术和互动类型，以便设计有效的、有吸引力的且有效率的学习环境。②③

将面对面与在线学习这两者的最好方面跟网络学习整合到传统的学习计划中，为发展新的传递交流技术系统而创造了混合式学习。

（二） 混合式学习的实质

有关混合式学习的概念，人们已经从不同方面加以界定了。尽管因视角不同，人们对混合式学习的界定各异，但一般而言，混合式学习即多种学习途径的结合，它结合了诸如合作性软件、基于网络的课程或计算机通信实践及传统的面对面教学等多种不同的传递方法。换言之，混合式学习可以界定为：将包含面对面教学的学习传递方法结合到异步与/或同步计算机技术中。④

在同样的语境下，科利斯和德威特（Kerres, M. & DeWitt, C.）认

---

① Karadeniz, S. (2009). Flexible design for the future of distance learning. *Procedia Social and Behavioral Sciences*, 1:358 - 363.

② Bliuc, A. M., Goodyear, P. & Ellis, R. A. (2007). Research focus and methodological choices in studies into students' experiences of blended learning in higher education. *Internet and Higher Education*, 10:231 - 244.

③ Guinns, P. & Ellis, R. (2007). Quality in blended learning: Exploring the relationships between on-line and face-to-face teaching and learning. *Internet and Higher Education*, 10:53 - 64.

④ Osguthorpe, R. T. & Graham, C. R. (2003). Blended learning systems: Definitions and directions. *Quarterly Review of Distance Education*, 4(3):227 - 234.

为,混合式学习安排结合了基于技术的学习与面对面的学习,且在不同的语境下已经非常普遍了。① 在他们看来,混合式学习即不同的教化式方法与独立的传递安排方法的混合。

德里斯科尔(Driscoll,M.)认为,混合式学习指不同的事情对应着不同的人员,这也暗示了混合式学习的广泛而尚未被人们把握的潜能。此外,德里斯科尔将混合式学习看作是一种策略,即它逐步将学习者从更传统的课堂环境转向运用渐进性步骤的网络学习,并以此使变革变得更容易。为此,他总结了目前流行的四种混合式学习使用情况:①将传统的面对面教学与教学技术结合或混合;②通过或不通过教学技术,将诸如建构主义的教学方法与行为主义进行结合,以产生最优化学习结果;③将诸如光驱和网络技术的任何形式的教学技术与面对面的教师驱动的培训结合;④将教学技术与特定的任务结合,以便创造一种和谐的学习与工作的氛围。②

瓦莉娅坦(Valiathan,P.)也将混合式学习界定为一种解决手段;通过这种解决手段,它将诸如合作性软件、基于网络的课程、电子绩效支持系统等多种传递方法与知识管理实践结合起来。混合式学习还可描述为混合了不同的、基于事件的活动的学习,其中包括面对面的课堂教学、直播的网络学习及学生自定进度的教学。③

福克斯(Fox,M.)将混合式学习定义为“一种能力,即一种将课堂训练、直播的、学生自定进度的网络学习与先进的援助性学习服务进行结合,从而以某种方式提供适应性学习的能力”④。

---

① Korres,M. & DeWitt,C. (2003). A didactical framework for the design of blended learning arrangements. *Journal of Education Media*, 28(2-3):101.

② Driscoll, M. (2002). Blended learning: Let's get beyond the hype. *E-Learning*,1(4): 4.

③ Valiathan,P. (2002). *Blended Learning Models.* http://www. learningcircuits. org/2002/aug2002/valiathan.

④ Fox,M. (2002). The blended promise. *E-Learning*, 3(3):26.

从上述学者的界定中可以看出，不同的定义给人们展示的是多样性及这种学习类型的力量。不管如何，混合式学习将在线学习与面对面的教学安排进行整合，以创造一种更有效的学习体验；这样的体验，是任何一种单一的媒介手段所达不到的。

（三）聚焦学习者学习风格的学习设计途径

确实，作为一种环境性体验，任何一种单一的媒介手段是达不到混合式学习效果的。问题的关键是：如何为学习者设计出一种学习环境，以确保实现有效果、有效率、灵活的学习？其中，学生对学习环境的效率及有效性的评估是非常重要的。学生对学习环境的看法可以受到许多因素的影响，其中包括学习风格、自我效能、态度、动机及兴趣等。因此，当人们计划运用学习媒介时，应该考虑学习者的特性，因为没有一个单一的技术是适合所有的学习者的。众所周知，并不是所有的学生都使用同一种方法学习。在接受和加工呈现给他们信息的过程中，每个学生都有自己具体的偏好和优势。正如弗雷德里科（Frederico，P. A.）所说的，当学习环境适应或调整到符合学习者具体的差异时，学习者将能够更有效地达成学习目标。①

1. 开展基于学习风格的学习设计的必要性

关于学习风格的研究近年来已经成为教育工作者研究的热点。人们广泛认为，学术成绩不但取决于学习者的智能与禀赋，而且取决于个体的学习风格。② 弗雷德里科的研究指出，没有一个单一的教学策略是适合所有学生的。他说："学生能够更有效率地达成学习目标之机，

---

① Frederico, P. A. (1991). Student cognitive attributes and performance in a computer-managed instructional setting. Dillion, R. & Pellegrino, J. (Eds.). *Instruction: Theoratical and Applied Perspectives*. New York: Praeger.

② Kolb, D. A. (1984). *Experiential Learning: Experience as the Source of Learning and Development*. Englewood Cliffs, NJ: Prentice Hall.

即是教学程序得以适应或符合个体差异之时。"①

纽比等人(Newby,T. J., et al.)认为,学习风格即个体在加工或安排信息及对环境刺激做出反应时所运用的不同方法。② 凯夫(Keefe,J. W.)则将学习风格界定为个体的认知、情感及心理特性的混合体③。在一定程度上,该混合体是个体如何感知环境、如何与学习媒介发生作用并做出反应的连贯性指标。

随着信息技术的快速发展,21 世纪以来,不少研究开始分析库伯的学习风格及基于网络的学习或混合式学习设计的必要性。

特雷尔和德灵格(Terrell,S. R. & Dringus,L.) 认为,不管学习者的学习风格如何,大多数学生都能在在线学习环境下取得成功。④

巴克和巴特利(Buch,K. & Bartley,S.)探索性研究调查了学习风格与偏好的训练传递模式之间的关系。⑤ 他们的研究假设是:学习风格将会影响学习者接受基于课堂、计算机、电视、打印材料、视听的传递模式的训练的偏好。研究结果支持了人们对以下两种途径之间的关系预期:聚合者显示对基于计算机传递的强有力偏好,同化者显示对基于打印材料传递的强有力偏好。最终,他们的研究结果显示,不管采取什么样的学习风格,成人整体上偏好基于课堂的传递。

---

① Frederico, P. A. (2000). Learning styles and student attitudes toward various aspects of network-based instruction. *Computers in Human Behavior*, 16:359 - 379.

② Newby, T. J., Stepich, D. A., Lehman, J. D. & Russell, J. D. (2000). *Instructional Technology for Teaching and Learning: Designing Instruction, Integrating Computers, and Using Media*. Columbus, OH: Merrill.

③ Keefe, J. W. (1987). *Learning Style Theory and Practice*. Reston, VA: National Association of Secondary School Principals.

④ Terrell, S. R. & Dringus, L. (2000). An investigation of effect of learning style on the student success in an online environment. *Journal of Educational Systems*, 28(3):231 - 238.

⑤ Buch, K. & Bartley, S. (2002). Learning style and training delivery mode preference. *Journal of Workplace Learning*, 14(1):5 - 10.

辛普森和杜(Simpson,C. & Du,Y.)探索了库伯学习风格对学生在线参与及在分布式学习环境上自我报告的愉悦水平的影响。通过多元回归分析,他们发现,学习风格对学生的参与及愉悦水平产生显著影响。① 巴克和巴特利的研究也有相似结论。他们发现,聚合者对在线环境显示强烈的偏好。②

费伊(Fahy,P. J.)调查了在线行为与库伯学习风格之间的关系。研究发现,聚合者显示强烈愿望,愿意在网络上花更多的时间与精力。③ 然而,里士曼和刘(Richmond,A. & Liu,L.)的研究则得出了相反的结论。他们的研究主要评估了在远程教育课程上的分布式学生学习风格,并与注册参加传统课堂传授课程的学生进行对比。研究发现,学生的学习风格表现为聚合者学习风格、发散者学习风格、同化者学习风格、适应者学习风格。他们的研究分析表明,在线远程教育课程上的分布式学习风格和注册参加传统课程传递的学生学习风格方面没有显著差异。④

利格尔和贾尼基(Liegle,J. O. & Janicki,T. N.)分析了58名学生完成的探究性实验。他们测量了学生的学习风格偏好(使用同一个版本的库伯学习风格量表作为研究工具),并与他们实际访问网络情况

---

① Simpson, C. & Du, Y. (2004). Effects of training styles and class participation on students' enjoyment level indistributed learning environments. *Journal of Education for Library & Information Science*,45(2):123 - 136.

② Buch,K. & Bartley,S. (2002). Learning style and training delivery mode preference. *Journal of Workplace Learning*,14(1):5 - 10.

③ Fahy, P. J. (2005). Student learning style and asynchronous computer-mediated conferencing (CMC) interaction. *The American Journal of Distance Education*, 19(1):5 - 22.

④ Richmond,A. & Liu,L. (2005). Student learning style of traditonal courses versus online distance courses. Crawford, et al. (Eds.). *Proceedings of Society for Information Technology and Teacher Education International Conference*. Chesapeake, VA:AACE.

进行比较。他们的研究发现,那些属于探究者类型的学生往往“跳转得更多”,并创造了自己的学习路径(学习者管理),而那些被冠为“观察者”的学生往往遵循点击“下一步”按钮的建议性路径(系统性管理)。①

马诺切尔(Manochehr,N. N.)的研究以学生的学习风格作为视角,他的一个目的是比较、分析网络学习及基于教师的传统学习对学生学习的影响,另一个目的是考察网络学习是否对那些采用特定学习风格的学生更有效。其研究使用了库伯的学习风格量表。研究结果表明,对基于教师的学习班级而言,学生的学习风格没有相关性,而对于基于网络的学习班级而言,学生的学习风格显示出显著的重要性。②

卢等人(Lu,et al.)的研究考察了以下两组关系:一是库伯学习风格与在线学习行为之间的关系,二是库伯学习风格与学习结果及在线学习时间之间的关系。研究发现,库伯的学习风格与学习结果之间存在显著相关,聚合者与同化者的学习结果要高于发散者与适应者的学习结果。③

尽管以上的研究发现存在差异,但所有的研究都强调了学生学习环境设计风格对学习风格的重要性。正如马德杜克斯等人(Maddux,C. D.,et al.)和西耳(Thiele,J. E.)所指出的,日益重要的是,要认定学

---

① Liegle,J. O. & Janicki, T. N. (2006). The effect of learning styles on navigation needs of web-based learners. *Computers in Human Behavior*,22(5):885 - 898.

② Manochehr, N. N. (2006). The influence of learning styles on learners in e-learning environments: An empirical study. *Computers in Higher Education Economics Review*,18:10 - 14.

③ Lu,H.,Jia,L.,Gong,S. H. & Clarke,B. (2007). The relationship of Kolb learning styles, online learning behaviors and learning outcomes. *Educational Technology & Society*, 10(4):187 - 196.

生学习风格,并采用在线课程设计以适应这些学习风格。①② 米哈尔斯基(Michalski,K.)的研究旨在提出一条路径,即了解远程学习学生的学习风格,开发混合式教学材料以适应远程教育环境下不同的学习风格。米哈尔斯基建议,在开发混合式学习材料前,教师须首先了解学生的背景信息、学习方式;换言之,教师首先须了解学生的学习风格。③

温特贝格(Unterberg,M.)的研究旨在通过对给定的不同学习环境和不同学习风格的对比,比较在特定课程上学生的学习结果。学习环境有两种:一是在课堂环境,二是以计算机为媒介的远程环境。研究采用了库伯的学习风格量表。学习结果、学习风格及学习环境三者之间的关系取决于具体学习风格群体与学习环境之间的超过平均成绩的百分比。研究的结论是:课堂环境或远程环境并没有对学习结果产生影响;但发散者学习风格对远程环境下的学习产生了积极关系。那些属于发散者学习风格的学生,在采取直接行动前,往往从不同的视角看待具体的学习情况;而在以计算机为媒介的环境下,学生则有更多的观察机会。④

由此可见,开展基于学习风格的混合式学习设计具有现实意义。

2. 基于学习风格的学习设计途径

(1) 认定学习者的学习风格。

---

① Maddux, C. D., Ewing-Tylor, J. F. & Johnson, D. L. (2002). *Distance Education: Issue and Concerns*. New York: The Howarth Press.

② Thiele, J. E. (2003). Learning patterns of online students. *Journal of Nursing Education*, 42(8): 364 - 367.

③ Michalski, K. (2008). Learning styles and blended learning: Challenges and opportunities in distance education environment. *Proceedings of World Conferenec on Educational Multimedia, Hypermedia and Telecommunications*: 4290 - 4297. Chesapeake, VA: AACE.

④ Unterberg, M. (2009). Do learning style and learning environment affect learning outcomes? *Journal of Physical Therapy Education*. http://finarticles.com/p/articles/mi_qa3969/is_200310/ai_n9269436/.

学习风格包含情感和智力两个维度。库伯认为，学习风格是个体在认知与加工某种具体信息时所偏好的方法。① 至于具体的要素，尽管有许多考察学习风格、不同的符号及描述的方法，但一般认为，库伯的学习风格及他的四个范畴被广泛地用于远程学习、基于网络的学习及成人教育中。

库伯的学习风格模式认为，学习即经验、认知、感觉及行为的结合。库伯将学习风格分为四个领域：①具体体验（concrete experience），②体验反思（reflective observation），③抽象概念形成（abstract conceptualization），④主动实验（active experimentation）（见图8-3）。

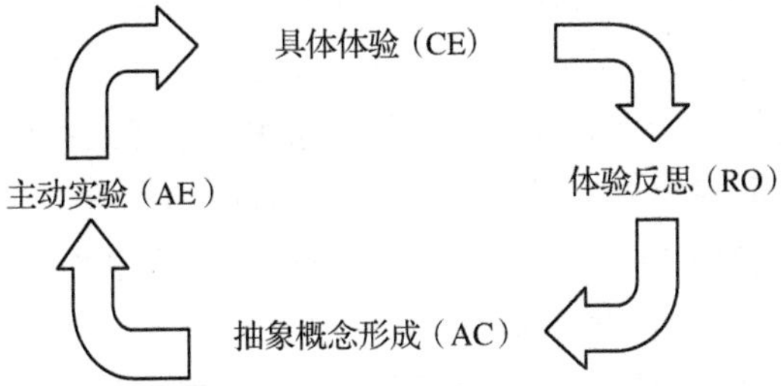

图8-3　库伯的学习风格模式

来源：（英）希瑟·弗莱，史蒂夫·克特里奇，斯蒂芬妮·马歇尔.（2016）.高等教育教学手册：提升学术实践.三版.张树德，等译.桂林：广西师范大学出版社：13.

库伯认为，应用于各个学习风格中的学习方法因人而异。通过体验的学习（learning through experiencing）适合于具体体验，通过观察的学习（learning through observation）适合于体验反思，通过思维的学习（learning through thinking）适合于抽象概念形成，通过主动做事学习（做中学）（learning by doing）适合于主动实验。做中学的重点是通过体验的学习而非理论与概括化。在该学习中，个人的体验、个人与他人的互动、个人的具体经验、个人在同步群体中的讨论、个人接受的反馈

---

① Kolb, D. A. (1984). *Experiential Learning: Experience as the Source of Learning and Development*. Englewood Cliffs, NJ: Prentice Hall.

及个人的具体学习情况等，都是最常用的学习活动，而风格则运用了认真的观察与界定过程，以便概念化观念与条件。如果个体喜欢采用观察与倾听的学习风格，在出现不同观念情况时，也有一些方法供参考。通过该方式学习的个体，往往喜欢为他们提供作为观察者角色的活动，喜欢为他们提供直接教学手段的活动，喜欢为他们提供测试方法的活动，其中测试方法包括测量学习与知识的客观性测试表达式。

在解决问题的同时，偏好特定学习风格的个体关注的是逻辑与观念而非情感，或强调属性意义的条件。因为，在解决某个特定问题的同时，个体既考虑系统性的计划，也利用理论性的信息。

在特定学习风格里，在变革条件并影响体验方面，个体是积极的。这些个体决心完成被安排的任务，并且还会通过所完成的任务来了解自己的影响及标志性创意所在。因此，做中学成了这些个体最理想的方法。一方面，在学习过程中，他们勇于冒险，勇于对学习事件施加影响，并勇于影响周边的人；另一方面，他们同样也是实践者。

（2）考虑学习者学习风格的范畴。

根据库伯学习风格模式，学习者的学习风格可分为四个范畴：同化者、适应者、发散者及聚合者。①

适应者学习风格包含具体体验与主动实验。偏好这种学习风格的个体通过动手做事与情感投入学习。他们喜欢新的体验与有计划的工作任务。他们不喜欢智力性分析；相反，他们偏好的是通过情感投入的行动。他们不喜欢通过技术性分析来收集必要的信息；相反，他们喜欢通过与人们的对话来收集信息。

发散者学习风格包括适合于在具体体验与观察反思领域成绩表现好的个体。这些个体能够从不同的视角评估具体学习事件。他们更像观察者而非行动者。

同化者学习风格包含抽象概念形成与观察反思。带有这类学习特

① Kolb, D. A. (1986). *Learning Style Inventory: Technical Manual.* Boston, MA: McBer.

性的个体能够把握分布在广泛的学科课程里的大量信息，并将其转化为逻辑的整体。他们普遍重视理论的逻辑有效性而非理论的应用性。库伯认为，这类个体的特点可以通过五种方法培养：①实施信息组织研究，②建立概念性框架模式，③测试与验证观念及理论，④设计测试，⑤开展量性数据分析。

聚合者学习风格可见于个体偏好的抽象概念形成及主动实验中。采用这种风格学习的个体在观念与理论联系实际、问题解决及决策等方面是成功者。这样的个体偏好技术性任务及有关社会关系性的问题。

当然，学习风格并非是一成不变的。实际上，学习风格也会随着时间的推移而发生改变。因此，如果要采用学习方法与策略，那么班级环境、教学材料的选择与安排等更应考虑不同的学习风格。如果事先能根据学生的特性（学习风格、自我效能感、态度、情感等）准备好相应的媒介的话，那么个体的学习体验将更有效。同时，随着学习者不断习得技能和知识，他们培养的爱好要么是为了具体的体验，要么是为了投入抽象的分析中。在通过主动实验将理论转化为实践过程中，学生既会强调兴趣，也会通过观察来反思自己的体验。①

总之，在一种新的学习环境下，混合式学习突出强调体验性。因此，开展基于学习风格的混合式学习设计就显得尤为必要。

四、结　语

从某种意义上来说，基于信息技术的学习即一种网络学习。正如英国高等教育基金管理委员所认为的，目前对“网络学习”的界定相当松散。“e-learning”中的前缀“e”，有人错误地认为“网络学习”中的

① Tongdeelert, P. (2004). A proposed collaborative computer network-based learning model for undergraduate students with different learning styles. Bangkok: Chulalongkorn University.

“学习”不同于普通的学习，它是一个特别的变体。这种认识对于“电子学习”的界定是无益的。然而，在技术与实践迅速发展的年代，它允许在语义上存在有用的回旋余地。这样人们才既不会陷入受限制的定义，也不必排除有意义的工具或策略。据此，英国高等教育基金管理委员批评说：“我们曾经争论是否需要对‘网络学习’做出一个具体的定义，因为它可能会阻碍学习的探索性，并限制学习的多样化。然而，更明确地说，我们应该把策略范围限定于如何在各种学习机会中使用技术。”为此，为方便各国(地区)的教育机构制订自己的网络学习策略或政策，各国(地区)可以使用反映这种宽泛意义上的方法，也可以有所选择地把“e-learning”中的“e”解释为“纯粹附属于网络技术”，而非任何的计算机辅助学习(CAL)。因为：①网络学习不是一系列的系统与工具，而是学生运用信息通信技术(ICT)进行学习时所发生的课程；②网络学习可能属于远程学习课程，也可能属于基于校园的课程(后者有时也称之为“混合式或混合模式学习”)；③宽泛而言，网络学习通常会允许你以学科实践者与教师的身份，按照电子学习的方式来采用不同类型的学习方法，换言之，网络学习的方法是多种多样的；④网络学习不是“传递”的东西，而是促使学生进行学习的东西。

不管如何，包含网络在内的信息技术，犹如印刷术、飞机、火药、电报、电话、芯片、电视一样，是一个内含变革能力的技能。遍及全球范围的万维网不断地改变着人们的做事方式，持续地改变着人们获取信息的方式。它超越了即时性、宽度与距离等因素的限制，既允许人们做以前无法做的事情，也促使网络兴趣小组与实践共同体茁壮成长。可以预测的是，它正改变着当今年轻一代的学习与沟通方式，改变着他们建构社交网络与社交群体的身份辨认方式。①

从某种程度上来说，有效学习本质上是一种社交活动，是人们从知

---

① Turkle, C. (1995). *Life on the Screen: Identity in the Age of the Internet*. New York: Simon & Schuster.

识的社交体验建构过程中获得最多知识的活动。① 实际上，任何有效的、基于信息技术的学习将会通过一种社交方式来使用软件。因此，从某种意义上说，从20世纪末开始，聊天室辅导课是这个崭新的、社交性的、基于用户的网络学习的先驱。目前，大多数学习者正以非正式的方式进行网络学习；他们可以在社交网站上分享自己的观点与信息；他们可以通过某个流行的搜索引擎器搜索出文章与辅助资源，而非订阅电子杂志；他们可以分享评论、答案；他们甚至可以通过手上使用的移动设备来进行学习。

这种合作文化的社交建构，借助于众多平台而永不停息地分享知识，展现了一种挑战与机遇。之所以说是挑战，是因为它给正规教育带来了挑战。在这个年代，高质量的内容唾手可得。一旦学习者知道查找地址、查询方式、独自制作方法，与各行各业的专家、实践者和学生之间的沟通就会变得轻而易举。那么，教师的作用与图书馆的功能将发生什么变化？现实的教育机构、学习社团还保留什么特殊之处？独立的、非正规的网络教育在全球范围内正以前所未有的规模茁壮成长。因此，当下人们的问题不再是“网络学习起作用吗？”，而是“在正规教育机构教学的引导下，人们如何运用最新信息技术使学生从机构、其他学生、学生自身能够学得更好”。对于课程而言，也许存在的政策性挑战（如宽带问题、网络学习规章——知识产权法问题、将ICT学习全面整合进教育政策措施中问题）相对容易解决，但更大的挑战则表现在以下几方面：①如何进行课程综合设计？要知道，内容开发和教材出版是促进基于信息技术的学习的要素。一方面，如果有教材的话，应鼓励教师在课堂上使用它们；另一方面，还应努力提升学校领导和教师进行网络学习及课程整合能力。②如何设计有效的教师专业发展？在这过程中，尤其重要的是，基于信息技术的教师的专业发展培训，让教师意识到自己并不是知识的唯一来源，并认识到学会学习（从认识者到学

---

① Vygotsky, L. (1978). *Mind in Society: The Development of Higher Psychological Processes*. Cambridge, MA: Harvard University Press.

习者)非常重要,因为那是基于信息技术的学习的基本要素。③如何设计课程的过程评价?例如,就评价方式而言,传统上一般是采用总结性评价,然而,在基于信息技术的学习策略中应该引入形成性评价。一方面,在对学习者学习质量的考查上,教师不仅要考查学生正在学习的东西,如事实性论题,更重要的是要考查更高级的思维技能;另一方面,教师的评价应聚焦于技能开发、运用技术来学习的实质性内容。

之所以说是一次机遇,是因为基于信息技术的学习允许人们利用信息技术来促使学生以他们熟悉的方式且在教师的指导下团结协作,帮助教师实现目标的完美理解与教学技能的发展。

不管如何,作为减小国家(地区)间数字化鸿沟而出现的一种应对策略——基于信息技术的学习,是一种应对全球化挑战的工具。基于信息技术学习标准化知识的潜能激发,有助于学习者在充满经济竞争的社会中生存。灵活性是基于信息技术学习的一大特点,它有助于解决学习者的需求,应对学习者不同的学习方式,因此,它是一种有效的教学策略。同时,互动性是基于信息技术学习的另一特点,因此,学习内容、方法和过程易于更新。基于信息技术的学习可以在不同时间、不同地点把高质量学习的机会带给更多的人,它为各类学习者提供了高质量教育的巨大潜力,从而进一步促进国家(地区)的发展。

主要参考文献

Ⅰ 中文文献

(美)罗伯特·D. 坦妮森,(德)弗兰兹·肖特,(德)诺伯特·M. 西尔,(荷)山尼·戴克斯拉特. (2005). 教学设计的国际观:理论、研究、模型(第1册). 任友群,裴新宁,主译. 北京:教育科学出版社.

王斌华. (1996). 澳大利亚教育. 上海:华东师范大学出版社.

(英)希瑟·弗莱,史蒂夫·克特里奇,斯蒂芬妮·马歇尔. (2016). 高等教育教学手册:提升学术实践. 三版. 张树德,等译. 桂林:广西师范大学出版社.

张树德. (2012). 当代澳大利亚有效课堂教学行为变革研究. 苏州:苏州大学出版社.

Ⅱ 外文文献

Abernathy, S. F. (2007). *No Child Left Behind and the Public Schools*. Ann Arbor, MI: University of Michigan Press.

Ainley, J., Frigo, T., Marks, G. N., et al. (2004). *The Measurement of Language Background, Culture and Ethnicity for the Reporting of Nationally Comparable Outcomes of Schooling*. Melbourne: Curriculum Corporation.

Alvesson, M. (2001). Knowledge work: Ambiguity, image and identity. *Human Relations*, 54(7): 863 – 886.

Alvesson, M. (2000). Social identity and the problem of loyalty in knowledge-intensive companies. *Journal of Management Studies*, 37(8): 1101 – 1123.

Anderson, L. W. & Krathwohl, D. R. (2001). *A Taxonomy for Learning, Teaching and Assessing: A Revision of Bloom's Taxonomy of Educational Objectives*. New York: Longman.

Anstey, M. (2002). "It's not all black and white": Postmodern picture books and new literacies. *Journal of Adolescent and Adult Literacy*, 45(6): 444 – 457.

Apple, M. W. (2001). *Educating the "Right" Way—Markets, Standards, God, and the Inequality*. New York: Routledge.

Ashraf, W. (2008). Teaching the Google-eyed YouTube generation. Address at the University of Technology, Teaching Forum, Sydney, November 27.

Australian Institute for Teaching and School Leadership. (2011). *Australian Professional Standards for Teachers*. https://www.aitsl.edu.au/.

Avery, P. G. (1999). Authentic instruction and assessment. *Social Education*, 65(6): 368 – 373.

Ball, S. J. (1998). Big policies/Small world: An introduction to international perspectives in educationn policy. *Comparative Education*, 34(2): 119 – 130..

Barber, M. & Mourshed, M. (2007). *How the World's Best-performing School Systems Come Out on Top*. London: McKinsey & Company.

Bell, D. (1973). *The Coming of Post-Industrial Society: A Venture in Social Forecasting*. New York: Basic Books.

Berlak, H. & Berlak, A. (1981). *Dilemmas of Teaching*. London: Methuen.

Baker, C. D. & Freebody, P. (1989). *Children's First School Books*. Oxford:

Blackwell.

Bianco, J. L. (2000). Multiliteracies and multilingualism. Cope, B. & Kalantzis, M. (Eds.). *Multiliteracies: Literacy Learning and the Design of Social Futures*. South Yarra: Macmillan.

Bliuc, A. M., Goodyear, P. & Ellis, R. A. (2007). Research focus and methodological choices in studies into students' experiences of blended learning in higher education. *Internet and Higher Education*, 10: 231 - 244.

Boltanski, L. & Thevenot, L. (1991). *De la Justification, les Economies de la Grandeur*. Gallimard: NRF Essais.

Bowskill, N., Foster, J., Lally, V. & McConnell, D. (2000). Networked professional development: Issues for recupients and providers. Asensio, M., Foster, J., Hodgson, V. & McConnell, D. (Eds.). *Networked Learning 2000: Innovative Approaches to Lifelong Learning and Higher Education through the Internet*. Bailrigg, Lancaster: University of Lancaster. http://www.shef.ac.uk/education/research/RTPLandMc.shtml.

Bransford, J. D., Brown, A. L. & Cocking, R. R. (2000). *How People Learn: Brain, Mind, Experience and School*. Washington, D. C.: National Academy Press.

Brown, J. S. (2006). New leraning environments for the 21st century: Exploring the edge. *Change: The Magazine of Higher Learning*, 38(5): 18 - 24.

Buch, K. & Bartley, S. (2002). Learning style and training delivery mode preference. *Journal of Workplace Learning*, 14(1): 5 - 10.

Buchen, I. H. (2006). *Futures Thinking, Learning and Leading: Applying Multiple Intelligences to Success and Innovation*. Lanham, MD: Rowman & Littlefield Publishing Group.

Burbules, N. C. (2004). Rethinking the virtual. *E-Learning*, 1 (2):

162 - 183.

Byron, E. (2008). A new odd couple: Google, P&G swap workers to spur innovation. *The Wall Street Journal*, 252(120): A1 - A18.

CAST. What is UDL? http://www.cast.org/research/udl.

Castells, M. (1997). An introduction to the Information Age. *City*, 7: 6 - 16.

Cazden, C. B. (2006). Connected learning: "Weaving" in classroom lessons. Pedagogy in Practice 2006 Conference. University of Newcastle.

Chickering, A. W. & Gamson, Z. F. (1991) *Applying the Seven Principles for Good Practice Undergraduate Education*. San Francisco: Jossey-Bass.

Christie, F. (1990). Literacy for a changing world. Melbourne: Australian Council for Educational Research.

Collis, B. (2006). E-learning and the transformation of education for a knowledge economy. http://cies.iscte-iul.pt/linhas/linha2/sociedade_rede/pr_htdocs_network/apps/collis.pdf.

Collis, B. & Moonen, J. (2005). Standards and assessment of e-learning. Resta, P. (Ed.). *Teacher Development and E-learning*. Paris: UNESCO.

Collis, B. & Moonen, J. (2001). *Flexible Learning in a Digital World: Experiences and Expectations*. London: Kogan Page.

Cooper, A. (1995). *About Face: The Essentials of User Interface Design*. Foster, CA: IDG Books.

Cope, B., Solomon, N., Prince, D. & Kalantzis, M. (1997). Meeting the communication demands of the restructured workplace: Applying the national framework of English language, literacy and numeracy competence. Haymarket, NSW: The Center for Workplace Communication and Culture.

Cope, B. & Gollings, G. (2001). *Multilingual Book Production: Technology Drivers across the Book Production Supply Chain, from the Creator to the Consumer (C-2-C Series)*. Melbourne: Common Ground.

Cope, B. & Kalantzis, M. (2009). "Multiliteracies": New literacies, new learning. *Pedagogies: An International Journal*, 4(3): 164 – 195.

Cope, B. & Kalantzis, M. (2003). *Text-made Text*. Melbourne: Common Ground.

Cope, B. & Kalantzis, M. (2002). Manageable knowledge: Communication, learning and organisation change. Cope B. & Freeman, R. (Eds.). *Developing Knowledge Workers in the Printing and Publishing Industries: Education, Training and Knowledge Management in the Publishing Supply Chain, from Creator to Consumer*. Melbourne: Common Ground.

Cope, B. & Kalantzis, M. (2000a). Designs for social futures. Cope, B. & Kalantzis, M. (Eds.). *Multiliteracies: Literacy Learning and the Design of Social Futures*. London: Routledge.

Cope, B. & Kalantzis, M. (2000b). *Multiliteracies: Literacy Learning and the Design of Social Futures*. London: Routledge.

Cope, B. & Kalantzis, M. (1998). Multicultural education: Transforming the mainstream. May, S. (Ed.). *Critical Multiculturalism*. London: Falmer Press.

Cope, B. & Kalantzis, M. (1997). *Productive Diversity: A New Approach to Work and Management*. Sydney: Pluto.

Cope, B. & Kalantzis, M. (1993a). The power of literacy and the literacy of power. Cope, B. & Kalantzis, M. (Eds.). *The Powers of Literacy: A Genre Approach to Teaching Writing*. London: Falmer Press.

Cope, B. & Kalantzis, M. (1993b). *The Powers of Literacy: A Genre Approach to Teaching Writing*. London: Falmer Press.

Council of Australian Governments (COAG). (2008). National partnership agreement on improving teacher quality. Canberra. http://www. coag. gov. au/intergov_agreements/federal_financial_relations/docs/national _partnership_on_improving_teacher_quality. pdf.

Cummins, J. (2001). Empowering minority students: A framework for introduction. *Harvard Educational Review*, 71(4): 649 – 547.

Darling-Hammond, L. (2006). Securing the right to learn: Policy and practice for powerful teaching and learning. *Educational Researcher*, 10 (35): 1 – 13.

Delpit, L. D. (1988). The silenced dialogue: Power and pedagogy in educating other people's children. *Harvard Educational Review*, 58 (3): 280 – 298.

Department for Education and Skills. (2004). *A National Conversation about Personalised Learning*, *UK*. http://www. teachernet. gov. uk/publications/PLbooklet.

Diaz, D. P. & Cartnal, R. B. (1999). Students' learning styles in two classes: Online distance learning and eqivalent on-campus. *College Teaching*, 47(4): 130 – 135.

Downes, S. (2008). The future of online learning: Ten years on. http://halfanhour. blogspot. com/2008/11future-of-online-learning-ten-years-on_16. html.

Driscoll, M. (2002). Blended learning: Let's get beyond the hype. *E-Learning*, 1(4): 1 – 4.

Education Equality Project. (2008). http://www. educationequalityproject. org.

Edwards, R. & Usher, R. (2000). *Globalisation and Pedagogy: Space, Place and Identity*. London: Routledge.

Fahy, P. J. (2005). Student learning style and asynchronous computer-mediated conferencing (CMC) interaction. *The American Journal of Distance Education*, 19(1): 5 – 22.

Featherstone, M. (2004). *Consumer Culture and Postmodernism*. London:

Sage Publications.

Fox, M. (2002). The blended promise. *E-Learning*, 3(3): 26 – 30.

Frederico, P. A. (2000). Learning styles and student attitudes toward various aspects of network-based instruction. *Computers in Human Behavior*, 16: 359 – 379.

Frederico, P. A. (1991). Student cognitive attributes and performance in a computer-managed instructional setting. Dillion, R. & Pellegrino, J. (Eds.). *Instruction: Theoratical and Applied Perspectives*. New York: Praeger.

Freebody, P., Ludwig, C. & Gunn, S. (1995). Everyday literacy practices in and out of schools in low socioeconomic urban communities. Canberra: Department of Employment, Education and Training.

Frydenberg, E., Ainley, M. & Russell, V. J. (2005). Schooling issues—student motivation and engagement. http//dest. gov. au/schools/publications/digest.

Gandin, L. A. & Apple, M. W. (2004). New schools, new knowledge, new teachers: Creating the citizen school in Porto Alegre, Brazil. *Teacher Education Quarterly*, 31(1): 176 – 197.

Gardner, H. (2002). Who owns intelligence? Singh, M. (Ed.). *Global Learning*. Melbourne: Common Ground.

Gaudelli, W. (2003). *World Class: Teaching and Learning in Global Times*. Mahwah, NJ: Lawrence Erlbaum Associates.

Gee, J. P. (2005). *Why Video Games Are Good for Your Soul: Pleasure and Learning*. Melbourne: Common Ground.

Gee, J. P. (2004). *Situated Language and Learning: A Critique of Traditional Schooling*. London: Routledge.

Gee, J. P. (2003). *What Video Games Have to Teach Us about Learning and Literacy*. New York: Palgrave Macmillan.

González-Gaudiano, E. (2005). Environmental education and education for sustainable development. *Policy Futures in Education* (Special Issue), 3(3):243 – 250.

Guinns, P. & Ellis, R. (2007). Quality in blended learning: Exploring the relationships between on-line and face-to-face teaching and learning. *Internet and Higher Education*, 10:53 – 64.

Hargreaves, A. & Shirley, D. (2008). The fourth way: Changes next exit. *Educational Leadership*, 10(10):89 – 100.

Hargreaves, D. (2004). Personalised learning: Next steps in working laterally. http://www.schoolsnetwork.org.uk/uploads/documents/4402.pdf.

Hattie, J. (2003). Teachers make a difference: What is the research evidnece? Australian Council for Educational Research Annual Conference, Melbourne, 19 – 21 October 2003.

Haythornthwaite, C. (2009). Participatory transformations. Cope, B. & Kalantzis, M. (Eds.). *Ubiquitous Learning*. Champaign, IL: University of Illinois Press.

Heiskanen, T. & Hearn, J. (2004). *Information Society and the Workplace: Spaces, Boundaries and Agency*. London: Routledge.

Hood, K. (1995). Exploring learning styles and instruction. http://jwilson.coe.uga.edu/emt705/EMT705.Hood.html.

Huber, M. T. (2004). *Balancing Acts: The Scholarship of Teaching and Learning in Academic Careers*. Washington, DC: American Association for Higher Education and the Carnegie Foundation for the Advancement of Teaching.

Husserl, E. (1970). *The Crisis of European Sciences and Transcendental Phenomenology*. Evanston: Northwestern University Press.

Independent Schools Queensland. (2010). Personalised learning revisited: Is technology the answer? *Briefings*, 14(8):1 – 8.

Jenkins, H. (2006a). Confronting the challenges of participatory culture:

Media education for the 21st century. Chicago: MacArthur Foundation.

Jenkins, H. (2006b). *Fans, Bloggers and Gamers: Exploring Participatory Culture*. New York: New York University Press.

Jensen, B. (2010). *What Teachers Want: Better Teacher Management*. Melbourne: Grattan Institute.

Kalantzis, M. & Cope, B. (2012). *New Learning: Elements of a Science of Education*. 2nd Edition. Cambridge: Cambridge University Press.

Kalantzis, M. & Cope, B. (2008). *New Learning: Elements of a Science of Education*. Cambridge: Cambridge University Press.

Kalantzis, M. & Cope, B. (2006). *The Learning by Design Guide*. Melbourne: Common Ground.

Kalantzis, M. (2006). Changing subjectivities, new learning. *Pedagogies: An International Journal*, 1(1): 7-12.

Kalantzis, M., Cope, B. & The Learning by Design Project Group. (2005). *Learning by Design*. Melbourne: Victorian Schools Innovation Commission.

Kalantzis, M. & Cope, B. (2004a). Designs for learning. *E-Learning*, 1(1): 38-93.

Kalantzis, M. & Cope, B. (2004b). A short history of meaning. *International Journal of the Humanities*, 2(3): 2245-2250.

Kalantzis, M. & Cope, B. (2001a). New learning: A charter for Australian education. Canberra: Australian Council of Deans of Education.

Kalantzis, M. & Cope, B. (2001b). *Transformations in Language and Learning: Perspectives on Multiliteracies*. Melbourne: Common Ground.

Kalantzis, M. & Cope, B. (1993). Histories of pedagogy, cultures of schooling. Cope, B. & Kalantzis, M. (Eds.). *The Powers of Literacy: A Genre Approach to Teaching Literacy*. London: Falmer Press.

Kalantzis, M. & Harvey, A. (2004). New teaching, new learning: A vision for Australian education. Canberra: Australian Council of Deans of

Education.

Karadeniz, S. (2009). Flexible design for the future of distance learning. *Procedia Social and Behavioral Sciences*, 1:358 – 363.

Keefe, J. W. (1987). *Learning Style: Theory and Practice*. Reston, VA: National Association of Secondary School Principals.

Kelly, K. (1998). *New Rules for the New Economy: 10 Radical Strategies for a Connected World*. New York: Penguin.

Kennedy, D. & McNaught, C. (1997). Design elements for interactive multimedia. *Australian Journal of Educational Technology*, 13 (1): 1 – 22.

Kenway, J. & Bullen, E. (2005). Globalizing the young in the age of desire: Some educational policy issues. Apple, M. W., Kenway, J., Singh, M. (Eds.). *Globalizing Education: Policies, Pedagogies & Politics*. New York: Peter Lang.

Kim, D. & Lewis, S. (2011). Learning by design: A facilitator's curriculum guide. http://citeseerx. ist. psu. edu/viewdoc/summary.

Kim, D. & Penuel, W. (2000). *Technology Access and Learning Opportunities in Community Technology Centers: A Study of Promising Practices and Organizational Challenges*. New York: SRI International.

King, M. B., Schroeder, J. & Buckley, J. (2001). Authentic pedagogy and achievement in inclusive classrooms. Phelps, R. A., King, M. B. & Associates. (Eds.). *Authentic Learning in Inclusive High Schools: Evidence-based Practices That Make a Difference for Learners*. Madison, Wisconsin: Wisconson Center for Educational Research.

King, M. B., Schroeder, J. & Chawszczewski, D. (2001). Authentic assessment and student performance in inclusive schools. Research Brief 15. Madison, Wisconsin: Research Institute on Secondary Education Reform (RISER) for Youth with Disabilities.

Knobel, M. & Lankshear, C. (2006). Discussing new literacies. *Language*

Arts,84(1):90 - 115.

Kolb,D. A. (1986). *Learning Style Inventory: Technical Manual*. Boston, MA:McBer.

Kolb, D. A. (1984). *Experiential Learning: Experience as the Source of Learning and Development*. Englewood Cliffs,NJ: Prentice Hall.

Kolehmainen,S. (2004). The dynamics of control and commitment in IT firms. Heiskanen,T. & Hearn,J. (Eds.). *Information Society and the Workplace:Spaces,Boundaries and Agency*. London:Routledge.

Korres,M. & DeWitt,C. (2003). A didactical framework for the design of blended learning arrangements. *Journal of Education Media*,28(2 - 3):101 - 113.

Kress,G. (2003). *Literacy in the New Media Age*. London:Routledge.

Kuusinen,R. (2004). Empty spaces without knowledge and management. Heiskanen,T. & Hearn, J. (Eds.). *Information Society and the Workplace:Spaces, Boundaries and Agency*. London:Routledge.

Ladd, H. F., Noguera, P. & Payzant, T. (2007). A broader, bolder approach to education. Economic Policy Institute, Duke University. http://www. boldapproach. org/.

Lee,V. E.,Smith,J. & Croninger,R. (1997). How high school organization influences the equitable distribution of learning in mathematics and science. *Sociology of Education*,70(4):128 - 150.

Lee,V. E.,Smith,J. & Croninger,R. (1995). Another look at high school restructuring. Issues in Restructuring Schools, No. 9. Center on Organization and Restructuring of Schools, Wisconsin Center for Educational Research, University of Wisconsin, Madison, WI. http://www. wcer. wisc. edu/archives/completed/cors/Issues_in_Restructuring_schools/.

Lemke,C.,Coughiin,E. & Reifsneider,D. (2009). *Technology in Schools: What the Research Says:An Update*. Cluver City,CA:Commissioned by

Cisco.

Lessig, L. (2001). *The Future of Ideas: The Fate of the Commons in a Connected World*. New York: Random House.

Liegle, J. O. & Janicki, T. N. (2006). The effect of learning styles on navigation needs of web-based learners. *Computers in Human Behavior*, 22(5):885 - 898.

Lingard, B. (2007). Pedagogies of indifference. *International Journal of Inclusive Education*, 11(3):245 - 266.

Lu, H., Jia, L., Gong, S. H. & Clarke, B. (2007). The relationship of Kolb learning styles, online learning behaviors and learning outcomes. *Educational Technology & Society*, 10(4):187 - 196.

Luke, A. (2004). Teaching after the market: From commodity to cosmopolitan. *Teachers College Record*, 106(7): 1422 - 1443.

Luria, A. R. (1976). *Cognitive Development: Its Cultural and Social Foundations*. Cambridge, MA: Harvard University Press.

Lynch, P. J. & Horton, S. (1999). *Web Style Guide: Basic Design Principles for Creating Web Sites*. New Haven, CT: Yale University Press.

Maddux, C. D., Ewing-Tylor, J. F. & Johnson, D. L. (2002). *Distance Education: Issue and Concerns*. New York: The Howarth Press.

Manochehr, N. N. (2006). The influence of learning styles on learners in e-learning environments: An empirical study. *Computers in Higher Education Economics Review*, 18:10 - 14.

Margaryan, A., Collis, B. & Cooke, A. (2004). Activity-based blended learning. *Human Resource Developemnt International*, 7(2):265 - 274.

Martin, B. (2002). Knowledge and learning as drivers of change in the organisation. Cope, B. & Freeman, R. (Eds.). *Developing Knowledge Workers in the Printing and Publishing Industries: Education, Training and Knowledge Management in the Publishing Supply Chain, from Creator to Consumer*. Melbourne: Common Ground.

Matthews, M. R. (1980). *The Marxist Theory of Schooling*. Brighton: Harveste Press.

McGuinn, P. J. (2006). *No Child Left Behind and the Transformation of Federal Education Policy, 1965 - 2005*. Lawrence, KS: University Press of Kansas.

McLaren, P. (2005). *Capitalists and Conquerors—A Critical Pedagogy against Empire*. Lanham, MD: Rowman & Littlefield Publishers.

McLaughlin, M. W., Irby, M. A., Langman, J. (1994). *Urban Sanctuaries: Neighbourhood Organizations in the Lives and Futures of Inner-city Youth*. San Francisco: Jossey-Bass.

McMahon, W. (1998). The economics of knowledge. *New Learning: A Charter for Change in Education*. College of Education, University of Illinois at Urbana-Champaign. http://education. illinois. edu/newlearning/knowledge-society. html.

Michalski, K. (2008). Learning styles and blended learning: Challenges and opportunities in distance education environment. *Proceedings of World Conferenec on Educational Multimedia, Hypermedia and Telecommunications*. Chesapeake, VA: AACE.

Miller, M. L. (2005). Using learning styles to evaluate computer based instruction. *Computers in Human Behavior*, 21(2): 287 - 306.

Ministerial Council on Education, Employment, Training and Youth Affairs. (2008). *Melbourne Declaration on Educational Goals for Young Australians*. https://zh. scribd. com/document/255000692/the-shape-of-the-australian-curriculum-v4-pdf.

Miniwatts Marketing Group. (2017). World Internet users and population stats. http://www. internetworldstats. com/stats. htm.

Monahan, T. (2005). *Globalization, Technological Change and Public Education*. New York: Routledge.

Monalisa, M., Daim, T., Mirani, F., et al. (2008). Managing global design teams. *Research-Technology Management*, 51(4): 48–49.

Newby, T. J., Stepich, D. A., Lehman, J. D. & Russell, J. D. (2000). *Instructional Technology for Teaching and Learning: Designing Instruction, Integrating Computers, and Using Media*. Columbus, OH: Merrill.

Newmann, F. M., Bryk, A. S. & Nagaoka, J. (2001). Authentic intellectual work and standardized tests: Conflict or coexistence. Chicago: Consortium on Chicago School Research.

Newmann, F. M., Lopez, G. & Bryk, A. S. (1998). The quality of intellectual work in Chicago schools: A baseline report. Chicago: Consortium on Chicago School Research.

Newmann, F. M., Marks, M. M. & Gamoran, A. (1996). Authentic pedagogy and student performance. *American Journal of Education*, 104(8): 280–312.

Newmann, F. M. & Associates. (1996). *Authentic Achievement: Restructuring Schools for Intellectual Quality*. San Francisco: Jossey-Bass.

Newmann, F. M. (1991). Classroom thoughtfulness and students' higher order thinking: Common indicators and diverse social studies. *Theory and Research in Social Education*, 19(4): 409–431.

Norman, D. A. (1998). *The Design of Everyday Things*. New York: Basics Books.

Oblinger, D. & Hawkins, B. (2005). The myth about e-learning. We don't need to worry about e-learning anymore. *Educause Review*, 40(4): 14–15.

OECD. Teacher evaluation: A conceptual framework and examples of country practice. Towards a teacher evaluation framework in Mexico: International practices, criteria and mechanisms, OECD-Mexico workshop, Mexico City, 1–2 December 2009.

Oliver, R. & Short, G. (1996). The western Australian telecentres network:

A model for enhancing access to education and training in rural areas. *International Journal of Educational Telecommunications*, 2 (4): 311 - 328.

Organisation for Economic Co-operation and Development (OECD). (2005). *Teachers Master: Attracting, Developing and Retaining Effective Teachers*. Paris: OECD Publishing.

Orkwis, R. & McLane, K. (1998). A curriculum every student can use: Design principles for student access. ERIC/OSEP Topical Brief No. ED423654. Reston, VA: ERIC/OSEP Special Project.

Osguthorpe, R. T. & Graham, C. R. (2003). Blended learning systems: Definitions and directions. *Quarterly Review of Distance Education*, 4 (3): 227 - 234.

Park, A. (2008). Making diversity a business advantage. *Harvard Management Update*, 13(4): 312 - 325.

Paulson, L., Paulson, P. & Meyer, C. (1991). What makes a portfolio? *Educational Leadership*, 48(5): 60 - 63.

Pearson Issue Paper. (2009). *Personalised Learning: The Nexus of 21st Century Learning and Educational Technologies*. http://search.pearson.com/_search/search.cfm? col = ped&webhost = http%3A%2F%2Fwww.pearsoned.com&qt = personalized + learning.

Penuel, W. R. & Means, B. (2000). Designing a performance assessemnt to measure student communication skills in multimedia-supported project-based learning. The American Educational Research Association's Annual Meeting. New Orleans, Louisana.

Prensky, M. (2001). Digital natives, digital immigrants. *On the Horizon*, 9(5): 1 - 6.

Queensland School Reform Longitudianl Study. (2001). The Queensland school reform longitudinal study (QSRLS) final report. Brisbane: Education Queensland.

Richmond, A. & Liu, L. (2005). Student learning style of traditonal courses versus online distance courses. Crawford, et al. (Eds.). *Proceedings of Society for Information Technology and Teacher Education International Conference*. Chesapeake, VA: AACE.

Rittel, H. W. J. & Webber, M. M. (1974). Wicked problems. Cross, N., Elliott, D. & Roy, R. (Eds.). *Manmade Futures*. London: Huchinson & Co.

Rizvi, F. & Lingard, B. (2009). *Globalizing Education Policy*. London: Routledge.

Rose, D. H. & Meyer, A. (2002). *Teaching Every Student in the Digital Age: Universal Design for Learning*. Alexandria, VA: ASCD.

Rowe, K. J. (2003). *The Importance of Teacher Quality as a Key Determinant of Students' Experiences and Outcomes of Schooling*. Camberwell: ACER Press.

Rowland, G. (1993). Designs and instructional design. *ETR & D*, 41(1): 79-91.

Ryan, K. E. & Shepard, L. A. (2008). *The Future of Test-based Accountability*. New York: Routledge.

Schon, D. A. (1988). Designing: Rules, types and worlds. *Design Studies*, 9: 181-190.

Schon, D. A. (1987). *Educating the Reflective Practioner: Toward a New Design for Teaching and Learning in the Professions*. San Francisco: Jossey-Bass.

Simon, H. A. (1981). *The Science of the Artificial*. Cambridge, MA: MIT Press.

Simpson, C. & Du, Y. (2004). Effects of training styles and class participation on students' enjoyment level indistributed learning environments. *Journal of Education for Library & Information Science*, 45(2): 123-136.

Skilbeck, M. & Connell, H. (2004). *Teachers for the Future—The Changing Nature of Society and Related Issues for the Teaching Workforce*. Melbourne: Curriculum Corporation.

Smith, J., Lee, V. E. & Newmann, F. M. (2001). Instruction and achievement in Chicago elementary schools. Chicago: Consortium on Chicago School Research.

Spiers, C. (2008). The business benefits of diversity. *Management Services*, 52(2): 26 - 30.

Stiglitz, J. (1999). Knowledge for development: Economic science, economic policy, and economic advice. Proceedings from the Annual Bank Conference on Development Economics 1998. Washington, D. C.: World Bank.

Strijker, A. (2004). Reuse of learning objects in context: Human and technical perspectives. PhD dissertation, Faculty of Behavioural Sciences, University of Twente Enschede.

Sun, K., Lin, Y. & Yu, C. (2008). A study on learning effect among different learning styles in a web-based lab of science for elementary school students. *Computers and Education*. 50(4): 1411 - 1422.

Suominen, K. (2010). Learning, technology and school success. *E-Learning and Digital Media*, 7(3): 272 - 279.

Tennant, M., McMullen, C. & Kaczynski, D. (2010). *Research in Higher Education: A Critical Approach*. New York: Routledge.

Terrell, S. R. & Dringus, L. (2000). An investigation of effect of learning style on the student success in an online environment. *Journal of Educational Systems*, 28(3): 231 - 238.

The New London Group. (1996). A pedagogy of multiliteracies: Designing social futures. *Harvard Educational Review*, 66(1): 60 - 92.

The World Bank Group. (2003). Lifelong learning in the global knowledge economy. http://www. worldbank. org/education/lifelong_learning/

lifelong_learning_GKE. asps.

Thiele, J. E. (2003). Learning patterns of online students. *Journal of Nursing Education*, 42(8): 364 - 367.

Tongdeelert, P. (2004). A proposed collaborative computer network-based learning model for undergraduate students with different learning styles. Bangkok: Chulalongkorn University.

Touraine, A. (1971). *The Post-Industrial Society: Tomorrow's Social History; Classes Conflicts and Culture in the Programmed Society.* Mayhew, L. (Trans.). New York: Random House.

Treadwell, M. (2009). *The Conceptual Age and the Revolution.* Sydney: Angus & Robertson Bookworld.

Tripp, S. D. (1991). Two theories of design and instructional design. *Design Preferences*, 12(2): 5 - 11.

Turkle, C. (1995). *Life on the Screen: Identity in the Age of the Internet.* New York: Simon & Schuster.

Unterberg, M. (2009). Do learning style and learning environment affect learning outcomes? http://finarticles.com/p/articles/mi_qa3969/is_200310/ai_n9269436/.

Valiathan, P. (2002). *Blended Learning Models.* http://www.learningcircuits.org/2002/aug2002/valiathan.

Vickers, M. & Singh, M. (2005). Educational pedagogies, policies and politics: Some things students, parents and teachers need to know. *Australian Journal of Education*, 49(3): 12 - 31.

Vygotsky, L. S. (1978). *Mind in Society: The Development of Higher Psychological Processes.* Cambridge, MA: Harvard University Press.

Vygotsky, L. S. (1962). *Thought and Language.* Cambridge, MA: MIT Press.

Watson, L. (2005). *Quality Teaching and School Leadership.* Canberra: Teaching Australia.

Warner, D. (2006). *Schooling for the Knowledge Era*. Camberwell, Victoria: ACER Press.

Williams, S. (2002). *Free as in Freedom: Richard Stallman's Crusade for Free Software*. Sebastapol, CA: O'Reilly.

Woiceshyn, J. & Falkenberg, L. (2008). Value creation in knowledge-based firms: Aligning problems and resources. *Academy of Management Perspectives*, 22(2): 85 – 99.

Yinger, R. J. & Hendricks-Lee, M. S. (2000). The language of standards and teacher education reform. *Educational Policy*, 14(1): 94 – 106.

Yon, D. A. (2000). *Elusive Culture: Schooling, Race, and Identity in Global Times*. Albany: State Univesity of New York Press.

Zou, Y. & Trueba, E. T. (2002). *Ethnography and Schools: Qualitative Approaches to the Study of Education*. Lanham, MD.: Rowman & Littlefield Publishers.

后　记

屈指算来，笔者开展的"当代澳大利亚课程改革成功机制研究"已历时10年，也形成了初步的系列研究成果：首先是2008年出版的《当代课程改革成功机制研究：澳大利亚经验和启示》，接着是2012年出版的《当代澳大利亚有效课堂教学变革行为研究》，接下来的是这部即将付梓的《当代澳大利亚基于信息技术的学习设计研究》。整个研究系列自成体系，聚焦于澳大利亚的课程改革，从宏观推广到微观实施，从政策发轫到课堂提升，同时提供了一系列对我国基础教育课程改革有意义的启示。

尤其是这部《当代澳大利亚基于信息技术的学习设计研究》历时更长，从构思到完稿历时五年。个中辛苦和快乐，只有亲身经历才深有体会。从中，我深深体会了工作与研究平衡的不易，深深体会了自己才疏学浅，但更深深享受苦中作乐的喜悦。

本书从写作到出版都得到了导师、同事、同行、朋友和家人的支持和帮助，在此向他们表示由衷的感谢！

本书从选题到写作一直得到导师王斌华教授的指导。因此，本书既是导师不断鞭策的结果，也是向导师汇报学习的心得体会。

感谢广西科技大学外国语学院和广西科技大学鹿山学院外国语言文学系同事们的支持！如果没有他们的支持并分担了本人的管理性事务，本书的出版也许还需时日。

感谢广西科技大学覃志强博士长期以来的帮助！

感谢苏州大学出版社对本书出版给予的支持！

最后，还要特别感谢我的家人一直以来对我的支持和鼓励。大爱无疆！可以说，如果没有他们的支持，本书的出版是难以想象的。

在写作过程中，我曾参考了国内外许多前辈及同行的研究成果，在此谨向他们表示深深的谢意！

张树德

2018 年 6 月